LETTRES TURQUES
série dirigée par Timour Muhidine

LA CHUTE DES PRIÈRES

Ouvrage traduit
avec le concours du ministère de la Culture
de la République turque
dans le cadre du projet TEDA

Titre original :
Yere Düşen Dualar
Editeur original :
Doğan Kitap, Istanbul

ISBN 978-2-7427-8112-6

SEMA KAYGUSUZ

La Chute des prières

roman traduit du turc
par Noémi Cingöz

ACTES SUD

RAISIN

RUMEUR

S'il n'y avait pas eu de rumeurs à mon sujet, je ne sais pas ce que j'aurais fait. Des pieds à la tête, mon apparence est le fruit de l'imagination débridée des habitants de l'île. Au-delà de tout, de ma parole beaucoup trop lapidaire, de mon langage corporel outrancier qui vient me contredire, je leur suis entièrement redevable de mon ombre qui, venue d'un temps confus, se profile sur le rideau du temps présent. Ici, ils m'ont créée mot par mot, centimètre par centimètre.

Voilà quatre ans que la rumeur connut son apogée et finit par exercer son influence sur tout un chacun. C'était un jour de septembre calme et ensoleillé. J'insiste particulièrement sur le calme. Ici, il y a tout au plus vingt jours sans vent dans l'année. Généralement les voix disparaissent au loin. Du moins elles se cristallisent avant d'être appréhendées. Pour parvenir à nous entendre, nous tournons le dos au vent. Ce septembre-là, les mots finissaient par nous atteindre, il n'y avait pas de phrases équivoques. Par ailleurs un bruit incroyable, à écorcher les oreilles, envahissait l'espace. L'achèvement de l'été voyait le départ des touristes : se bousculant sur le ferry, chargés de quantités de caisses de vin, de paniers en osier et de bouteilles d'huile d'olive, ils transformaient l'embarcadère en carnaval. Nous, les habitants de l'île, nous nous retrouvions de nouveau seuls. Les vendanges venaient de se terminer et les ouvriers agricoles avaient commencé à plier bagage ; il ne restait d'eux que le goût aigrelet du raisin qui envahissait les rues. Malgré toute cette agitation, c'était pour moi un jour banal, comme les autres.

J'avais ouvert la bibliothèque à huit heures trente, mis mon thé à infuser sur le petit réchaud et fait des mots croisés jusqu'à midi devant ma table en Formica. Cela faisait très longtemps que j'avais renoncé à classer les ouvrages. Ma bibliothèque est une sorte de cimetière de livres. Un lieu défraîchi sans lecteur possible. L'hiver, hormis les écoliers venant là pour travailler leurs leçons, il n'y a pas d'allées et venues. Simple rectangle construit au cours des premières années de la république, elle ressemble à un monument funéraire centenaire couvert de lierre ; des rais de lumière vert cru se faufilent à l'intérieur par les fenêtres de la façade principale. De l'extérieur, la bâtisse fait penser à un chagrin recouvert d'une carapace, nul besoin d'y pénétrer pour le ressentir. Les murs de l'île sont tous très minces et aussi perméables. Il est impossible de s'y cacher. Et quand il n'y a pas de vent surtout, les voix se mêlent aux voix, les perceptions aux perceptions.

Jusqu'à ce que la rumeur se répande, ma table en Formica, sur laquelle était collée une carte où il était écrit "Je certifie que les tiroirs de ce meuble ne contiennent aucun document secret", fut l'unique témoin sur terre du chagrin que je subis en silence durant les huit années de mon emploi. A cette époque, je connaissais fort bien deux processus. Le premier, que les os perdent leur élasticité, le second que le papier jauni se déchire tout seul... Dans cette misérable bibliothèque municipale dépourvue de lumière, j'étais en train de pourrir imperceptiblement, totalement oubliée, au milieu des moisissures de papier. Vers midi, dans l'humidité croissante, les acariens translucides, tout juste visibles à l'œil nu, commençaient à m'assaillir et l'envie de me gratter me rendait folle. Comme s'il ne suffisait pas à cette grande nation qui proliférait sur les pages des livres d'occuper la totalité de la bibliothèque, elle mobilisait ses troupes et passait à l'attaque pour me dévorer. Ce jour-là, exaspérée par mes démangeaisons et contrairement à mes habitudes, je sortis pour aller déjeuner.

Les gens ne sont pas accoutumés à me voir en plein milieu de la journée. Alors que je me rendais au jardin de thé proche des commerces, les artisans qui languissaient devant leurs échoppes, les vieux qui tuaient le temps sur leur balcon et les femmes rassemblées à l'extérieur, sans me poser une seule question, se mirent à parler entre eux tout en me dévisageant d'un air de commisération. Nul ne s'inquiéta de la santé de mon père. Avant de m'installer dans le jardin de thé, j'achetai à la boulangerie un croissant au pavot. Le boulanger me prit la monnaie des mains sans me regarder et la jeta dans la poche de sa blouse toute grise. J'entrai ensuite chez l'épicier et demandai deux tranches de fromage fondu. Muzaffer Kardeş, qui attendait derrière son comptoir telle une araignée aux aguets, sortit de son réfrigérateur, avec une incroyable lenteur, du fromage fondu jaune d'or. Tous ces détails, s'ils figuraient l'attitude banale de personnages lassés les uns des autres, rendaient palpable un silence plutôt insolite, si ce n'est effrayant. C'était un silence délibéré auquel j'étais confrontée. Savoir si j'avais reçu des nouvelles de ma mère, si j'avais amené mon père chez le médecin ou bien quels raisins de notre vigne j'avais vendus à la fabrique n'intéressait personne. Il était clair qu'une rumeur s'était propagée à mon sujet ; une histoire déplaisante qui avait gagné le centre de l'île sans être encore parvenue jusqu'à mes oreilles.

Les voisins, au lieu de me mettre temporairement sur la touche, comme cela se fait d'habitude, après m'avoir interceptée pour enquêter sur la véracité des faits et m'avoir adressé force réprimandes et conseils, se montraient envers moi méfiants et distants. Je connaissais ce silence. Une sorte de silence qui vous détruit. Sans subir d'hostilité, de haine ou une quelconque attaque, vous êtes aussitôt projeté au cœur d'une solitude devenant dure comme le roc au fur et à mesure que les jours passent. La rumeur qui courait à mon sujet devait être plus qu'inquiétante car mon corps, que plus personne ne remarquait depuis des années, était devenu aussi présent que la déesse aux énormes seins dont la statue trônait au centre de l'île. Cette statue m'avait toujours paru effrayante, dès son installation. La femme en bronze, le regard vide, les bras tendus vers moi prêts à m'absorber, attendait que je l'enlace. Elle devait faire le même effet à tous car il n'y avait jamais plus de quatre ou cinq personnes assises sur les bancs en face. Devant le silence suspicieux qui grandissait autour de moi, je m'étais transformée en bronze moi aussi, comme la statue. Mais il s'agissait d'un bronze au-delà du bronze. Je sentais sur ma peau l'alliage liquide qui durcissait contre mon gré. Tout le monde me regardait et chaque regard me modelait ; et moi je ne pouvais pas bouger, condamnée à ce modèle.

Après avoir enduré ces regards quelques jours, je me rendis chez Latife Keşal. Tandis que je me dirigeais vers sa maison où personne ne mettait jamais les pieds, j'ignorais que désormais je n'allais plus pouvoir trouver ma voie sans elle.

Latife Keşal était dans l'île la seule Tzigane fière de l'être. C'était une femme au teint d'amande. Tandis qu'elle parlait en faisant de longues phrases d'une voix de baryton sans jamais lâcher sa cigarette coincée entre les lèvres, un éclat effrayant scintillait dans ses yeux plissés pour éviter la fumée. D'habitude je ne la voyais qu'une seule fois par jour, lorsqu'elle se rendait chez l'épicier après la prière du soir. Tenant à la main une petite bouteille de raki entourée de papier journal, elle recueillait les nouvelles de la journée en discutant un court moment avec les personnes qu'elle rencontrait et puis rentrait chez elle. Il y avait une sorte de provocation étrange dans sa façon de balancer son large bassin. En affichant son veuvage, elle nous avait totalement fait oublier sa féminité. Quand elle marchait, des hommes morts semblaient dépasser de sous sa jupe. Voilà pourquoi j'allai chez elle. Parce qu'elle n'avait rien oublié et se fichait de tout. De manière naturelle, tous les secrets de l'île se rassemblaient chez Latife où ils se banalisaient et se mêlaient au néant. Elle seule était susceptible d'expliquer ce qui se tramait autour de moi, seul quelqu'un comme elle qui était parvenue à surpasser les autres grâce à sa hardiesse...

Lorsque j'ouvris la porte, une odeur pestilentielle me frappa au visage. Un mélange de fenouil, de pipi de chat et de putréfaction. Je retins ma respiration et attendis qu'elle me priât d'entrer. Elle me fit asseoir dans le jardin, à l'arrière de sa maison de plain-pied, sur l'un des coussins déchirés par les chats, et elle m'offrit un verre de raki. Il y avait des chats dans tous les coins. Une lignée de créatures prédatrices et toutes dissemblables. Ils bondissaient sur la table, piétinaient dans les assiettes de *mezze* et grimpaient partout. Quel que fût l'endroit où je posais ma main, il y avait des poils par poignées. J'avais la gorge qui me grattait bizarrement... je regrettai mille fois d'être venue et m'efforçai de répondre à ses questions sans intérêt.

— Comment va le travail ?

— Eh... Tranquille, comme toujours.

— Tu as des nouvelles de ta mère ?

— Non.

— Cette femme ne serait-elle pas morte par hasard ?

— Si elle était morte, on l'aurait su.

— Ton père attend toujours ?

— Oui, il attend.

— Il continue à boire ?

— Il continue.

Latife Keşal, tout en fumant sa cigarette, me dévisageait avec un sourire cruel. Elle leva son verre et m'invita à boire mon raki en faisant signe avec son sourcil. Je pris une gorgée sans réussir à l'avaler. C'était immonde, on aurait dit du poison. Le verre était tout collant. Tout était sale, taché, recouvert de plusieurs couches de graisse. Si je ne buvais pas, elle ne me dirait rien. Malgré moi je changeais de couleur. L'acidité qui brûlait mon palais me donnait la nausée. Une gorgée de plus... Quand elle alluma la lumière du jardin, d'énormes mouches se mirent à voleter au-dessus de nos têtes. La salade de tomates nature ne tarda pas à disparaître sous une nuée de mouches. Les mégots par terre, les gamelles pourries avec des restes de nourriture, les épluchures jetées tout autour donnaient envie de tout transformer en brasier. Tant que je ne serai pas en possession de toute cette saleté qui assurait à Latife Keşal son indifférence à l'île, je ne pourrai pas parler avec elle. Le mieux était de se soûler. Au bout du troisième verre, Latife s'habitua à moi. Comme on s'habitue à un nouveau chaton dans la maison. Cependant, je ne parvins pas à lui poser les questions qui me rongeaient. Finalement lorsqu'elle décida de m'affranchir, elle me demanda si je désirais un café. J'avais résisté jusque-là, je pouvais résister un peu plus. Oui, dis-je, un café sucré. Je te lirai la bonne aventure, ajouta-t-elle comme si elle m'offrait un cadeau. Je dis d'accord. Ensuite toute la saleté de Latife me devint soudainement familière. Se salir, me dis-je intérieurement, cela doit revenir à se trouver dans une autre mesure du temps.

Elle devait impérativement prendre un verre avant de se mettre à parler. Ensuite il ne se désemplissait plus... Si elle ne savourait pas son raki, gorgée après gorgée, elle ne pouvait pas voir ce qu'il y avait dans la tasse. Après avoir réfléchi pendant très longtemps, elle se mit à me parler d'attroupements.

"Un tas de créatures, retirées dans un coin, parlent de choses et d'autres en grommelant. Un troupeau de monstres mi-hommes, mi-bêtes... Il y a des hommes à cornes et des femmes à queues. Ils se sont rencontrés en enfer. Leurs souffles réunis se transforment en nuages noirs. Ils te réservent un destin infernal. Leurs pensées se sont dispersées dans l'atmosphère ; tu es cernée par des mots empoisonnés. Chaque parole pèse sur tes épaules.

Il y a un homme dans tes bras. Plus âgé que toi. Il a depuis longtemps dépassé la cinquantaine. Une chose nantie d'un gros ventre, de cheveux drus et d'un visage charnu. Il a un pied dans la fosse et il s'appuie sur toi. Vous êtes face à face. La langue de l'homme s'est tellement allongée qu'elle s'est entortillée autour de ton cou. Tu ne peux t'en libérer. Vous êtes tous les deux sur le point de mourir. On ne voit pas précisément si c'est lui ou bien toi qui meurs. Vous vous enserrez mutuellement la gorge. Tu ne te fais pas à l'idée de le tuer mais c'est comme si tu y étais obligée. Tu as le couteau à la main, tu es sur le point de le planter."

Avant que Latife Keşal ne laisse tomber la tasse, je me levai d'un bond, folle de colère. D'un tel bond que ma tête vint heurter l'ampoule qui se balançait au-dessus de nous. Les chats qui somnolaient autour de moi détalèrent. Chaque coin du jardin était criblé de lumières. Les yeux pleins de curiosité de Latife Keşal scintillaient.

Je hurlai, les poings serrés : "Est-ce possible une chose pareille ? Un être humain peut-il tuer son père ?"

ATTOUCHEMENTS

Alors que je quittais la maison de Latife Keşal, j'eus soudain l'impression d'être quelque part dans les profondeurs et d'escalader la nuit. Les mauvaises odeurs avaient brusquement cessé. L'obscurité m'enveloppa de son tumulte. De multiples choses me traversèrent l'esprit au cœur de cette noirceur chatoyante, l'envie de courir vers la marina, de passer tous les bars en revue et, aussitôt mon père trouvé, de crier à tous : "Ah ! mon petit papa ! mon cher petit papa, ma seule famille au monde… Comment pourrais-je un jour te tuer !"

Quel démenti implacable cela aurait été face aux inquisiteurs. J'étais emportée moi aussi par l'ensorcellement de la rumeur, j'entendais difficilement ce qui se passait en moi. Si bien qu'un peu plus tard, alors que j'avançais vers la marina en empruntant les rues étroites, certaines scènes défilèrent devant mes yeux. Je tuais vraiment mon père : me voilà en train de le brûler avec de l'eau bouillante, de lui déchirer la poitrine avec un couteau ; et tandis que j'accomplissais tout cela, je ralentissais mon allure. Les femmes qui grignotaient des graines de tournesol sur le pas de leurs portes se turent, terrorisées, comme si elles voyaient les mêmes scènes que moi. Sous le réverbère de la rue, j'examinai mes mains. Elles étaient petites, elles étaient propres, ce n'étaient pas les miennes. Elles s'étaient divisées en deux pensées. L'une défendait l'amour filial d'un mouvement dérisoire, l'autre se penchait sur son père d'une manière redoutable. J'étais dans tous mes états, non pas parce qu'une rumeur courait à mon sujet mais en raison de l'éventualité que sous-tendait cette histoire effrayante. J'avais été jugée capable de commettre un crime machiavélique. Le pire étant que je m'étais aussitôt habituée à l'idée d'être machiavélique.

Il était clair que j'avais été moi aussi emportée par l'envoûtement du racontar qui rompait la monotonie ambiante. Nous ne pouvions nous affranchir autrement de l'ennui indescriptible qui nous rongeait intérieurement s'il n'y avait pas, à peu près tous les trois mois, des rumeurs plus ou moins outrancières, la plupart mensongères, à propos généralement d'un jeune ou d'une femme ; de la même manière que les tribus primitives choisissaient l'un des leurs à offrir aux dieux en sacrifice. Il était clair que la fin du cycle précédent avait vu naître mon tour. Néanmoins une rumeur doit être un peu amusante. Or mon histoire laissait présager une tragédie comme l'île n'en avait encore jamais connu. J'étais donc plus seule que quiconque. Plus seule que ceux pour lesquels on perçoit clairement qu'ils revêtent une carapace née de la solitude. Si quelqu'un parle de vous à demi-mot, il exprime plus ou moins ce qu'il sait de lui-même. Tu ne peux voir chez l'autre quelque chose qui n'est pas en toi. Même s'il y a de l'hostilité en apparence, il existe un lien fraternel sous-jacent. Même si tous les gens de l'île avaient leur part de culpabilité, ils la rejetaient sur moi. Cela n'avait aucun sens de résister. Il me fallait prendre patience jusqu'au prochain ragot et attendre d'être oubliée, ou sinon brandir devant eux le cadavre de mon père.

Cette nuit-là je trouvai mon père au bar d'Eşber. Le délabrement de son foie se lisait sur son visage. Son menton s'était affaissé, il était épuisé à force de boire et de parler. Je ne comprenais pas ce qu'ils trouvaient à se raconter lui et ces amis avec lesquels il avait consommé toute une vie, hormis les lointaines années de service militaire. Que mijotaient ces vieux bonshommes assis tristement autour d'une table, eux qui avaient été circoncis dans le même jardin d'été, s'étaient mariés dans la même salle, avaient travaillé dans la même rue et vivaient dans des maisons voisines ? Mais après avoir remarqué que ces rencontres avaient exactement débuté au moment où se déclaraient les grandes douleurs, je commençai plus ou moins à réaliser de quoi ils parlaient. Les repas du mercredi dans le bar d'Eşber avaient commencé du temps où İlias Ritsos, après avoir englouti son argent en bourse, avait vendu ses vignes pour une bouchée de pain, où Rıza Filiz entiché de sa belle-fille avait honte d'être amoureux et du temps où ma mère avait quitté la maison. Ces trois hommes alimentaient à chaque séance du mercredi leur compassion mutuelle, leurs plaintes et leur indignation qui, les autres jours de la semaine, gagnaient la magnificence étrange des souffrances polies comme le diamant. Vous pouvez sans doute imaginer comment une douleur dévorante au point d'être exprimée marque un visage. Il existe dans le fait de nourrir une douleur un plaisir difficilement explicable. Le pourquoi de leurs attitudes fut plus ou moins accepté, les habitudes pénibles devinrent de petits défauts pardonnables. İlias Ritsos, Rıza Filiz et Kutsi Karaca, mon père, avaient beau être désagréables, indignes de confiance, insupportables, ils avaient acquis dans l'île un statut d'intouchables grâce à un amour honteux, à la malchance et à la disparition d'une femme.

J'entrai dans le bar, ce qui provoqua un silence glacial. Sous un toit en zinc, des hommes fatigués, assis par petits groupes à des tables contiguës au milieu des déchets de crevettes, d'arêtes de poisson et de salades défraîchies, étaient penchés sur leurs verres couverts de traces de graisse et écoutaient de la variété orientale. Sur les murs on avait accroché des cadavres de créatures marines. Des étoiles de mer totalement desséchées, des éponges, un immense requin... Je regardai dans les yeux chacun des membres de l'assistance. Ils savaient. Ils avaient la certitude que j'allais tuer mon père. Même Yorgo qui était assis à la table du coin me dévisagea avec suspicion. Mon père, lui, baissa la tête d'un air embarrassé quand il me vit entrer puis remplit son verre de vin. Une façon de dire : "Un petit dernier et après on y va." Il n'était donc au courant de rien. Il avait toujours cette même manière misérable de supplier. J'étais vraiment surprise. Le fait que mon père n'ait encore rien entendu était un véritable miracle. J'étais près de croire qu'il portait une cuirasse invisible le protégeant des bruits de l'île.

Je dis "près" parce que les croyances ici sont beaucoup plus profondes, beaucoup plus intenses que sur le continent. Elles s'engouffrent aussitôt jusqu'à atteindre le tréfonds de l'être. Qu'il y ait une part d'ensorcellement ou d'illusion à l'origine de chaque croyance, elles n'en demeurent pas moins le fruit d'une coïncidence. Mais ici, sur cette île, les coïncidences ont un impact bien supérieur ; sans doute est-ce dû au fait de vivre en pleine mer, de se retrouver nez à nez avec la nature indomptable à chaque tempête, chaque marée, chaque séisme ou chaque déluge. Qu'une chose vienne perturber la vie quotidienne, et elle se transforme aussitôt en une sorte de saisissement à donner le frisson. Au-delà des événements tragiques qui influencent profondément notre vie, il existe de petits riens qui surgissent subrepticement. Et ces petits riens engendrent de grandes croyances...

Par exemple, à une époque j'avais à l'aine droite, au niveau de la culotte, un grain de beauté tout à fait charmant. Il était vraiment très joli. Il formait une petite tache irrégulière brun-rouge sur la blancheur de ma peau. Il me donnait l'espoir de devenir une femme exceptionnelle. Il signifiait que je serais plus femme que toutes les femmes de l'île. Un jour, à onze ans je crois, tandis que je ramassais du thym avec Yorgo, je le lui avais montré. Il m'avait demandé s'il pouvait le toucher, j'avais accepté. Plein d'appréhension, il m'avait effleuré l'aine délicatement de son index comme s'il veillait à ne pas l'abîmer. J'éprouvais une infime chaleur... un sentiment étrange, une sorte de réconciliation entre un être et son corps. Bien plus que le fait que Yorgo me touchât, ce que j'avais aimé, c'était la façon dont il l'avait fait et la lutte qu'il avait menée pour ne pas cligner des yeux alors qu'il tendait son doigt. C'est alors qu'il se passa une chose que je n'avais pas du tout imaginée. Je m'en rendis compte le lendemain matin en allant aux toilettes. Mon grain de beauté avait totalement disparu sans laisser la moindre trace. Quelques jours plus tard, je le trouvai sur la paume de ma main gauche. Juste sous la ligne de cœur ; un mélange de saleté et de chocolat... En mon for intérieur, j'étais fâchée contre Yorgo. Comme s'il avait volé mon plus beau bijou, puis, pris de remords, l'avait replacé au mauvais endroit. A découvert, là où tout le monde pouvait le voir... Depuis ce jour-là je devins prisonnière de Yorgo. Au fur et à mesure que Yorgo grandissait, le détestable sentiment de culpabilité qui se lisait sur son visage se transforma en une sensualité dominatrice. Cette nuit, au bar, il se tenait debout à l'entrée et avant même que je n'ouvre la porte il avait déjà déboutonné sa chemise. Il me détestait tout en ne voulant pas que j'échappe à sa sujétion. Pourtant ce que j'ai raconté n'est sans doute qu'une pure coïncidence. Certains grains de beauté peuvent apparaître puis disparaître instantanément bien évidemment. Mais ils peuvent aussi changer ce qui se passe entre Yorgo et moi. Si le grain de beauté de mon aine n'avait pas été volé, j'ignore quelle tournure aurait prise ma féminité. Comme je l'ai dit, je n'eus pas d'autre choix que de me nourrir de croyances aveugles. Parce que dans cette île nul ne peut changer sans autorisation.

Cette nuit où j'allai chercher mon père au bar, Yorgo vint près de moi avec un air hâbleur auquel je n'étais pas très habituée. "Va-t'en, dit-il, un sourire dominateur aux lèvres, c'est moi qui ramènerai ton père à la maison." Il me rappelait les jours où il se précipitait pour s'allonger sur moi de tout son poids. A un autre moment, j'aurais écouté ses paroles et serais rentrée docilement chez moi. Mais désormais tout le monde savait que j'étais devenue une personne dangereuse. "Il n'en est pas question, dis-je, je ne partirai pas sans emmener mon père !" Yorgo recula de deux pas. Remarquant la force meurtrière qui gisait derrière cet "il n'en est pas question", il resta hébété presque comme si j'étais nue devant lui, provocante. Je me sentis soudain très forte, je réalisai combien l'intimidation était efficace ! Sans avoir encore fait couler le sang, je faisais déjà partie des caïds de l'île.

Je repoussai Yorgo et m'approchai de mon père que je saisis sous les aisselles pour le soulever.

"Allez, tu as assez bu !" Il n'eut pas la force de résister. Je lui enfilai soigneusement sa veste qui était accrochée à la chaise. "Tu es en sueur, tu prendras froid sinon..." Etait-ce de l'affection ou de l'autorité, c'était difficile à saisir. Etais-je sa fille ou bien Azraël, personne ne le savait vraiment. Je saluai tout le monde et emmenai mon père de la même manière que je l'avais relevé. En sortant je me retournai et ajoutai : "Allez, messieurs, ne traînez pas trop : on vous attend chez vous..."

Pour ne pas longer toute la marina, nous prîmes le raccourci par le parc. Mon père ne cessait de grogner et de marmonner. Une fois arrivés au jardin de thé de Çınarlı, nous nous arrêtâmes un moment pour reprendre notre souffle. Il était largement plus de minuit et, hormis une ampoule encore allumée dehors, tout était éteint. Süha Melek était assis tout seul sous la lumière crue de l'ampoule, le menton sur la poitrine il broyait des idées noires. La fumée de la cigarette qu'il avait à la main s'élevait en volutes. Quand nous passâmes près de lui, il ne se retourna même pas pour nous regarder. Peut-être ne nous avait-il pas remarqués. Nous n'étions pas encore très loin de là quand mon père buta sur moi ; ne pouvant plus supporter son poids, je me mis à crier : "Süha ! Je t'en supplie, aide-moi !" Je me retournai et vis que Süha avait quitté sa place. La tête entre les mains, il regardait vers les profondeurs du parc. Il ne m'entendait absolument pas.

Cahin-caha, nous arrivâmes à la maison. Mes bras étaient engourdis sous l'effet du poids. Je fis d'abord asseoir mon père confortablement, puis je lui préparai une infusion avec du miel et lui massai le dos avec de l'huile de gentiane. Voyant que son linge de corps était complètement jauni, je l'habillai de propre. Il avait beau être habitué à ce qu'on le touche, il eut du mal à se soumettre à une telle affection. Il me repoussa plusieurs fois. Il ne tarda pas ensuite à somnoler sur le canapé. J'entrai alors dans sa chambre et changeai ses draps qui dégageaient une odeur horrible. J'ouvris la fenêtre. Je vidai les cendriers pleins à ras bord. L'air se renouvelait. Je ramassai le linge sale entassé au pied du lit. Je sortis une couverture en coton piqué propre et m'approchai de mon père. Couché, il avait un air plutôt éberlué. Je le couvris et lui murmurai de douces paroles à l'oreille.

— Demain, avant de partir au travail, je ferai infuser du thé au jasmin pour toi. Je te raserai de près. Tu mettras une chemise blanche. Je cirerai même tes chaussures. Tu verras, tu ne te reconnaîtras pas.

Les yeux fatigués de mon père se fermèrent lentement. Il était si soûl qu'il était incapable de comprendre ce que je disais. Quelques minutes plus tard, il sombra dans un sommeil de plomb en émettant un ronflement effrayant. Je l'observai jusqu'au matin. Sa façon de poser son bras sous sa tête, de gratter en grognant les piqûres de moustiques. Sans défense, c'est ainsi qu'il dormait. Ses lèvres pendaient, sa poitrine était offerte à tous les dangers. Le voir ainsi désarmé m'avait plu.

Percluse de fatigue, je m'étendis sur le lit sans me déshabiller. J'étais si indignée des commentaires à mon encontre que le sommeil ne venait pas. Je n'arrêtai pas de tourner à droite à gauche. J'étais trempée de sueur. Juste au moment où j'allais sombrer, une voix que je connaissais très bien se fit entendre au loin. Un cri déchirant…

La phrase qui retentit dans l'île était une supplication divine qui prouvait que dans cette île nul ne parvenait à changer tout seul.

“Osman ! Osman réveille-toi ! Ton fils est encore mort !”

LE FILS DE LA PIEUVRE

Le cri de Sait Güler, l'imam de notre île, qui nous avait arrachés au sommeil trempé d'un matin étouffant de septembre, nous avait une fois de plus jeté à la figure l'inéluctabilité de nos destins.

Notre solitude est tellement insondable qu'ici l'être humain ne peut rien faire tout seul. Chacun est obligé de se forger un mental à sa mesure. On finit même par penser que l'on est né d'une pieuvre. La seule façon de surmonter le silence passe par la capacité de transformer une excuse en une causalité. Nous ne pouvons pas expliquer autrement le fait que notre force imaginative se mue en un animal indomptable. Ni notre impuissance lorsque nous nous retrouvons nez à nez avec notre part animale. Il s'agit la plupart du temps d'une créature rancunière. Elle se comporte de façon excessive par crainte et par déception. Dans notre île, une perte équivaut à trois pertes, une ivresse à un vertige continuel. Si toutes les croyances qui exacerbent nos souvenirs et toutes les certitudes issues de ces croyances n'existaient pas, nous n'aurions probablement pas pu dissimuler le fait que nous ne nous supportons pas. Malheureusement ces psychismes excessifs qui nous enchaînent furent la cause de grandes catastrophes pour certains d'entre nous. Ainsi la mort inopinée de Süha, le fils d'Osman Melek.

Sait Güler, qui avait quitté à l'aube sa maison située au nord de l'île, s'était rendu comme d'habitude à la boulangerie en passant par des rues étroites formant un arc de cercle. Après avoir pris son petit-déjeuner, une tartine beurrée, en compagnie des employés de la boulangerie, il était parti en direction de la mosquée afin d'y réciter la prière du matin. Arrivé au jardin de thé de Çınarlı, il avait aperçu une forme noire ; transi de peur, il s'était tapi dans un coin. Au début il avait cru avoir affaire à un fantôme immobile, à une créature énigmatique qui attendait sous les platanes... Mais les yeux de Sait Güler s'habituèrent à la pénombre et il acquit la certitude qu'il s'agissait de quelque chose de plissé comme un kilim ou une couverture. Après un tour dans le parc adjacent pour vaincre sa peur ou calmer ses soupçons, il réalisa qu'il y avait là, sous un platane, un jeune homme effondré sur une table, les bras ballants. Sait Güler dit qu'aussitôt après avoir vu le corps inerte, avant même d'avoir regardé le visage, il fut saisi d'une intuition divine et comprit de qui il s'agissait. Ensuite, d'un souffle puissant, il hurla à l'intention du père de l'enfant. Car la mort de Süha incombait à son père plus qu'à sa mère.

Après s'être formée jusque dans les moindres détails durant tout un hiver, la rumeur au sujet de la mort surprenante de Süha Melek devint une histoire tragique racontée de manière de plus en plus romancée aux touristes qui emplissaient les pensions dès l'arrivée du mois de juin. Plus cette histoire était racontée, plus la véritable douleur qui avait conduit Süha Melek à la mort et l'étrange acceptation qui était contenue dans le cri strident de Sait Güler disparurent au profit d'une construction imaginaire. Chacun s'intéressa à la partie la plus marquante :

> Ce jour-là, l'enfant avait l'air abattu. Qu'as-tu ? lui demanda-t-on. Il était allé à la mer avec ses camarades, ils avaient bu quelques bières sur la plage d'Ayazma. J'ai froid, avait-il dit. Ils trouvèrent cela bizarre bien sûr. Ici personne n'a jamais froid. On ne doit pas avoir froid. Dès ta naissance tu es encerclé par les vents du nord. Avant même que la sage-femme ne te prenne dans ses bras, un vent humide et glacé t'enlace. Seuls les touristes comme vous ont froid. Le soir, les cheveux en désordre, ils s'assoient dans les jardins avec un gilet sur les épaules. Abrutis par le vent, languissants, ils boivent une tisane de sauge. Mais voir Süha frigorifié nous avait tous étonnés. On le rejeta, malgré nous. Au coucher du soleil, en compagnie de ses amis, il alluma un feu dans un renfoncement rocheux au bout de la plage : ce lieu est un refuge où nous avons tous grandi. La grotte des baisers, des pleurs et des douleurs. Tandis que l'écume de mer qui jaillissait des rochers faisait grésiller le feu, Süha, tout en buvant une bière à la vodka, contemplait la mer en silence. Chacun de ceux qui se trouvaient auprès de lui cette nuit-là se souvient d'un grésillement… Juste au moment où nous parlions de la manière de pêcher la pieuvre, Süha partit d'un bond et se jeta à la mer. Deux pas plus loin, d'un mouvement agile, il sortit une pieuvre d'entre les plaques de marbre qui formaient de petites piscines. Vous savez que le soir les créatures marines se rapprochent du rivage afin d'être pêchées. Attraper une pieuvre est la plus grande fierté des pêcheurs. Cela exige une compétence particulière, une grande dextérité. Personne n'imaginait bien sûr que Süha en fût capable. Il était frêle et pâle, toujours en train de tousser. C'était un fantôme parmi nous. Les tentacules de la pieuvre s'étaient aussitôt cramponnés aux poignets de Süha.

Retourne la tête de la pieuvre, crièrent les autres, allez, retourne-la. Mais Süha se contenta d'observer la lutte pour survivre menée par l'animal. Ensuite, il se pencha sur l'eau et attendit que la pieuvre se dégage. Personne ne lui demanda pourquoi il avait fait cela. Allez, dit-il, rentrons au bourg, j'ai froid…

Tard dans la nuit, ils se rendirent au jardin de thé de Çınarlı et s'installèrent à différentes tables. Ils étaient tous soûls, exception faite de Süha qui s'était assis tout seul dans un coin. Il fuma cigarette sur cigarette tout en les cachant dans sa main. Vers minuit, à l'heure où tout s'apaise, les ouvriers fatigués de leur journée, suivis des promeneurs, quittèrent le lieu ; il ne resta plus que quelques joueurs de trictrac et de rares personnes qui regardaient la télévision. Süha ne quitta pas sa place. Le serveur lui demanda s'il voulait ou non du thé avant qu'il n'éteignît le réchaud. Il fit un signe de la main pour dire qu'il n'en voulait plus. Quand on ramassa les nappes, il pria qu'on laissât la sienne. Ensuite les lumières s'éteignirent. On n'entendait plus que les éclats de rire provenant des restaurants de la marina. Le serveur, pour passer le temps d'après ses dires, s'approcha de Süha et lui raconta quelques blagues. Allez, pars, dit Süha qui n'en pouvait plus. Le garçon s'éloigna d'un air penaud. Ensuite Kutsi Karaca et sa fille passèrent non loin de lui. Kutsi Karaca était de nouveau soûl comme un tonneau. Il ne se souvient que vaguement de l'enfant. Quant à sa fille, elle ne raconte rien. D'ailleurs elle se fâche si on la questionne. Avec un peu de mauvais esprit, tu finirais par croire que c'est elle qui a arrêté le cœur de Süha. Toujours est-il que c'est l'imam, Sait Güler, qui trouva Süha au petit matin. Quand il tenta de le relever, l'enfant était tout raide, comme s'il était mort depuis des années.

Notre esprit ne parvint pas à saisir comment il avait pu mourir comme ça d'un coup alors qu'il était assis tranquillement. Au dire des médecins, il s'agirait d'une crise cardiaque... Le cœur de cet enfant était très vieux. Par la suite nous fûmes incapables de supporter le platane à côté duquel il était mort. En le voyant là, dressé au-dessus de nos têtes, nos nerfs flanchaient. Malgré son grand amour pour les arbres, Mme Sula, la propriétaire du lieu, accepta de le faire abattre. A présent il ne reste de Süha en tout et pour tout qu'une souche sur laquelle les enfants butent et tombent. De la même taille qu'une pierre tombale.

Il y a quelque chose d'insupportable dans le fait d'embellir l'histoire émouvante de la mort d'un être ; c'est de la pure méchanceté de parler de la mort prématurée d'un être en jouissant des regards hébétés de touristes avides. Imaginez que derrière un visage buriné caché sous un chapeau de paille transparaît celui d'un tout jeune homme en souffrance depuis sa naissance. Son corps chétif étendu sous un platane immense ne cesse de mourir, encore et encore.

En vérité, Süha avait un jumeau auquel il était relié par la tête. Un frère caché, invisible à l'œil nu. Il avait en quelque sorte le désespoir accroché au cou ; une idée de mort, de mort au visage crayeux du fait de ne pas être né. Süha est mort parce qu'il n'en pouvait plus de le porter, parce qu'il voulait le tuer. Il n'avait pas d'autre solution que d'arracher et de jeter ce frère qui le dévorait, que de brandir son non-être devant son père. Il s'était lassé d'être la grande imposture d'Osman Melek. Afin d'apaiser son dos voûté dès l'enfance, il étrangla son frère en nous regardant droit dans les yeux.

J'étais petite. Avant que Süha ne naisse, il y avait un autre Süha. Un vrai Süha, si l'on peut dire... C'était un enfant au teint doré et aux cheveux bouclés qui ne quittait pas les épaules de son père.

Les moustaches d'Osman Melek étaient très courtes. La fierté d'être le père de cet enfant en avait fait un homme solidement bâti. Süha avait un ou deux mois de moins que moi. Son père encourageait son côté batailleur, un peu fou, spécifique aux garçons ; ainsi il massacrait les chats, jetait des pierres aux corbeaux, tailladait les carapaces des tortues... Et promenait dans ses bras des animaux morts. Gülşah Melek, sa mère, avait beau ne pas parvenir à se faire entendre par Süha, elle était secrètement fière de son indocilité. Vous déceliez derrière cette fierté l'admiration dédiée au sexe mâle. Les filles, à la fois utilisées et repoussées dès leur jeune âge, fuyaient au loin dans les champs de thym qui tapissaient l'île et se transformaient en chasseuses de sauterelles intrépides dans l'espoir de goûter ne serait-ce qu'une parcelle de la liberté dévolue aux garçons. Aucun d'entre nous n'allait encore à l'école. Nous suivions avec envie l'éparpillement vers les classes des grands enfants qui, chaque lundi et chaque vendredi, revêtus de leurs tabliers noirs, clamaient l'hymne au sein de l'école couleur cendre qui se trouvait juste à côté de la mairie et nous rêvions de nous retrouver là, les cartables sur le dos. Pour se sentir écoliers, il arrivait à certains d'entre nous de regarder le monde en plissant les yeux. C'était une façon amusante de grandir, de nous habituer à ne pas être surpris en grandissant... Malheureusement les yeux de Süha restèrent toujours grands ouverts. Avant que l'école ne débutât, nous apprîmes qu'il avait une leucémie. A cette époque les greffes de moelle n'existaient pas. On aurait dit que le continent était encore plus loin qu'aujourd'hui. Süha se désagrégea peu à peu sous nos yeux. Il n'avait pas encore sept ans quand il mourut.

Notre période de deuil ne dura pas très longtemps car Süha était mort avant même qu'il ne meure pour de vrai. Cependant, non seulement l'enfance des enfants mais aussi celle des adultes moururent avec lui. Nous doutions désormais de nos vies de nonagénaires héritées de nos ancêtres. Avec la mort de Süha, notre espoir d'une longue vie qui durerait jusqu'à ce qu'on perde la raison était tombé à l'eau. C'était stupide, mais on lui en voulait. Je comprends mieux aujourd'hui la raison de cette colère. Quand j'étais à l'école, une de mes amies ne cessait de maudire son père mort. D'après ses dires, il ne s'agissait pas d'un mauvais père, mais elle ne supportait pas l'idée qu'il ait quitté le monde. De la même manière que nous n'avons pu supporter le petit corps blême de Süha. Nous passâmes l'automne de sa mort à avoir honte de nos cœurs devenus de glace. Parce que nous n'avions pas assez pleuré, je pense, ou parce que nous n'avions pas encore saisi ce que nous avions perdu. Quant à Osman et Gülşah Melek, ils ne parvinrent pas à croire à la mort de Süha. Ils se mirent à raconter des histoires étranges laissant entendre que leur fils était immortel. Ils disaient par exemple que Süha venait au milieu de la nuit frapper à leur fenêtre ou secouer le mûrier du jardin. Bien évidemment nous crûmes à tout ça. Lors de mon premier jour d'école, quelques enfants de la classe, fondant en larmes, repartirent en courant chez eux. Ils prétendaient avoir vu dans le jardin de l'école Süha effondré au pied du buste d'Atatürk, en pleurs, suivant du regard les élèves qui entraient un par un dans la classe. Il ne resta bientôt plus aucun lieu, maison, recoin où Süha n'eût pas été aperçu. J'avais beau ne jamais avoir vu son fantôme, j'avais très peur. Ma mère n'attachait pas d'importance à tout ça ; une fois mon père parti, elle me disait à voix basse que la douleur était à l'origine de tout cela. Parfois les hommes ne savaient pas où l'enfouir et le fantôme n'était qu'un débordement. Un cataclysme qu'une mort prématurée léguait au temps présent… Je n'avais rien compris aux paroles de ma mère. Au début je n'avais pas réussi à admettre son attitude distante et froide, insolite selon les gens de l'île. Je ne trouvais nulle part trace, que ce soit au marché, dans les vignes, dans les jardins ou dans les rues, de la dure vérité qu'elle cherchait à m'inculquer. Plutôt que de prendre le deuil, tous avaient préféré se débrouiller avec un petit fantôme aux cheveux frisés qui ne cessait d'apparaître ici ou là. Il m'arriva de supplier Dieu pour que moi aussi je puisse voir Süha. Mais sans succès. Je parvins tout de même à le sentir en permanence auprès de moi. Ce fut peut-être la première croyance malencontreuse de ma vie.

De même qu'elle en avait été à l'origine, ce fut Gülşah Melek qui mit brutalement fin à la légende du fantôme égaré. Le jour où, quelques mois après la mort de Süha, nous apprîmes que Gülşah Melek était enceinte, le conte collectif que nous avions conçu avec un mélange de plaisir et d'effroi perdit aussitôt son attrait. Les histoires de fantômes insensées que nous débitions à la hâte dans les recoins où nous nous retrouvions à la récréation ou après l'école, dans les jardins à l'arrière des maisons, finirent par nous lasser. Au bout d'un moment plus personne ne parla de Süha. Cette fois on l'avait bel et bien enterré. Quant à Gülşah et Osman Melek, ils devinrent totalement irresponsables. Si bien que le nouvel enfant allait non seulement vivre la vie de ce frère qu'il n'avait jamais connu, mais aussi sa mort.

Le jour de la naissance du deuxième Süha, il y avait un amas de sandales devant chez Gülşah Melek. L'accouchement avait duré des heures, il avait été sanglant avec une déchirure profonde et dix points de suture. D'après ce qu'on disait, le bébé était une chose toute brune. Mais quand même Süha tout craché. Les mêmes oreilles, les mêmes mains potelées, le même visage fripé... Personne ne fut choqué d'apprendre que le nouveau bébé s'appelait aussi Süha. Avant d'avoir trois ans passés, pas une seule fois il ne fut sorti dans la rue. Durant des années on l'avait tenu éloigné de l'humidité, du vent, du mauvais œil, des chats borgnes et de l'épine blanche durant les mois d'été. Quand il finit par sortir, il était tout pâle. Jamais nous ne pûmes accepter son existence du fait qu'il n'avait pas grandi parmi nous. Il portait les habits de l'autre Süha, tenait dans ses mains les jouets de l'autre Süha. Sa chambre était tapissée de photos de l'autre Süha. Il ne cessait de nous dévisager, l'air suspicieux, se montrant coupable à nos yeux de ne pas être suffisamment Süha, de ne pas réussir à être autre chose qu'une copie souffreteuse du garçon doré aux cheveux frisés qui avait pris place en nos cœurs. Il restait en marge. Sans participer. Incroyablement lent. Nous lui avions tout de même pardonné. Il avait beau ne pas être actif ou rebelle *comme il était avant*, chacun de ses comportements nous rappelait l'autre Süha. Malgré cela, il ne cessait de regarder le monde habité par la mort.

Cela se passait à l'époque où je m'étais fait voler mon grain de beauté par Yorgo. Je sanglotais de rage cachée dans une embarcation échouée dans le bassin de calfatage, quand j'entendis un bruit. Süha était plongé dans le goudron au milieu de boîtes en fer-blanc rouillées derrière une colline couverte de genêts située près du bassin. Il jouait au milieu d'une décharge où les pêcheurs avaient entassé toutes sortes de détritus. Il posa sur une boîte en fer-blanc renversée un bout de bois pourri et par-dessus un filet déchiré entre les mailles duquel il mit diverses choses, dont des débris de coquillages, et il contempla son œuvre, les yeux dans le vague ; ensuite, après avoir détruit d'un coup de pied la forme qu'il avait construite avec des boîtes en fer-blanc, des pots de yaourt, des emballages clinquants, des morceaux de verre cassé et des coquillages, il se mit à faire un nouvel échafaudage. Un nuage de mouches tournoyait au-dessus de sa tête en le suivant à la trace. Une terreur morbide se lisait sur son visage. Le petit Süha que Gülşah Melek avait, avec un soin maladif, habitué aux vêtements blancs comme neige s'était engagé dans un jeu malsain pour lutter contre la propreté névrotique qui avait toujours entouré son existence. Comme s'il négligeait volontairement les craintes de Gülşah Melek au sujet de l'hépatite, de la tuberculose ou du tétanos. J'écartai l'enfant des poubelles et je lui demandai ce qu'il faisait. Il me dit en marmonnant qu'il construisait une maison. Je demandai alors : “Tu la fais pour qui ?” Il ne répondit pas. “Où est ta mère Süha ?” Il montra du doigt la place du marché encombrée de monde qui, de loin, paraissait immobile. Il était couvert de goudron des pieds à la tête. Il me regarda avec de grands yeux pour voir si j'allais ou non lui donner la main. Il savait donc ce qu'était la saleté. Dans l'île, l'avantage pour un enfant c'est que personne ne craint qu'il ne se perde ou ne soit écrasé par une voiture. L'engourdissement que l'on ressent ici est en même temps une lenteur qui inspire confiance. Toutefois, la poubelle près du bassin de calfatage n'était venue à l'esprit d'aucun enfant jusqu'à ce jour.

J'avais pris Süha par la taille et je l'avais amené jusque chez nous en passant par les rues arrière. Il ne rechigna pas à se mettre tout nu. Je le pris entre mes jambes et le lavai durant une bonne heure. Tandis que je frottais au pétrole ses genoux couverts de goudron, avec la curiosité d'un enfant ignorant des limites il saisit mon sein gauche : "Ils sont petits", dit-il... A cette époque-là, ma poitrine me faisait mal. La douleur me fit lui donner une tape sur la tête. Il rit gentiment et tenta d'imiter les gros seins de sa mère en bombant le torse. Je remarquai alors qu'il avait un grain de beauté qui faisait penser à un œillet sur le côté droit du ventre.

— Est-ce que tu sais ce que c'est, Süha ?

— C'est quoi ? Il regardait avec intérêt l'endroit où j'avais posé mon doigt.

— Un grain de beauté.

Il se mit à le gratter. Il avait l'air perdu. Je le pris par les épaules et l'attirai vers moi. Je repoussai en arrière ses cheveux trempés qui lui collaient au front et lui dis : "Surtout, ne montre ton grain de beauté à personne, Süha."

Il regarda d'un air étrange le point noir en train de mûrir sur son ventre. Je ne me rendais pas compte que je donnais un conseil impossible à un garçon de quatre ans totalement ignorant des marques identitaires que sont les signatures, les signes particuliers ou les paraphes. En fait je me parlais un peu à moi-même. Süha, las de penser, le regard perdu, avait laissé tomber ses bras sur les côtés. J'essuyai alors la mousse qui lui restait dans les oreilles et, de même que je l'avais lavé plus que nécessaire, je le séchai vigoureusement ; je sentais se réveiller en moi une violence secrète qui se mêlait à l'affection et je faisais mal à cet enfant en lui décochant des pincements et des tapes à la dérobée. Avec la frénésie d'une petite fille qui veut déchirer sa poupée de chiffon… Quant à Süha, sans quitter des yeux ma poitrine naissante, il me comparait à sa mère. Quel âge as-tu ? me demanda-t-il à un moment. La réponse jaillit de ma bouche.

— Douze… j'ai entamé ma treizième année, mais c'est douze… en fait je pourrais dire treize.

Il se pencha vers moi avec un large sourire et dit :

— Moi aussi, j'ai douze ans.

Je l'enlaçai fermement. Avec une affection tout à la fois poignante et effrayante. Sans savoir que des années plus tard, un matin humide de septembre, j'allais trouver son cadavre dans le jardin de thé de Çınarlı, je lui avais dit adieu, mue par un pressentiment terrible. Je n'arrive toujours pas à comprendre la douleur qui m'envahit quand j'enlaçai ce corps trempé. Cette douleur venait soit de la non-naissance soit de l'étrangeté d'être né d'une pieuvre.

PILLEUR DE RAISIN

En dehors de quelques faits touchants, mon enfance se déroula en ligne droite et à un rythme lent. Comme toutes les filles de l'île, je poursuivais ma vie entre la cueillette, le tri, et des moments où je faisais le commissionnaire ou l'informateur. J'étais l'un de ces enfants brûlés par le soleil qui se promenaient pieds nus sur la place du marché. La petite fille qui, chaque soir, avant la fermeture de la boutique de barbier de son père, nettoyait les traces de savon plein de poils resté collé sur l'évier humide était l'unique personne de ma connaissance. Une icône à la poitrine maigrichonne à la main droite calleuse à force de balayer et aux doigts plissés d'être trop restés dans l'eau.

Les lignes horizontales que formaient les marches extérieures des maisons de pierre étaient parallèles à celles des routes pavées, des ceps de vigne, des ondoiements du sable sur la plage et aussi à une autre ligne, tout au fond de la mer, sur laquelle avançait un coquillage ; mon enfance, au lieu de se dérouler entre ces parallèles, selon une temporalité précise, allait tout simplement se tarir.

J'étais aussi éloignée des alignements de lettres que je l'étais des lignes de l'écorce terrestre. J'en avais une sainte horreur. Dès que je commençais à lire les phrases, jambages et boucles s'entremêlaient et se mettaient à former de nouveaux mots confus. Il m'était impossible de les maîtriser. Par exemple, bâton devenait talon ; matin, tanin ; tisse, dise... Je n'arrivais pas à écrire non plus. J'étais incapable de soumettre ma main au mot qui me traversait l'esprit. La grande ressemblance entre *p* et *b* faisait qu'il m'était impossible d'appréhender la différence fondamentale entre belle et pelle. C'est bien plus tard que je réalisai que la laideur de mon écriture bourrée de fautes venait de mon incapacité à associer les lettres aux sons. Quand j'étais à l'école, pour cacher mon défaut, j'ouvrais grands mes yeux et mes oreilles. Tout ce que j'appris, c'est grâce à eux. Chaque fois que je lisais un livre, surtout si c'était un roman, je demeurais impuissante face à certains mots étrangers que je n'arrivais pas à prononcer. Les lignes s'enchevêtraient, les lieux ne se construisaient pas, les héros utilisaient une syntaxe que je ne comprenais pas. A la fin de la page, je repoussais le livre avec un étrange malaise intérieur. Le fait que je n'aime aucun écrit était mon plus grand secret. Hormis ceci, et le noyau de cerise que je mâchonnai durant tout un été, et l'amour que j'éprouvais pour mon oncle, je n'avais rien d'autre à cacher.

Mon oncle Mercan Karaca était pêcheur. C'était un homme trapu, la tête enfoncée dans les épaules, plutôt laid. Jamais je ne le vis nager. Depuis le continent mouvant qu'il s'était fabriqué dans sa barque il tenait tête à la mer avec l'humour acide des hommes de la terre ferme. Grâce à lui, je considérais l'île comme une immense embarcation. La seule chose que j'appris de lui, c'est la patience. Tout au long de sa vie, il en avait fait sa patrie. Se taire avec patience, dormir avec patience, attendre le thon avec patience... Il dormait au sous-sol de notre maison roum* qui comportait trois niveaux,

* Nom donné aux Grecs d'Anatolie.

dans une pièce sans fenêtre servant de garde-manger, juste à côté de la cave ; dès qu'il sombrait dans le sommeil, l'odeur de mer dont il était imprégné s'engouffrait dans l'escalier. On aurait dit qu'il ravalait sa sueur comme s'il s'agissait d'une souffrance et qu'en dormant il ne contrôlait plus ni l'une ni l'autre.

Jamais il ne me prit dans ses bras, ni ne me couvrit quand j'avais froid, ne serait-ce qu'une seule fois. Jamais il ne m'emmena en mer ni ne m'apprit à pêcher le poisson. Mais il prononçait mon nom d'une telle façon que j'étais persuadée que sans ce nom je ne pourrais pas vivre. C'était comme s'il me hélait depuis un autre monde. Mon nom se colorait de douceur sous la langue aiguisée de Mercan, il me recouvrait d'une noblesse soyeuse, ce n'est qu'avec lui que se révélait un pays que je reconnaissais. Chaque fois qu'il prononçait mon nom, je retrouvais mon unité et je regardais avec admiration la bouche d'où sortait cette voix. Après avoir perdu mon oncle, il ne resta plus de trace de la mer ni de mon nom. J'allais devenir famélique et surtout indifférente au point de devenir invisible.

J'avais quatorze ans. Mon père arriva au petit matin empestant le sel, il s'assit sur le divan, but de l'eau, déglutit et annonça que mon oncle s'était noyé. Je partis aussitôt. Je grimpai sur les collines couvertes d'épines et je hurlai à la mort. Un sentiment de culpabilité profonde recouvrit la quiétude qui émanait de la voix de mon oncle. Je crus qu'il était mort parce que je l'avais trop aimé. Quant à ma mère, elle pleura des jours et des jours, mais jamais devant nous. Avec ses larmes, elle effaça peu à peu son visage. Quand nous entrouvrions tout doucement les portes, nous étions frappés d'abord par une couleur mauve. Elle n'avait plus ni nez ni lèvres. Toutes les expressions de son visage, tous les traits qui leur donnaient vie avaient été recouverts d'un chagrin sanglant. Quand nous la regardions, ce n'était pas ma mère que nous voyions, mais le corps d'un jeune homme en train de pourrir en mer. Elle se taisait toujours ma mère ; toujours elle était loin, très loin. Elle marchait en rasant les murs. Aussitôt achevé ce qu'elle avait à faire, elle partait pour de longues marches. De jour en jour, notre maison se dénudait. On aurait dit que ma mère avait tracé un cercle *yezidi* autour d'elle, nous laissant volontairement en dehors, mon père et moi. Le diamètre de ce cercle ne cessa de diminuer de jour en jour, ma mère finit par ne plus pouvoir y entrer. Quelques semaines plus tard, un beau matin, elle se leva et me prépara une tartine beurrée comme à son habitude. C'est alors que j'aperçus une valise gris plomb dans sa main. La doublure en était tout élimée, les dessins presque effacés par la poussière. Elle y glissa quelques vêtements, une tenue de voyage, une autre pour la journée ainsi qu'une chemise de nuit... Comme s'il lui restait en tout et pour tout un seul jour à vivre. Ensuite elle enfila ses sandales et s'en alla. Et moi je restai suspendue en cet instant, dans cette minuscule portion de temps durant laquelle ma mère enfila ses nu-pieds. Mon corps de petite fille près de se transformer en je ne sais quel animal au poil luisant resta enchaîné à ce jour où ma mère nous quitta. J'avais été arrimée aux centièmes de seconde précédant l'abandon. Un talon fendu, un claquement bizarre ; le bruit de pas qui s'estompe en passant du bois à la pierre et le départ de ma mère. Elle faisait de grands pas en direction de l'embarcadère. Je la suivis jusqu'au ferry-boat avec la curiosité d'un chat. Je ne sentis pas grand-chose si ce n'est un sentiment d'anéantissement. Mais la nuit, quand mon père arriva à la maison le dos courbé, comme toujours, et qu'il apprit que ma mère était partie, il m'adressa un regard plein d'une expression que je ne lui connaissais pas et ouvrit un vide immense au milieu de mon visage. Ce vide, c'était moi. Je compris plus ou moins ce jour-là que la chose réduite qui existait entre mon père et moi était totalement liée à ma mère. C'est ainsi que fut scellé mon bannissement de l'île. Dès le départ de ma mère.

A partir de ce jour, je m'immobilisai. Cet immobilisme était tel qu'il pouvait expliquer pendant des siècles, tour à tour, l'érosion des galets par chacune des vagues, le mouvement scintillant du sable se transformant en verre, le bois qui travaille en solitaire. Mes épaules anguleuses se renfoncèrent avant d'avoir eu le temps de s'arrondir. Mes rotules ne parvinrent jamais à s'articuler correctement, mes cheveux cachèrent mes yeux. D'une certaine manière, il s'agissait pour moi de ne pas grandir. En suivant la régression de mon corps, je pouvais voir jour après jour le temps passer. Ma démarche lourdaude, mon dos bossu, mes mains qui ne savaient pas où se mettre... Tout cela, cette apparence hermaphrodite, qui n'était ni celle d'une vieille femme ni celle d'une fillette, venait de l'absence de féminité. Une créature condamnée à être privée de mère. Il était trop tôt pour être abandonnée.

Malgré ce brusque rejet, je présentais au moins certains traits communs qui me réconfortaient. Mon côté droit était identique à celui de mon père. Dès que je le regardais dans le miroir, je voyais apparaître un visage osseux parsemé d'ombres en raison de ses traits anguleux, le visage de mon père.

Quant à mon autre côté, il était surmonté d'un immense point d'interrogation. Démarrant au niveau de la tempe, il se recourbait au niveau des pommettes et élargissait mon regard, accentuant chaque étonnement, chaque reproche, chaque expression de fierté. Mais mon côté droit c'était vraiment mon père. Un regard sans question, sans surprise, trop habitué au monde. Il me regardait droit dans l'œil comme s'il me reprochait ma crudité. Mon cou avait fini instinctivement par pencher à droite, fatigué de porter l'œil inquisiteur d'un vieillard renfrogné. J'étais très fatiguée de regarder mon père.

Après le départ de ma mère, mon père ne quitta pas la maison de quarante jours comme s'il se retirait pour pratiquer le jeûne. Peut-être pour se purifier avant d'accueillir ma mère au cas où elle reviendrait. Il mangeait incroyablement peu, buvait de l'eau juste pour se maintenir en vie. Il faisait cela car il n'était pas suffisamment courageux pour se flageller. Il ne parvenait pas à trouver une quelconque explication à la disparition imprévisible de mon oncle et au départ brutal de ma mère, il ne mettait pas un pied hors de la maison du fait qu'il ne réussissait pas à paraître suffisamment étonné. Les premiers jours, je ne sus quoi faire. La seule façon de me débarrasser des gens qui s'attroupaient autour de moi dès que je faisais un pas dans la rue fut de devenir experte en silences glacials.

En très peu de temps la poussière recouvrit toute la maison, les papillons envahirent le cellier et les mites nos placards à vêtements. Les vitres des fenêtres devinrent si sales qu'aucune lumière ne filtrait plus à l'intérieur. Je remarquai alors qu'il n'y avait plus un seul bruit dans l'immense salon où les araignées avaient tissé leurs toiles. Je n'arrivais plus à percevoir le tressaillement de la sphère terrestre, ce *do* ininterrompu. L'intérieur de notre maison ne faisait plus partie désormais de la surface du globe. Nous nous retrouvions sur une autre île détachée de l'île. La nôtre était effrayante, entourée de murs délabrés et où les rats se promenaient tranquillement. De temps en temps, en allant au marché, nous regagnions un brin d'humanité, puis, écrasés sous la lourdeur des questions infinies, nous retournions dans notre contrée.

Au bout de quarante jours, Kutsi Karaca, mon père, se demanda si une lettre était arrivée ; il se rendit alors presque chaque jour à la poste. Il eut beau téléphoner à toute la famille de ma mère, il ne retrouva pas sa trace. Durant des années, il ne manqua pas une seule fois l'arrivée du ferry qui, trois fois par jour, amenait des voyageurs venus du continent. Il attendait en plein milieu du débarcadère, juste là où le ferry accostait, au risque de se faire coincer ; planté en plein milieu, indifférent aux klaxons furieux des automobiles, sans bouger de sa place, il dévisageait un à un chaque voyageur : il cherchait sa femme. Il fit cela pendant des années. Il ne permit pas à l'île d'oublier ce départ. A force d'attendre, il perdit espoir et plus jamais ne rouvrit sa boutique de barbier. Il se levait avant l'aube et quittait le bourg pour marcher d'un pas alerte, une heure durant, jusqu'à nos vignes du nord de l'île. Il y passait sa journée, aérant les pieds des ceps, élaguant les vieilles branches ; quand il était fatigué, il piquait un somme dans la maisonnette délabrée qui se trouvait là et le soir, couvert de poussière, griffé par les branches, au bord de la folie tant il avait soif, il rentrait. Aussitôt arrivé à la maison, pour conjurer l'usure de la journée, il se ruait sur la bouteille de vin comme s'il l'arrachait. Ce n'était pas boire qu'il faisait, c'était mordre. Comme pour injurier le cep pour lequel il s'était donné tant de peine tout le jour. A force de boire, il finissait par réduire son entrain et se calmer, ensuite il se lavait le visage et les mains et se rendait au bar, un bar au toit de zinc situé près du bassin de radoub. C'était tout ; pas une phrase ni un contact. Jamais il ne me donna la part d'affection qui me revenait, son cœur était devenu dur comme de l'acier. Durant les quinze dernières années, même s'il pratiqua une ou deux fois encore le jeûne de quarante jours, il ne parvint pas à se délivrer de la colère qui le rongeait intérieurement, de la mélancolie qui le submergeait. Il déclinait rapidement, jour après jour. Son vieillissement était aussi rapide qu'était indubitable l'arrêt de mon développement. Ses cheveux avaient totalement blanchi. Un de ses yeux avait commencé à s'opacifier. A force de boire son nez était devenu énorme et tout poreux. Parfois j'avais l'impression qu'il y avait une créature plantée en plein milieu de son visage. Un être vivant qui allait grandir en se nourrissant du sang de mon père... Un nez peut-il parler ? Je croyais que si je prêtais l'oreille j'allais entendre un monceau d'injures abominables.

Trois ans après avoir achevé le lycée, je devins fonctionnaire à la bibliothèque municipale, lieu dont personne ne franchissait la porte, j'étais seule. Ainsi j'allais pouvoir entendre davantage le son du *do*. Au moins j'avais des journées où je pouvais me retrouver face à moi-même, en dehors de la maison. Tous les matins je partais très tôt me réfugier dans la bibliothèque et au retour du travail je récupérais mon père dans un des bars pour le ramener à la maison. Parfois il refusait de venir avec moi, me chassait en me disant des choses désagréables ; je partais alors m'asseoir sur un banc du parc jusqu'à une heure avancée de la nuit et j'attendais qu'il s'assoupisse. Ce qu'il y avait entre Kutsi Karaca et moi était si peu, c'était pour ainsi dire rien, mais il était là ce "peu". C'était notre obligation mutuelle et aussi la peur mortelle que nous générions l'un envers l'autre. Je ne supportais pas son regard glacial, il ne supportait pas que je lui rappelle ma mère. Sur mon visage fané à force de respirer la puanteur de son haleine avinée, se propageait la malédiction de mon père liée à l'absence de ma mère. Toutes mes ressemblances avec ma mère, ma main, mes genoux, mon ventre, comme si cela ne suffisait pas qu'elles soient inopportunes, aiguisaient ma part masculine.

Je ne mens pas, je voulais parfois qu'il meure au plus vite. Mais pas parce que j'en avais assez de contempler un ivrogne. J'avais beau être lasse de le traîner chaque nuit jusqu'à son lit, de nettoyer ses plaies pleines de pus, de laver son vomi dont l'odeur âcre inondait la nuit, je ne peux cacher que cela me procurait un plaisir diabolique. Le voir putréfié par la saleté me reposait. Même si cela paraît étrange, la répugnance était le seul sentiment qui me permettait de comprendre la réalité, la pourriture de son corps. J'éprouvais même un profond respect pour son acharnement à vivre qui se cachait derrière ses gémissements, ses désespoirs et ses toux oppressantes. J'attendais patiemment que mon père parle. Jamais je ne perdis l'espoir de pouvoir entendre un jour de la bouche avinée de mon père ma véritable histoire. Qu'était-il arrivé à mon oncle, pourquoi ma mère était-elle partie ; qui sommes-nous ?

Pourquoi nous retrouvions-nous tout seuls, sans famille, au milieu des Roums, des Kurdes, des Tziganes et des touristes de l'île ? Il ne disait rien. Fixant mon front de ses yeux torves injectés de sang, il produisait des borborygmes incompréhensibles. Alors quand il s'assoupissait en ronflant, je renonçais difficilement à l'envie de l'étouffer en écrasant un coussin sur son visage. Demain, me disais-je, demain ce pilleur de raisin dira tout !

GALIEN

Entre le raisin et moi, demeure une fraternité secrète. Je la ressens surtout dans les périodes d'absence. Celles où il n'y a plus aucun raisin, où sa souche s'est asséchée comme si elle avait subi une catastrophe… Durant les mois d'hiver, le cep, à force d'être battu par le vent, devient une branche aride, il perd sa puissance évocatrice, il ne fait même plus penser au grain à défaut de la grappe. Il reste debout sans donner le moindre signe laissant présager que la vigne bourgeonnera un jour, malgré ce qui est inscrit dans son histoire. Il reste enterré dans un silence de mauvais augure. Je ne parviens pas à déceler s'il est jeune ou vieux, mort ou vivant. Cependant quand je bois le vin datant de sa vie antérieure, tout en me disant que le raisin a grandi dans une maison tyrannique, chaque gorgée se révèle une gorgée d'or de la taille d'une pièce de monnaie.

Je ne suis pas experte en vins. Jusqu'à aujourd'hui, je n'ai jamais goûté au syrah. J'ignore totalement la senteur du *sultaniye*, l'arôme du *misket*, et si le *çalkarası* a vraiment, comme on le dit, un imperceptible parfum de melon et de fraise. Je ne suis apparentée qu'aux raisins de mon île. Je reconnais immédiatement le *karasakız* en raison de son goût acidulé, le *vasilaki* et son arôme capricieux qui évoque l'ambre. J'ai aussi une habitude que j'hésite à avouer aux connaisseurs. Pour apprécier la valeur d'un vin, j'ai fondé un sanctuaire secret. Un temple du vin que je cache au creux de mon ventre...

Chaque fois que je bois une gorgée de vin, le raisin se révèle dès la première sensation qui enveloppe mon palais. C'est un raisin divin qui rassemble tous les raisins de l'île. Une *idée* sans défaut des grains présents par millions sur les grappes entre les feuilles de vigne empoussiérées. Ils sont ovales, rubis à la peau nébuleuse, à chair blanche, à doubles pépins : deux yeux et quantité de langues qui peuvent chacun raconter un passé saisissant. Après la pollinisation, ils s'adoucissent sous l'effet du soleil mais s'endurcissent en résistant au vent et, sous l'intervention de la main de l'homme, se dirigent vers une vie à double aspect, impliqués tout à la fois dans la fête comme dans la tragédie. Ils fermentent, se décomposent et s'étonnent eux-mêmes de leur saveur aigrelette. La couleur de leur peau les fait rougir un peu. Ils passent d'une consistance à une autre qui souligne tout leur devenir et, bien que morts, ils ne peuvent échapper à leur âme. Leur secret reste dans la bouteille, leur innocence au-dehors. Ils se sont fait coloniser mais jamais capturer. Ils ont connu l'humiliation, mais aussi la gloire. Ils nieront tout aussi bien le fait d'être vivants que celui d'être morts. Quand le raisin est transformé en vin, il s'humanise par un mystérieux secret. Voilà pourquoi, il faut chaque fois repenser au destin de ce raisin que tu avales. Boire à petites gorgées est un acte de gratitude envers les ancêtres. Une prière qui permet de recouvrer l'innocence perdue...

Bizarrement, j'appris à boire lentement auprès d'un être qui ne savourait jamais ses gorgées. Parfois, c'est à partir d'une vision d'horreur que l'homme apprend ce qu'il faut faire. Pour ma part, je trouvai ma voie en regardant mon père boire du vin jusqu'à plus soif avec l'exaltation d'un vandale. Dans sa bouche devenue toute noire ne restait du divin raisin qu'un sombre cauchemar. Le vin qu'il buvait était littéralement illégitime alors que celui que je buvais parvenait même à innocenter mon père à mes yeux.

Chaque fois que Kutsi Karaca buvait trop, il sombrait dans une détresse impitoyable ; les yeux fixés sur le cauchemar qu'il n'allait pas tarder à voir, il plongeait avant de dormir dans un monde sans tabou. Qui sait combien de nuits je me réveillai en sursaut en entendant la plainte étrange d'un jeune garçon. Chaque fois je retrouvai mon père dans un état fiévreux, recroquevillé sur lui-même. Tout en sueur, enroulé dans les draps… Son cauchemar le recouvrait comme un tulle. Après avoir bu un verre d'eau sa langue se déliait, il oubliait qu'il avait fait cent fois le même rêve et, comme si c'était la première fois, il me le racontait fidèlement. Tandis que je l'écoutais patiemment, il se créait une complicité entre moi et le garçon qui, derrière l'œil de mon père, me fixait.

Le garçon plongeait toujours au cœur d'une sombre forêt. Il s'égarait au milieu des arbres immenses qui ne laissaient pas passer la lumière et il était pris d'une frayeur indomptable. Les couleurs s'engourdissaient rapidement, les arbres immenses, chacun copie d'un seul et même arbre, étaient à moitié morts. Soudain surgissait un animal. Ce n'était ni un ours ni un blaireau ni un chien kangal.

C'était une créature au regard humain et à la gueule écumante… Le garçon se retrouvait nez à nez avec l'animal et sentait son haleine avinée, il restait pétrifié devant la bête incapable de quitter sa place. Il fermait les yeux mais en les rouvrant la retrouvait de nouveau face à lui. Il voulait se retourner et courir de toutes ses forces, mais il ne parvenait pas à tourner le dos à l'animal. Pendant ce temps, lentement, la forêt se penchait sur lui. Des craquements, des bruissements, des ombres qui assombrissaient les allées… L'animal commençait à tournicoter lentement autour du garçon qui, pris de tremblements, se mettait à supplier intérieurement. Il attendait, attendait que l'animal lui saute à la gorge et le terrasse ; préférant se faire dépecer plutôt que de devenir fou de peur. C'est alors qu'il se retrouvait dans la peau d'un ivrogne terrorisé. S'accrochant à l'ossature de son corps endolori couvert de poils blancs, il me dévisageait d'un air suppliant. Je lui caressais doucement la joue et lui disais : "Allez mon petit papa, ça y est, c'est fini… Et si tu buvais un petit peu moins de ce vin… Ce ne serait pas possible ?"

Il me fallut des années pour comprendre que le vin qui menait Kutsi Karaca jusqu'à la forêt n'était pas un vin ordinaire et je réalisai très tard qu'il existait deux sortes d'ivresse. Quand il buvait au bar, il rentrait son menton pendant, vomissait en suffoquant puis sombrait dans un profond sommeil. Quand il buvait son propre vin, il subissait les foudres du divin raisin. Hormis le fait qu'il revivait dans son corps l'aventure harassante du raisin le menant de la grappe au breuvage, il s'imprégnait sans le vouloir des sentiments mêlés au vin. Il était clair que le vin produit par Kutsi Karaca était à son image. De même qu'un vin aigre montre son immaturité, qu'un vin qui embrase le palais étale sa magnificence, qu'un vin à tanin prouve sa noblesse, celui de Kutsi Karaca exprimait ses manques. Toute personne qui possède un bon palais est capable de percevoir la maîtrise et l'habileté consacrées à la confection d'un vin, mais il faut de la sagesse et un lien du sang pour saisir la touche personnelle qui y fermente. Pour faire un bon vin, il faut être poète, cependant cela ne signifie pas que la débâcle du poète restera hors de la bouteille. Ni sa trahison, son désir ou sa nostalgie… Les vins de Kutsi Karaca ont beau avoir une saveur inépuisable, chaque bouteille contient une créature qui attend le moment de s'échapper. C'est ainsi que mon père buvait chaque fois son propre sang et, ayant perdu sa virilité, il cherchait dans la forêt où il errait un animal à qui offrir sa gorge.

Pour essayer de le libérer de la forêt je fis de multiples tentatives. J'allai même chez le médecin. Après que j'eus écouté attentivement les explications que l'interne du centre de santé, caché derrière ses lunettes cerclées de métal, me donna au sujet des effets néfastes du divin raisin sur Kutsi Karaca, il fronça les sourcils pour me mettre en garde et dit qu'il fallait "faire au plus vite des analyses de sang et d'urine", que tous ces cauchemars étaient "des hallucinations dues à l'alcoolisme", que la seule solution était "d'envoyer mon père au plus vite dans un centre de désintoxication" avant que "ses organes ne lâchent" et il me fit un signe, l'air de me chasser, laissant entendre que je pouvais quitter son cabinet. Il avait probablement raison. Comparés à mes théories insensées, les dires de l'interne paraissaient plus raisonnables. Cependant, établir si rapidement le diagnostic d'alcoolisme chez

Kutsi Karaca, cet amoureux du vin qui n'a jamais bu de bière, qui ignore ce qu'est la vodka et qui ne supporte même pas l'odeur de raki, n'était que la preuve d'un savoir théorique. L'interne ne voyait pas le malade, il ne voyait que la maladie.

Pour ne pas lui voler son temps, je m'abstins de lui raconter en détail le cauchemar de mon père. J'évitais de préciser que je n'étais pas seulement son enfant, mais aussi l'héritière du même cauchemar. Juste avant de quitter son cabinet, je lui demandai d'une voix mal assurée ce qu'il pensait de la cure de vin de Galien. Il s'assit à sa table, se mit à jouer avec son stylo puis dit, avec un sourire moqueur : "Cette cure était pratiquée voilà deux mille ans, sans doute pouvez-vous utiliser des méthodes plus modernes (!). Par exemple faire boire à votre père du vinaigre camphré !"

Ce matin d'automne, en allant du centre de santé à la bibliothèque, plus qu'à l'affront de l'interne je songeais à la fidélité zélée de Galien envers Hippocrate. La reconnaissance que montrait ce médecin quand il évoquait son grand maître de près de six cents ans son aîné dut être plutôt convaincante pour les scientifiques qui vécurent des siècles plus tard. En effet, ces deux hommes qui n'eurent pas la possibilité de se rencontrer sur terre furent représentés ensemble en train de déchiffrer le secret de l'univers sur les murs de la cathédrale italienne d'Anagni. Je découvris cette fresque murale par hasard dans un catalogue d'art byzantin. Hippocrate et Galien sont représentés au même âge. Tous les deux ont une longue barbe blanche et une couronne identique qui souligne leur sagesse. Hippocrate est à droite sur un fauteuil de belle apparence aux accoudoirs en laiton, quant à Galien, son disciple, il est assis face à Hippocrate sur une chaise simple où l'on distingue une figurine de serpent. Pour montrer la différence d'époque entre eux deux, Hippocrate est revêtu d'une modeste pelisse tandis que Galien porte une pèlerine byzantine, nouée au cou. L'un croit encore à Zeus, l'autre à Jésus. Les deux se tiennent devant un lutrin. Ce qui frappe au premier regard dans le dessin, ce sont les proportions parfaites, son unité et son équilibre et aussi l'atmosphère de discussion intense que nul ne pourrait interrompre. Hippocrate, la main tendue, explique fiévreusement quelque chose tandis que Galien désigne le feuillet sur son lutrin, comme s'il tenait à lui montrer que dans ses œuvres il avait développé les idées du maître. Les textes sur les deux lutrins sont complémentaires. "La totalité des êtres vivants, passés et à venir… / il existe encore en ce monde un lien entre les quatre éléments de base." Une seule phrase… Parfois, il faut au moins six cents ans pour formuler une phrase qui chamboule tout. Si l'on met à part le "principe d'équilibre entre les éléments" que ces deux médecins passionnés transmirent à l'humanité durant quatorze siècles, il y a une sorte de bizarrerie fascinante dans le fait que Galien se soit approprié Hippocrate. Il s'agit là d'une déviation qui renverse les relations hiérarchiques du type père-fils, maître-apprenti. Si le secret de l'immortalité est détenu par un mortel qui naîtra dans le futur, Hippocrate dont la vie n'est toujours pas achevée doit être redevable à Galien, si ce n'est de son respect filial, au moins de sa bienveillance extrême…

Moi aussi c'est sa bienveillance qui me fascine. J'avais rencontré de façon inattendue ce médecin de Pergame qui avait voué toute sa vie à expliquer

Hippocrate dans un livre où il prodiguait ses conseils aux amoureux du vin. C'était ma septième année à la bibliothèque, vers la fin du mois d'octobre, l'île s'était déjà bien vidée. Une heure avant le départ du ferry du soir, İhsan Sonay était arrivé les bras chargés d'un carton plein de livres. Dessinateur de rue, il proposait aux touristes ses productions aux couleurs criardes... Toujours à la même heure, tel un fonctionnaire, il s'asseyait devant son chevalet et de main de maître réalisait avec une grande rapidité des dessins d'après photo. Il passait le reste de sa journée à expliquer combien la vie de peintre était atroce ; il ne cessait de se vanter d'être un subversif, un trouble-fête, un inadapté, mais nous n'en avions encore jamais vu la trace.

Ce jour-là il entra dans la bibliothèque avec un large sourire. Il n'avait pas dû faire attention à l'odeur de moisi ni aux cloques sur les murs car il avança en se dandinant jusqu'à ma table et y laissa le carton en me demandant, l'air plutôt sérieux, s'il pouvait entreposer ses livres dans la bibliothèque jusqu'à l'été suivant : sa maison allait rester fermée tout l'hiver et ses livres risquaient de prendre l'humidité. Quiconque aurait été à ma place se serait plié en quatre pour faire plaisir à cet homme charmant. Mais à cette époque la solitude m'avait rendue sauvage : je n'étais plus du tout habituée aux gens et encore moins aux êtres pragmatiques qui surgissent sans crier gare. En plus les livres étaient à mes yeux des biens bâtards, je n'attribuais de valeur qu'à ceux qui avaient des illustrations. Il était hors de question que je prenne des livres en dépôt, je ne pouvais les accepter qu'à condition qu'il en fasse don à la bibliothèque. İhsan Sonay dit qu'il ne voulait pas les donner. Je lui rétorquai vertement que nous n'avions pas de telles pratiques. Ici c'est une bibliothèque, pas une consigne ! İhsan Sonay sous-estimant mon sérieux déclara ne vouloir qu'un peu de bonté. Je lui répliquai que je n'étais pas quelqu'un de bon… Ce à quoi il me répondit que cela se voyait. Je lui demandai alors pourquoi il en attendait de ma part. Un moment plus tard la discussion prit une tournure si absurde que nous sortîmes tous les deux de nos gonds. Je me rappelle vaguement de nos paroles ; il me traita d'excitée à tête de négresse, ou quelque chose de ce genre-là ; moi je lui ai dit entre autres qu'il n'était qu'un pseudo-peintre, un dégénéré totalement dépourvu de talent. Finalement le peintre mystérieux et extraverti – comme si on pouvait être les deux à la fois – étala sa nature de subversif, de trouble-fête et d'inadapté légendaire et donna libre cours à sa folie en se mettant à projeter ses livres dans tous les sens, en hurlant : "C'est une poubelle, ici ! une poubelle de livres !" Et c'est à ce moment-là que Galien me tomba dessus. Un livre où l'on parlait de Galien…

La révolte d'İhsan Sonay se sentant rejeté lui avait coûté en gros un carton plein de livres. La majorité des livres éparpillés au sol étaient de ceux qui permettaient au lecteur de jouer au savant en sélectionnant les anecdotes historiques. D'autres, avec illustrations, avaient trait à la culture culinaire. Trois autres encore semblaient être des récits. Sauf erreur l'un d'entre eux s'appelait *Tache de Malle*. Sur le dos du livre, il y avait la photo de l'écrivain. La femme, qui était de profil, avait tourné la tête vers l'objectif et offrait un sourire pathétique. Si l'on estimait avec la meilleure intention possible que la mélancolie qui rendait ce sourire touchant était sincère, elle ne suffisait pas à briser la propension de l'écrivain à se faire prendre en photo. Disons que son regard était naturellement ainsi ; un œil qui, outre son sourire fêlé, offrait toujours sa mélancolie aux milliers d'êtres qui le regardaient. Un regard entre l'intime et le public. Qui n'était ni présent ni absent. Ni authentique ni vraiment factice. Une photo qui détournait le désir exhibitionniste de l'écrivain tout en conservant la force d'un mystère lié à la pose. Etant quelqu'un qui depuis toujours n'appréciait guère les lettres et ceux qui les alignent d'un air chagrin, je brûlai sans perdre de temps la totalité des livres, y compris les nouvelles, dans le poêle en fonte installé en plein milieu de la bibliothèque. Le fait de brûler du papier fit disparaître un moment l'odeur de moisi ambiante. Il ne resta d'İhsan Sonay qu'un seul livre avec une couverture fine. Tout bien considéré et me disant que je le lirai peut-être un jour, je le laissai dans un coin. Ce livre allait être le premier ouvrage que je lirais vraiment.

Malgré tant d'années de fonctionnariat à la bibliothèque et tous les romans d'amour que ma mère conservait dans le chiffonnier, je n'étais pas parvenue à m'accoutumer aux livres jusqu'à ce que j'entende la voix à la fois injonctive et affectueuse de Galien. Lire était pour moi l'une des occupations les plus fatigantes et les plus insupportables au monde. Mais dès l'instant où j'entendis de près la voix de Galien, les lettres se domestiquèrent. Je le jure, j'étais en train de lire une chose que je connaissais depuis des siècles… Persuadée que j'avais écrit dans ma vie antérieure chacune des phrases que je déchiffrais… Le mystère enfoui sous le plaisir de lire et que j'avais été incapable de résoudre avait fini par se dévoiler : les gens ne pouvaient lire que les livres qu'ils connaissaient. Comme ils ne savaient pas exactement ce qu'ils connaissaient, ils étaient obligés de lire. Les livres qu'ils ne lisaient pas (ou ne pouvaient pas lire) étaient ceux qu'ils ne daignaient pas écrire ou ne pouvaient pas écrire. S'il n'avait pas parlé de mon père, Galien ne m'aurait guère intéressée…

Après avoir lu cet ouvrage, mes relations avec les livres changèrent radicalement. Je consacrais tout mon temps passé à la bibliothèque à suivre la trace de Galien. Tandis que j'étudiais avec une curiosité grandissante ses adages, ses traductions, les peintures murales qui le représentaient et aussi les médecins qu'il avait influencés, les volumes soudés entre eux à cause de l'humidité profitèrent de l'air frais pour la première fois depuis des années. Grâce à ça, je prenais conscience de la richesse inestimable de ma bibliothèque. Galien avait ouvert de nouveaux horizons à bon nombre de personnes, des philosophes arabes aux rois de Rome, des peintres de la Renaissance aux hommes de science européens. Malgré les piqûres sur mes bras dues aux insectes nichés entre les pages des livres et en dépit de ma lenteur impressionnante, j'avais enfin réussi à me plonger dans la lecture.

La langue de Galien qui datait du IIe siècle ne s'était pas transformée en une sentence abrupte lentement désincarnée à force d'avoir été traduite de nombreuses fois, du grec vers l'arabe, du persan vers le français, de l'italien vers l'anglais et de l'anglais vers le turc ; on pouvait la percevoir du fond du cœur, comme une voix rude appelant à l'obéissance. En lisant son manuscrit intitulé *Des propriétés des aliments*, je m'étais imaginé un homme revêche avec les cheveux et la barbe en bataille et une verrue sur la joue qui bougeait quand il parlait.

L'univers, mon enfant, disait-il en désignant avec son pouce la surface de la terre, est uniquement sous l'influence de quatre éléments. Et alors qu'il est possible d'atteindre une harmonie incomparable sous le règne de ces quatre valeurs sacrées, ton misérable père, tout congestionné, a perdu son équilibre interne à force de boire du vin de façon indécente. Le tempérament sanguin est sous l'empire du sang, le flegmatique sous celui de la lymphe et le colérique sous celui de la bile jaune ; ton père, quant à lui, est sous celui de la bile noire, c'est pour cela qu'il a sombré dans une mélancolie dont il ne peut plus se sortir. Un homme sous l'influence de la bile noire – ce sont toujours ceux qui se noient dans le vin par amour – se rend esclave de tout ce qu'il connaît dans la vie hormis sa bien-aimée, d'une bouteille par exemple, d'une nuit, d'un souvenir ou d'une angoisse profonde et, ce qui est le pire de tout, il s'assombrit de jour en jour. Le vin n'est qu'un prétexte ! Si tu y parviens, ma fille, le véritable miracle serait de calmer sa mélancolie quand il boit. Pour disposer de manière équilibrée dans le cœur de ton père le rêve et l'imaginaire, le jour et la nuit, le climat et les sentiments, plutôt que de lui interdire de boire, tu dois l'étendre dans le vin, de tout son long.

Au mois de janvier, qu'il boive chaque soir trois verres de vin parfumé, qu'il reste ensuite à jeun pendant trois heures et quand il ne supportera plus la faim qu'il mange du cochon de lait grillé mariné dans du vin et du miel. Verse du vin et un peu d'huile de rose dans son bain et frictionne-lui le dos avec un blanc d'œuf. Fin janvier, tu verras son visage s'éclaircir, son sommeil s'allonger et quelques kilos s'installer au-dessus de sa taille. En février continue les bains, mais ne t'avise pas de lui faire boire du vin jeune. La douleur qu'il porte dans son cœur ajoutera à l'âme de ton père de la noblesse ayant le goût du vin vieilli. Mars venant, tes doigts doivent être aussi habiles que ceux des sorciers. Ajoute du piment au vin doux afin que les gorgées rappellent les paroles vénéneuses ; ensuite prends ces paroles et parfume-les fortement d'œillet, de cannelle et de nard indien, de sorte qu'elles atteignent la consistance nécessaire pour être entendues. N'oublie pas la bouillie de blé, d'accord ? Elle le fera déféquer après avoir bien digéré les mots. En avril fais-lui boire du vin à l'anis ; qu'il s'abrutisse à force d'avoir la tête qui tourne sans répit, cela lui fera du bien. Mais en mai il ne doit pas boire une seule gorgée. Même s'il crie ou supplie ou le demande à cor et à cri, ne l'écoute pas, dis-lui que tant qu'il ne se fera pas obéir par le vin, il restera un raisin vert toute sa vie. En juin qu'il boive du vin rosé et les deux mois suivants plein de teinture de feuille de rose. En août, pas une seule bouchée de viande. En septembre qu'il absorbe de l'absinthe en plus du vin blanc et doré. S'il a la nausée, dis-lui : “Ne fais pas de manière, bois ça, c'est l'anxiété qui acidifie ton estomac pas l'absinthe !” En octobre il ne doit pas boire une goutte. C'est comme s'il avait à garder un secret ; on doit percevoir avant tout dans son souffle l'amitié ou la trahison. En novembre qu'il se pâme avec du vin vieux à maturité. Quand arrive décembre qu'il s'empresse d'oublier tous les vins qu'il a bus ! Tu verras que ton père ira de mieux en mieux. Le sentiment qui le ronge va finir par partir en fumée.

LE POISON

Ils dirent que j'avais empoisonné mon père à petit feu. C'est cela qui me toucha le plus. Ignorais-je comment faire bouillir le bulbe du lis et l'ajouter sournoisement aux mets que je lui confectionnais ? Comment, d'un côté, chercher un remède avec complaisance, et de l'autre arracher subrepticement chaque lis que je trouvais alors que mon père se tordait de douleur sous mes yeux ?

Mais j'étais fascinée par la révélation. Alors que je trouvais une nouvelle façon d'exprimer la voix de Galien enfouie dans le passé, une idée lumineuse surgit. Plutôt que priver de vin mon père, j'allais, grâce à mon propre breuvage, disposer de manière équilibrée dans son cœur le rêve et l'imaginaire, le jour et la nuit, la raison et les sentiments.

Mon intention était de faire du vin comme mon père n'en avait jamais goûté dans sa vie. Je n'ignore pas en disant cela la prétention qui se cache derrière cette phrase. Je ferais un vin dont le seul défaut serait qu'il rappelle mon être. Quelque chose qui pousserait mon père à se rapprocher de moi, qui allait le faire sortir de sa forêt obscure, le mener vers une autre ivresse, mettre en lumière notre méconnaissance mutuelle. Mais avant, pour bien saisir la méthode de mon père, je goûtai le vin qu'il avait fabriqué comme si j'entendais une belle phrase, lettre après lettre.

Au premier abord, il était d'une rougeur mate. Une fois posé sous la lumière, un éclat imperceptible se mettait à scintiller dans le verre. Un vin jeune dont les raisins avaient été brûlés par le soleil. Il y avait à l'intérieur des cristaux rouges tirant sur le violet. Quels reproches s'exprimaient à travers ces cristaux qui ne se dissolvaient pas ? Je ne parvins pas à comprendre s'il s'agissait de la bouteille qui avait attendu dans le froid ou bien du garçon perdu dans la forêt. Je secouai légèrement le verre. De grosses larmes se formèrent sur ses parois. Sans prendre une gorgée, je pouvais déjà savourer goutte par goutte sa force étourdissante. A la surface du vin, contre le verre apparut une couleur qui tirait sur le bleu. Sur le bleu ! C'était exactement ce que mon père ne pouvait réaliser. La proportion de raisin qui fait du vin un bon vin avait été volontairement négligée. C'était exactement cela, commettre une erreur. Pour obtenir un vin au bouquet singulier, il fallait nécessairement en passer par là.

Je fermai les yeux et pris une petite gorgée. Une onctuosité extrême, presque visqueuse. Une douceur indicible. Ensuite la gorgée qui enveloppa mon palais me donna le sentiment que mes gencives étaient agacées. Alors un autre visage se dessina devant mes yeux, très éloigné de celui de mon père. J'avalai. Une créature ronde se glissa dans ma gorge. Une chose un peu lourde, pataude. C'était un vin très étrange, très changeant. Tout le tempérament d'un homme s'y lisait : d'un côté une acidité agressive, de l'autre une âcreté magnifique. J'ouvris les yeux. La géométrie secrète des dessins qui m'entouraient s'était exacerbée. Une gorgée de plus. La rudesse de mon père dans ma bouche. Une colère ardente brûlant tout sur son passage. Le verre terminé, respirant par le nez, je sentis un goût de métal. La conscience rouillée de mon père enveloppait mes fosses nasales. Le doute qui me rongeait depuis l'enfance, tel un corps plus grand que mon corps, se mit alors à me déchirer le ventre.

Kutsi Karaca était un homme plus cruel que je ne l'imaginais.

La bouteille terminée, tandis que je contemplais nonchalamment la vue depuis la fenêtre qui donnait sur la mer, je me mis soudain à penser à mon oncle. Et au froncement de sourcils de mon père quand il le regardait… C'était le souvenir le plus précis que j'avais conservé d'eux. Quelques jours avant que mon oncle ne disparaisse en mer, je crois. Un soir d'août venteux où ce dernier, trempé jusqu'aux genoux, des écailles de poisson plein les mains, était entré dans l'échoppe et avait commencé à mettre de la vaseline sur ses mains blessées. J'étais en train de nettoyer les faïences qui venaient d'être posées. Mon père et mon oncle se tenaient côte à côte, tous deux face au miroir et conversaient ainsi à travers lui. Kutsi et Mercan. Ils avaient beau être frères, ils n'avaient rien de semblable. Le teint balkanique de mon père soulignait le teint brun de mon oncle. L'un était de grande taille, il avait de la prestance ; le regard de l'autre retenait l'attention. Sur un mur latéral de la boutique était accroché un cadre décoré de feuilles dorées avec la photo de mon grand-père. J'avais toujours associé son visage à celui de mon père. Ce lutteur qui posait luisant d'huile, revêtu d'un pantalon en cuir, les deux mains réunies sur la boucle de sa ceinture, s'appelait Ensar Karaca. Je ne connus jamais mon grand-père. Il mourut bien avant le mariage de mes parents. Mon père avait hérité d'Ensar Karaca sa blondeur et sa carrure. Quant à mon oncle, il n'était ni le frère de mon père, ni le fils de mon grand-père. A la fois baraqué et de petite taille, il était très différent, il évoquait davantage sa mère.

Alors que les deux frères étaient en train de parler de choses et d'autres face au miroir, mon père tira soudain mon oncle par le bras et le fit asseoir sur son siège de barbier. Viens que je te rase, tu ressembles à un homme des bois ! Il avait coupé de façon grossière avec le sabot numéro trois de la tondeuse les cheveux bouclés qui couvraient la nuque de mon oncle. En balayant le sol je remarquai quelques cheveux gris parmi les boucles noires. C'était très tôt vu son âge. Ensuite mon père avait sorti le rasoir. Une expression tendue sur le visage. Les deux ne se parlaient plus à présent. Ne supportant pas le silence, j'avais allumé la radio. Une chanson sirupeuse et incompréhensible. Tandis que mon père aiguisait le rasoir sur la courroie en cuir, mon oncle tentait de s'habituer à son nouveau visage. C'est alors qu'il croisa mon regard. Il me fit un clin d'œil, très doux. Comme s'il disait, ne te chagrine pas, ils vont repousser. Mais mon père interrompit brutalement cet échange silencieux en poussant la tête de mon oncle vers l'arrière. Entre son menton et sa pomme d'Adam apparut un cou tout nu. Totalement sans défense, ouvert à tous les dangers... Le visage de mon oncle fut brutalement couvert de mousse sous les gestes agités de mon père. Si l'on songe qu'il était très méticuleux, toujours aux petits soins avec ses clients, il y avait un manque de soin surprenant dans la manière dont mon père savonnait son frère. Ses oreilles, ses lèvres et ses narines étant bouchées, mon oncle dut entrouvrir la bouche.

Ferme la bouche ! Je pris peur… Cette tension inutile accroissait mon angoisse. Mon oncle s'était soumis à tout ce que mon père lui avait dit. Tourne à droite ! Tourne à gauche ! Relève le cou ! Le rasoir était partie intégrante de mon père, c'était son organe. Avec son rasoir, il pouvait effacer les larmes, caresser les joues, ôter les saletés dans l'œil. Mais cette fois-là il le tenait maladroitement, comme on tient une fourchette. Contrairement à sa maîtrise habituelle, il balançait son rasoir dans tous les sens, menaçant mon oncle. Mon oncle ne manifesta aucune anxiété ou alors elle était secrète, dans les profondeurs, invisible à l'œil nu. Docile, il tendait le cou à la main acérée qui se promenait au-dessus de sa carotide. A la fin du rasage, je poussai un profond soupir. Mais mon père n'en resta pas là. Fourrant la tête de mon oncle sous le robinet, il commença à la laver en la massant avec vigueur. Ce n'était pas un lavage, c'était un étrillage. Il avait carrément ébouillanté mon oncle puis l'avait séché en le frictionnant violemment avec une serviette. Mon oncle ne disait rien. Pourtant, sa tête, son visage et son cou étaient devenus cramoisis. Ses yeux luisaient de douleur. Juste au moment où il s'apprêtait à se lever du fauteuil, mon père appuya sur son épaule. Reste assis ! Ce n'est pas fini ! Il imbiba d'eau de Cologne un coton qu'il avait enroulé à l'extrémité d'une longue paire de ciseaux et l'enflamma, je fermai les yeux sans le vouloir. Le linge mouillé que j'avais dans les mains était tombé par terre, je me le rappelle très bien. Lorsque mon père passa le coton enflammé sur les oreilles de mon oncle, une odeur de brûlé envahit la pièce. Mon oncle empoigna les deux accoudoirs et son visage se vrillait de douleur. Les poils des oreilles avaient beau avoir totalement brûlé du premier coup, la braise rougeoyait encore.

Ce fut ensuite le tour de l'autre oreille. Et un lavage de plus. Ensuite à nouveau de l'eau de Cologne sur la peau irritée. Mon oncle était en feu… Tandis qu'il s'éventait avec la main car il n'en pouvait plus, mon père la lui repoussa brusquement et étala une bonne couche de crème sur son visage. Cette fois le visage de mon oncle se mit à enfler. Mon père plongea alors sa main dans la boîte de vaseline et se mit à lui masser le cou. En plus grossier, c'était le massage qu'il prodiguait à ses bons clients. Quand, de façon totalement inattendue, il tourna des deux côtés la tête de mon oncle, en faisant craquer sa nuque comme s'il n'y avait pas de circulation sanguine ni de pensée dans la tête qu'il avait entre les mains. Mes yeux se mirent à lancer des étincelles. Je crus que son cou était cassé. Finalement j'entendis la voix impérieuse de mon père. Allez ! Porte-toi bien. Là au moins, tu as l'air d'un homme !

Mon oncle, furieux, s'était tout doucement levé du fauteuil. Il avait ôté la serviette de son cou et l'avait jetée sur l'évier sans dissimuler sa colère. Merci, avait-il marmonné entre ses dents. Merci. Une haine féroce dans les yeux. Alors qu'il sortait de la boutique après avoir regardé une dernière fois dans le miroir son visage maltraité, il avait tourné ses grands yeux en direction de mon père. Partons pêcher la semaine prochaine, les bancs de maquereaux ont commencé ! Mon père, qui nettoyait avec son doigt les restes de poils et de peau sur le rasoir, avait dit : "D'accord, je vais voir quelle sorte de pêcheur tu es."

Lorsque ce genre de scènes me revenaient en mémoire, j'avais l'impression d'étouffer. Chez moi le problème n'était pas de se rappeler mais de ne pas oublier. Parce que je souffrais d'une curiosité impardonnable. A force de me batailler avec le passé pour dénouer tous les nœuds de ma vie, le présent n'était plus qu'"illusions". Il y a un gouffre profond entre le simple et le clair. Le simple, solidement lié au "présent", était pour moi un chemin facile, suspendu au futur. Par exemple je pouvais accepter de manière simple ma part d'ombre qui grandissait dans le silence entêté de mon père. Je pouvais choisir ce qui m'arrangeait entre sa superbe, le jour où il avait provoqué mon oncle, et son abattement le matin où mon oncle avait disparu dans les eaux obscures. Je pouvais très bien me construire une identité mouvante. Je pouvais me contenter d'une petite mémoire composée de ma propre vie sans y ajouter ma mère, mon père, mon oncle ou des grands-parents dont j'ignorais tout. Ainsi je pouvais émigrer sur le continent. Mener une vie sans lien comme si j'étais venue au monde à l'état embryonnaire sans qu'il y ait eu fécondation. Qu'aurais-je fait alors du côté droit de mon visage ? De mon nom ennobli par la voix de mon oncle ? De mes rotules ressemblant à celles de ma mère ? De mon talent improvisé pour goûter le vin ? Et de ma propre voix capable d'incarner Galien par un monologue intérieur. J'étais amenée à commencer mon histoire par les mêmes phrases : J'étais une icône avec la verrue du balai dans la main droite, les doigts plissés à force de rester dans l'eau et la poitrine maigrichonne. Le reste de mon enfance disparaissait dans le brouillard. Pour devenir claire, je devais d'abord atteindre l'absence de mensonge. Ce qui hantait le cœur de mon père. Je n'avais pas d'autre solution que de l'atteindre avant que lui ne meure, avant que le souvenir ne se pétrifie et ne devienne mensonge. Je ne trouvai rien de plus direct que d'emprunter le chemin sinueux consistant à le noyer dans le vin plutôt qu'à l'anéantir.

Ce fut une chance de ne pas avoir essuyé le refus de mon père quand je lui dis que je ferais moi-même le vin de l'année. Il est vrai que son œil droit se recouvrait peu à peu d'une membrane nuageuse. Avec un seul œil valide, il ne pouvait s'assurer de la limpidité du vin.

Nos raisins avaient été vendangés tard. J'étais vraiment chanceuse de pouvoir faire ainsi un vin fort en tanin, riche en arômes. Le soir à quatre heures et demie je fermais la bibliothèque et, après avoir enfourché ma bicyclette, je filais à la vigne. Il me fallut quatre jours pour trier les grains écrasés ou pourris. Chaque grain pourri signifiait la faiblesse. Et moi j'étais décidée à paraître forte face à mon père. Pour presser le raisin, je ne touchai pas au pressoir manuel de mon père. Il fallait à tout prix que j'épargne au vin ce goût de fer qui gagnait le palais. Je piétinai pendant des heures dans la cuve en acier pleine de grappes. Ma sueur et mon odeur, toutes les sécrétions de mon corps que Yorgo connaissait si bien coulaient le long de mes jambes, se mêlant au moût de raisin. J'écrasai chacun des grains sans les blesser afin de les protéger de l'acidité qui se trouvait dans leurs pépins. Une mésentente ancestrale règne entre le raisin et son pépin. La chair blanche du raisin dit que le monde ne dure qu'un jour tandis que les pépins racontent que la terre est infinie. Je ne pouvais me résoudre à accepter les deux conceptions au même instant. Je fis attendre le moût. Il se mit à foncer, passant du jaune au rose. Mais il ne répondait pas encore à mon désir. Je crois que j'étais un peu exigeante. J'étais à l'affût d'un rouge bordeaux éclatant. Dedans il devait y avoir un peu de naïveté et une pincée de témérité. Puis, n'y tenant plus, je fis macérer le raisin. Au fur et à mesure que la vapeur aigrelette du liquide se propageait dans l'air, tout ce qui se trouvait sur la peau du fruit, chaque souvenir immanent au soleil, s'y mêla tel quel. J'avais maintenant capturé en totalité le goût acidulé du raisin. Au bout de quelques jours le moût s'était mis à fermenter. Le raisin, privé d'air, était sur le point de mourir dans l'obscurité ; ayant retrouvé sa propre essence, il gagnait lentement une forme humaine. Moi aussi j'avais un peu changé pendant ce temps. Par exemple j'avais commencé à me tenir plus droite. Mes doigts étaient plus habiles, mon nez plus fin qu'auparavant. Une insolence impudique avait pris la place de la peur que je ressentais envers mon père. J'attendis patiemment que le marc se fasse. Il est fort probable que j'avais hérité la patience de mon oncle. Pendant des jours j'allais et venais, j'écoutais les cris de détresse du raisin. Tandis que le résidu boueux se détachait, le vin restait incroyablement silencieux. Je ne sais pas pourquoi, je me sentis triste. Le raisin n'était plus raisin, il était totalement autre. Il avait atteint son identité, il avait acquis une autre nature. Je le filtrai. Il ne resta pas le moindre précipité. Le jour où je couchai les bouteilles à la cave, je recommençai à grandir.

Dans l'île tout le monde boit du vin jeune. On débouche les bouteilles au pire huit mois après. Négligeant la tradition je décidai d'attendre un an et demi. Entre-temps, je fis l'amour en secret avec Yorgo. J'écoutai les cauchemars de mon père qui se mettait en scène dans la forêt et, l'esprit vide, je fondai la bibliothèque du Lodos. En bref, j'essayai de passer le temps avant d'empoisonner mon père.

LA BIBLIOTHÈQUE DU LODOS

La mer aussi a une vie. A chaque cycle saisonnier, elle meurt en cédant la place à une autre. Sur les galets qui jalonnent le rivage, on peut parfaitement lire son arbre généalogique. Parce que la pierre y est l'ancêtre du sable ; et les galets portent comme une malédiction sur leur surface le lien de parenté entre sable et roche. Armés de patience, ils ont atteint la sagesse ancestrale du désert. Les galets aussi ont une morale, immanente à leur immobilité et que l'homme ne pourrait supporter, inhérente à leur constitution. Les galets sont des créatures qui, par leur état pétrifié, ont perdu leur mer antérieure et n'ont désormais plus rien à perdre. Jusqu'à ce qu'ils deviennent sable, ils ne cesseront d'espérer les mers à venir. C'est pour cette raison, pour cette unique raison, que les galets du rivage ne doivent jamais être ramassés. Cela pourrait les tuer. Chacun de ceux dont nous voulons nous approprier la rondeur parfaite, l'éclat envoûtant, se ternit aussitôt qu'on le rapporte à la maison. Il nous faut donc rester sage. Pour percevoir le combat entre l'eau et le sel, il faut laisser les galets écouter la mer.

Je ne pouvais pas dire à mon père que j'allais sur la plage écouter les galets. Ecarquillant un œil voilé par la cataracte, il aurait hurlé. D'autant que le faire en plein hiver, avec la tempête et la mer qui se soulevait jusqu'aux nuages noirs, était une pure folie. Les moments où la mer affronte la tempête sont mes préférés. Car ils révèlent sa jeunesse. Le moment où elle est la plus intraitable, la plus agressive... La mer automnale, où l'on voit briller les écailles de poisson, cède alors la place à une autre dont les vagues immenses, ajoutées les unes aux autres, écument à l'approche du rivage. Les galets qui s'entrechoquent se désagrègent dans l'instant. L'eau balayait les empreintes de pas que je laissais sur le sable mouillé. Tout comme les traces de mon passage s'effaçaient, moi aussi je disparaissais.

Jusqu'à ce jour, je n'avais jamais vu la neige. Pourtant j'ai souvent eu froid comme si j'étais un flocon de neige. Par contre il m'est impossible d'imaginer les pluies de mousson ou encore les alizés. J'ai pourtant traversé toutes sortes de tempêtes. Lorsque je n'arrivais pas à avoir raison de mes sombres angoisses intérieures, j'allais m'exposer au vent, sans refuge. Je partageais en quelque sorte le destin des galets. C'était une autre façon de s'arrondir. Je m'efforçais de partager ma solitude avec une autre créature fécondée par le vent. J'étais la pierre souffrante du rivage. Combien d'années allais-je encore attendre avant de n'être plus que sable ?

C'était le tout début de la tempête annonçant la pêche aux anchois. Les premiers jours de février. Un samedi matin, je m'étais rendue sur le rivage, l'estomac vide. Le froid me transperçait la chair, m'irritait les sinus, faisait couler mon nez. Enveloppée dans mon écharpe de laine, je marchais comme je pouvais sur le sable mouvant. Mes bottes, trempées, étaient devenues terriblement lourdes. Des chiens errants que la curiosité attirait rôdaient tout autour. La tempête de lodos de novembre avait déposé sur le sable ce que la mer rejetait. Juste là où s'arrêtent les vagues se dessinait une frontière tortueuse formée de carapaces de crabes mêlées aux algues, de méduses pourries et de coquillages vides. Je me mis à ramasser, comme je le faisais quand j'étais enfant, les victimes du lodos qui se trouvaient aux avant-postes de cette frontière. Les bouteilles de whisky balancées par les marins étaient les plus somptueuses et les gourdes à cognac, les plus belles. Il y avait aussi des boîtes de cigares en fer-blanc, des lunettes de soleil... Dans ce froid glacial du cœur de l'hiver, je remplissais mon sac à dos avec tous ces détritus, quand entre les chaises longues empilées quelque chose attira mon regard. C'était un livre. Il était mort-né, jamais lu.

Les quelques pages qui subsistaient de ce livre presque entièrement déchiré étaient devenues illisibles à cause des cristaux de sel. L'arbre inscrit dans la mémoire du papier avait repris vie, chacune des pages s'était enroulée sur elle-même semblable à un copeau. Certaines phrases du livre avaient été soulignées au feutre fluorescent. Sûrement quelqu'un qui voulait mémoriser ce qu'il lisait, qui aimait le papier, aussi organisé qu'oublieux... En étudiant avec attention les signes portés sur les pages, les mots soigneusement écrits en marge, une intimité secrète s'instaurait entre le lecteur de ce livre et moi. J'étais capable d'imaginer ses gestes quand il tournait les pages. D'après la régularité de l'écriture, il était assis pour lire. Assis en tailleur sur la chaise longue, penché sur ses genoux. Indifférent à la foule joyeuse de la plage, le feutre à la main, il absorbait les mots, un par un. J'étais parvenue à grand-peine à déchiffrer une des phrases soulignées. *Pour cesser d'être soupçonneux, il faut totalement cesser d'être.* Il s'agissait d'une rencontre. Entre ces pages totalement déchirées, d'un auteur inconnu, je venais de rencontrer par hasard un étranger sans visage – que je considérais donc à moitié mort. Je me dis que moi aussi j'aurais souligné la même phrase. Ou encore que je vivais la même époque que lui puisqu'il l'avait soulignée. Finalement je m'étais choisi une communauté. Sans nous connaître, nous allions tout de même pouvoir faire connaissance autour des livres, nous deviendrions membres d'une petite colonie où chacun communiquerait avec des signes écrits, où chacun se laisserait des notes par l'intermédiaire des livres et surtout où nul ne serait responsable de l'autre. J'avais trouvé le premier livre de la bibliothèque du Lodos. Grâce à cet ouvrage, j'atteignais le monde des humains, un lieu bien éloigné de ma vie sauvage, loin de la mer et des galets pour lesquels j'éprouvais tant d'admiration. Le temps pouvait désormais s'inscrire dans mon existence sous trois formes jusque-là inconnues de moi.

Autrefois le temps était mon enveloppe. Il cernait ma maison et se repaissait de son chagrin, il cernait l'homme et se repaissait de sa lenteur... Pour pouvoir tenir la vie en bride, je lui étais assujettie. Avant de devenir mémoire, ma vie figurait sur les cadrans du temps. Comme tout le monde, je respectais une temporalité liée aux horaires de travail, aux moments de prière, à la période du soir où Latife Keşal sortait acheter son raki, à six heures, l'heure où mon père commençait à boire, en bref un rythme s'écoulant minute après minute. Le mouvement ne prenait sens qu'à travers un autre mouvement, le fonctionnement implacable des rouages liés au ressort. De la même manière qu'un coureur se définit par le combat sans merci qu'il mène contre les centièmes de seconde plutôt que par la puissance d'une course évoquant celle d'un tigre en chasse, je me définissais comme quelqu'un qui attend le vin dans un nouveau temps intérieur. Le coureur bat un record pour atteindre son rang. La durée des centièmes de seconde ne peut jamais changer, ce qui change c'est sa lutte surhumaine. S'il se comporte tel un tigre dépassant ses limites, il n'en demeure pas moins un esclave du temps enchaîné à la grande aiguille. Moi j'étais enfermée dans le temps de la bouteille. De cette manière, je pouvais garder mes distances avec le temps extérieur. J'appris à le faire par moi-même, sans demander l'aide de quiconque.

L'homme est présent dans chaque objet. Si l'on m'avait demandé quelle ressemblance il y avait entre ce que je retirais des livres et les vibrations des galets, du raisin ou de la mer, j'aurais répondu, me semble-t-il, en disant que quoi que je regarde c'est toujours moi, toujours mon propre trouble que je finis par voir. Pourtant entre un livre et la nature, il existe une distance infranchissable. La nature est à l'orient de l'homme, c'est un continent intemporel, libéré du temps. La fleur de vigne qui éclot un jour odorant de printemps crée sa propre temporalité libérée des cadrans, elle avale le temps dans la monotonie de l'univers. Tandis que je contemplais les galets blancs sur le rivage, j'étais absorbée moi aussi, de la même manière. Les heures continuaient à avancer ailleurs. Toutes ces évidences que l'on trouve dans la nature, les vagues déferlantes, les grappes et les grains, complétaient l'univers ; elles s'écoulaient vers une lumière éblouissante. En allant vers la nature, j'oubliais volontairement la minute, je la laissais telle quelle. Je me libérais.

C'est dans les livres que je réalisai à quel point l'homme était lié aux heures. L'écriture s'inscrit dans le temps. Dans les mots croisés comme dans les essais, chaque phrase recèle une portion de temporalité. Le temps est un emblème. Un élément incontournable du récit. La vie suit son propre temps tout comme le récit joue avec lui. Les marques temporelles comme "un jour", "ce jour-là", "ensuite", "alors" qui inscrivent le moment de la lecture dans le présent me montraient l'impossibilité du "non-temps" que je cherchais dans les lieux écartés de l'île. Pour qu'une histoire soit une histoire, elle devait d'abord appartenir à une portion de temps, elle devait la couvrir totalement. Dater est la seule manière de venir à bout de l'angoissant désir d'infini. Par ailleurs, dans chaque récit, le temps possédait deux identités différentes. La première sise dans la sonorité produite au moment où les mots s'entrechoquaient, la deuxième dans une époque imaginaire. Au fil des pages se constituait un son bigarré, et à l'intérieur de ce son se déroulaient différentes périodes, moments, ou instants.

Ensuite je découvris un troisième temps dans les livres, celui lié au fait d'avoir été lus. Il se tapissait à l'intérieur des livres oubliés ou abandonnés… Les phrases soulignées, les annotations, les pages aux coins cornés, les noms et dates écrits au verso de la couverture étaient des signes précis indiquant que je partageais d'autres temps individuels. En bref, même s'ils étaient fantomatiques, impossibles à rencontrer, je m'étais fait des amis. La bibliothèque du Lodos mit un terme au repos que j'avais connu dans ce lieu reculé du non-temps. J'avais commencé à baptiser du nom des autres le trouble qui grandissait en moi.

La bibliothèque du Lodos est une collection de livres oubliés et abandonnés. Ou, pour le dire autrement, un lieu où se rassemblent les étourdis et les insouciants qui abandonnent... Les livres abandonnés sont abîmés à force d'avoir été lus, sont pliés en deux, leurs pages ont été tournées brutalement, ils ont été lus comme si on les pillait : les romans historiques de troisième ordre, les revues d'actualité, les histoires légères, les policiers bas de gamme, les romans à la mode, les horoscopes annuels, les mots croisés avaient aussitôt trouvé leur place dans la rangée des livres abandonnés sur l'étagère du bas de la bibliothèque du Lodos. Ce ne fut pas difficile de les collecter. Où que j'aille, je tombais sur ce genre de livres. Dans les restaurants, déposés sur l'étagère juste à côté de la caisse enregistreuse, ou dans les cafés, abandonnés sur un tas de vieux journaux. Pratiquement aucun ne portait de marque. Sauf l'un d'entre eux, un cadeau d'anniversaire avec une dédicace mielleuse, et un autre où, sur le rabat de couverture, étaient écrits des numéros de téléphone et des adresses électroniques. L'écriture ronde et lisible reflétait une personnalité qui se liait facilement.

Aucun de ces livres abandonnés, issus pour la plupart d'éditions pirates, ne révélait les nom et prénom du lecteur ou la date d'achat du livre. Cela signifiait qu'on ne se les était pas suffisamment appropriés. Une page sur dix était cornée. Les lecteurs des livres abandonnés semblaient être des personnes incapables de se concentrer longuement. La plus grande particularité de ces livres était qu'aucun n'avait été lu partiellement. Les énormes taches de graisse ou de sauce figurant aussi bien sur les dernières pages que sur les premières le confirmaient. Il y avait aussi du sable au creux de certaines pages, au niveau de la reliure. Avalés en un rien de temps, ils étaient aussitôt abandonnés.

En dehors de quelques policiers, on ne peut pas dire que j'eus beaucoup de plaisir à lire ces livres. Certes, les gros caractères avaient considérablement facilité ma lecture, mais le fait de ne pouvoir donner un visage à leurs propriétaires – ou de les imaginer tous identiques – m'empêcha de les apprécier. J'avais beau ne pas avoir un goût prononcé pour la lecture, je percevais à travers ces livres toute la platitude de notre époque. La plupart des livres abandonnés reposaient sur la peur. Ils proposaient des théories du complot en analysant sur un ton prophétique et prétentieux les destructions massives et les grandes catastrophes. Les romans d'amour où la femme adoptait le profil d'une héroïne de l'ombre parlaient plus de sexe que d'amour. Quant aux livres implicitement religieux, ils sous-entendaient que les textes sacrés n'étaient qu'un tissu de mensonges et représentaient le dieu unique sous une noble figure blonde très active en politique.

L'esprit du temps était une sorte de Gepetto. Sous l'apparence d'un menuisier devenu despote, taillant grossièrement le corps humain de ses mains maladroites, il changeait la nature de Gepetto. Ce menuisier sans talent, qui exorcisait sa douleur à travers un langage pornographique, taillait au biseau dans le corps des livres abandonnés et proposait, l'écume aux lèvres, des méthodes simples pour libérer l'âme de l'homme d'aujourd'hui. Son tour à bois produisait des Pinocchio assez laids que le menuisier blessait en passant à la flamme les copeaux restants…

Dans la bibliothèque du Lodos, il y avait aussi des livres en quête de propriétaires. Des livres inachevés. Ayant été lus à deux mains, leur reliure n'était pas abîmée. Leurs pages ne dégageaient aucune odeur humaine et ne sentaient pas l'huile solaire. Aucune n'était écornée, un marque-page probablement utilisé ; leur détérioration ne débutait que lorsqu'ils tombaient entre les mains grossières d'un tiers insensible. Je ne peux pas dire, bien sûr, que les livres oubliés que j'ai trouvés dans le sable étaient en bon état. J'eus beau essayer de retaper du mieux ceux qui étaient gondolés à cause de l'humidité ou ceux qui étaient déchirés ou effacés, le résultat demeura imparfait. Leurs lecteurs, comme les livres, aussi étaient désormais méconnaissables. Je me mis alors à chercher ailleurs. Les gens étant cloîtrés chez eux en raison du froid perçant, ma recherche de livres n'attira pas l'attention. Et mon emploi à la bibliothèque me facilita la tâche. Je fis d'abord la tournée des pensions. Ceux que je récupérai dans les tiroirs des tables de chevet étaient en parfait état et ceux de la réception couverts de poussière. Après avoir visité des centaines de chambres de pensions, je me rendis au bureau de l'unique compagnie de cars, située en centre-ville. En fait on ne pouvait pas vraiment appeler ça un bureau. Ayşegül Yener qui faisait office tout à la fois de papetière, de bonnetière et de photographe vendait aussi des billets pour une compagnie d'autocars. Lorsque je lui demandai s'il y avait des livres oubliés dans les cars qui déposaient les voyageurs à l'embarcadère face à sa boutique, elle me dévisagea avec l'air gêné de quelqu'un pris en faute. Elle ne me cacha pas que quelques livres lui passaient entre les mains mais qu'elle les revendait car leurs propriétaires ne venaient pas les récupérer. Je fus donc obligée de les lui acheter. L'un des livres avait été signé par l'auteur. *Avec mes meilleurs vœux pour mon cher Emre...* Cette intimité entre le lecteur et l'écrivain ne me semblait pas crédible. Je me rendis ensuite au ferry ; un seul venait jusqu'à l'île. Il arrivait le matin vers dix heures et restait au port jusqu'à midi. Le responsable de la buvette était un homme agréable. Il me conduisit à la cabine des objets trouvés située sous l'escalier juste à côté des toilettes. Cela sentait l'urine. Sautant par-dessus les cordes goudronnées qui jonchaient le sol, je pus extraire tout au plus quatre livres et un cahier avec des notes de voyage parmi les portefeuilles vides, les habits, les valises crevées et les jouets de plage éparpillés sur une étagère en métal.

Les livres oubliés étaient ici soigneusement choisis, comparés aux livres abandonnés, ils dévoilaient davantage le caractère du lecteur. L'un d'eux était tout à fait propre. Il ne portait aucune rature ni la moindre note. Cette personne devait considérer le livre comme un être vivant et n'aurait jamais porté la main sur lui. Celui que j'avais préféré racontait la vie d'Alexandre le Grand. Les erreurs avaient été soulignées en rouge et la réalité des faits mentionnée à côté. Ce lecteur méticuleux devait prendre plaisir à s'énerver tout seul en corrigeant les fautes. Le lecteur d'un essai, quant à lui, avait parsemé les pages du livre de petits Post-it de toutes les couleurs. Quelqu'un d'éduqué, nourrissant un profond respect pour l'écrivain… Dans un livre de poésie, certains mots ignorés avaient été entourés d'un cercle. Grâce à cette curiosité, j'avais appris quantité de mots nouveaux. Ce qui me stupéfia le plus, ce fut l'Ancien Testament. Je le lus non pas comme un livre religieux mais comme un livre d'aventures palpitant, les passages intéressants avaient été signalés par de gros astérisques. C'était un livre de poche épais à reliure rouge vif.

Dans la bibliothèque municipale, au milieu du brouhaha des écoliers envoyés là soi-disant faire leurs devoirs, par leur mère qui ne supportait plus de les voir à la maison, je classai avec lenteur et méticulosité – ce que n'avait encore jamais connu une autre étagère en ces lieux – ma bibliothèque du Lodos. Il y avait en tout soixante-quatorze livres dont quarante-huit abandonnés. Déchiffrer la personnalité des soixante-quatorze lecteurs ne me prit pas trop de temps. Dans l'espoir de faire un jour leur connaissance, j'ouvris pour chacun d'eux – je savais certains noms – une fiche dans ma mémoire. De même que Latife Keşal trouvait ses histoires dans le marc de café, je me figurais des visages connus à partir des traces laissées dans les livres. Mais le jeu ne dura pas longtemps. J'avais examiné à peu près tous les endroits de l'île où j'étais susceptible de trouver un livre. Je n'avais pas d'autre perspective que d'attendre les têtes en l'air de la saison suivante. Alors ne faisant plus attention aux annotations, je me mis vraiment à lire. Pour les livres choisis et laissés en plan, en donnant une forme acceptable au regret de ceux qui avaient perdu le livre qu'ils aimaient, je me comportai comme eux. Ainsi j'ajoutai de nouvelles traces aux leurs. Je mis des annotations, des signes, je fis des dessins, j'étais triste quand par distraction je versais une goutte de thé sur les pages. Désormais la bibliothèque ne fermait plus à cinq heures et demie : je lisais jusqu'au milieu de la nuit dans la salle gelée. Mon absence n'avait attiré l'attention de personne hormis celle de Yorgo. Et à dire vrai, jusqu'à ce qu'il se mette à me chercher, je n'avais même pas réalisé que j'avais tout oublié de lui. Des semaines après avoir constitué la bibliothèque du Lodos, la nuit où tomba la troisième substance, alors que mon père était au bar, nous nous retrouvâmes chez moi avec Yorgo. A peine entré, il m'embrassa. J'étais lasse. Je le dévisageai d'un air souffrant. J'avais des taches d'encre sur les doigts. Yorgo apprécia fort peu de ne pas recevoir de réponse à ses baisers pleins de nostalgie. Il recula la tête et m'examina d'un air soupçonneux.

— Il y a un changement chez toi, dit-il.

— De quel genre, Yorgo ?

— Ton menton est dur et tes yeux sont enfoncés.

— Ah bon ?

— C'est comme si tu t'apprêtais à dire quelque chose et que tu ne pouvais pas l'exprimer. Ta respiration est saccadée.

— Non je n'ai rien. Je suis juste un peu malade, je me sens fatiguée.

— On dirait que tu as quelque chose sur le bout de la langue…

— Je voulais juste te demander si tu voulais bien éteindre la lumière.

Alors qu'il était en train de se pencher sur moi, il s'arrêta stupéfait. Il me regarda de nouveau d'un air interrogateur. Ses pupilles se dilataient. Je fus dans l'obligation de lui dire :

— La lumière me fait mal aux yeux.

LA TRISTESSE DE LA PEAU

Je suis à la poursuite du scandale. La manière dont la dignité façonne la vie paraît parfois bien risible. Elle ne sert à rien, c'est un malheureux épouvantail posé sur une terre sans mémoire à venir... Qui écartons-nous avec tant de panache ? Qui donc, Yorgo ? Devons-nous nécessairement colmater notre soif de contact avec de l'amour ? Comme si nous ravivions par des paroles colorées le feu qui émane de notre peau à force d'être touchée ? En ce moment précis, il est utile d'être scandaleux. Etre obscène ne suffit pas, nous devons nous prosterner devant l'obscénité et la rendre sublime. Nous devons nous avilir, Yorgo. Etant donné que nous ne parvenons pas à faire l'amour, renonçons à l'espoir de pouvoir le faire un jour avec d'autres et baisons. Crois-moi, notre indécence imposera le respect. Allez, confie-moi ta culpabilité, et aussi ta sottise, ta honte, ta misère. Voyons jusqu'à quel point tu es capable de t'avilir ! Alors que ni livre ni individu n'a encore fourni de règle à des estropiés de l'âme qui, comme nous, sont incapables de s'aimer suffisamment, nous devons piller nos corps comme des voleurs sortis ensemble pour un brigandage. D'autant que ce corps, Yorgo, n'est que misère, unique entité liée à la nature, il ploie sous la force écrasante de la nature. Docile comme un cadavre, il vénère le monde. Le corps, en tant qu'acteur principal de la perversité, de la volupté, de l'avilissement et de cérémonies sanglantes, est la seule incarnation de la force de gravité qui empêche l'esprit d'accéder à la lumière. Le corps devient malade, meurt et pourrit, Yorgo. Négligeant sa valeur intrinsèque, il n'engendre que du mal dès lors qu'il est acculé. Dis-moi donc, où cacheras-tu ton honneur ? Dans ce pauvre corps partant en lambeaux dès qu'il prend trop le soleil, ce corps suant, en collant et exhalant toutes sortes d'odeurs ? Nous sommes fragiles, Yorgo. Un coup brutal suffit à nous ravir notre honneur. Est-ce que ce sont ces mains enveloppées de tiédeur, ces mollets ou encore ce sternum qui protégeront ta dignité ? Au Moyen Age, certaines femmes de la noblesse ne mangeaient jamais devant les autres. Elles étaient assises élégamment à la table de cérémonie et, afin de ne pas faire étalage de leur misère, soi-disant animale et liée au fait de mâcher, se contentaient d'écouter le roi avec des yeux affamés. Et ensuite ? Viennent les pièces vides. Une cuisse de dinde à la main, mordre à l'envi ! Manger à n'en plus pouvoir, sans se préoccuper de la graisse coulant le long du coude !

En fait, il est inutile de remonter si loin en arrière. Il suffit que je te parle un peu de mon propre corps. Comment en un jour, en un seul jour, il rapetissa, seconde après seconde…

Je me levai un matin, une douleur à rendre folle entre mes jambes. Le froid de l'hiver avait pénétré jusqu'au fond de moi, là où je fais pipi. J'allai aux toilettes en me tordant dans tous les sens. Un pieu à bout acide s'enfonçait en moi au rythme de l'avancée de l'urine. J'urinais goutte à goutte dans une interminable souffrance. Des larmes s'échappèrent de mes yeux. La maladie est l'unique territoire où l'âme, cette créature fumeuse, n'est d'aucun secours. C'est avec elle que nous comprenons que la vie sent la mort. Quand on tombe malade, trop faibles que nous sommes pour protéger notre apparence. Le corps magnifique qui nous est donné n'est plus désormais qu'une illusion. Pourtant, chaque fois, nous faisons tout pour le sauver. Tandis que je faisais bouillir des queues de cerise, du persil et autres herbes que je savais diurétiques, j'ajoutai à la vapeur salutaire qui se répandait dans la maison toutes sortes de vertus, à la façon d'un chaman. Plût-il à Dieu, murmurai-je intérieurement, que cette eau sacrée me rétablisse. Cependant ces vœux pieux n'améliorèrent guère ma démarche bancale. Tout le monde me demanda ce qu'il m'arrivait. J'ai pris froid aux pieds, disais-je en fronçant les sourcils. Une façon de glaner un peu d'intérêt pour adoucir mes pensées accaparées par la maladie. Je restai assise à côté du poêle jusqu'à midi, écoutant ma douleur. C'est alors que je réalisai que nous étions le Sept-du-Mois.

A l'heure de la pause, je fermai la bibliothèque et me rendis à l'église du Sept-du-Mois. Un nom pareil pour une église, c'est incroyable, pas vrai ? Il s'agit de l'église où tu as été baptisé, Yorgo. Voyons si tu es capable de te souvenir de son vrai nom. S'agissait-il de Saint-Antoine ou bien de Notre-Dame ? Mais à présent quelle importance ! Mihalis Sfakinakis, un prêtre malin comme un singe, dit que l'église doit être consacrée chaque Sept-du-Mois et il a bien tiré son épingle du jeu. Il y avait une foule incroyable devant l'église. Cette église, dont l'électricité était mystérieusement coupée lors des cérémonies dominicales, sur les vitraux de laquelle on jetait des pierres durant la nuit, dont les cierges étaient volés à chaque occasion et dont les tombes étaient pillées, devenait ce jour-là un sanctuaire hors du commun. Devant le porche, des femmes vendaient de minuscules clés, de toutes sortes, auxquelles elles avaient donné des noms correspondant à leur fonction : la chance, la fertilité, la maison ou la santé… Des vendeurs ambulants envahissaient le jardin de l'église. Ils vendaient des bas-reliefs en plâtre représentant Jésus et Marie. Des croix en laiton, des icônes en plastique, des bougeoirs, des chapelets en bois d'olivier… Les vendeurs venaient certainement du continent, je n'en reconnus aucun. Parmi eux s'étaient faufilés quelques clochards qui mendiaient au nom de Jésus et de l'Esprit-Saint. J'achetai une clé pour la santé et j'entrai dans l'église. Cela faisait très longtemps que je n'y étais pas allée. Avant je m'y rendais pour me tenir au plus près du *do* et je regardais pendant des heures la peinture qui ornait le plafond. Il n'en subsistait presque plus rien. Les parties écaillées avaient été colmatées avec du plâtre. Quelques mains coupées, un morceau de jupe, des pieds d'anges pendouillaient vers le bas. Des fragments de la mosaïque du sol avaient été ôtés, histoire de garder un souvenir. L'enduit sous les dessins décolorés commençait à se couvrir de mousse et le salpêtre apparaissait entre la pierre et les ardoises des murs latéraux. Les gens progressaient en silence devant les icônes sous verre. Je pris ma place dans la file. Je m'arrêtai au préalable devant un tableau en canevas moisi. Le petit Jésus dans les bras de Marie montrait le ciel du doigt. Je passai ma clé sur la surface de la vitre et prononçai un vœu : “Plût-il à Dieu que je me rétablisse, que mon vin interrompe le silence de mon père, que ma mère revienne…” Ensuite je me retrouvai devant une œuvre au crayon. Son cadre en bois était fendu et la peinture rouge vif qui le recouvrait s'était écaillée. Cette fois je me trouvai face à Jésus approchant la trentaine.

Une tristesse considérable émanait de son regard chargé des souffrances de l'humanité. L'air était si lourd que les surfaces vitrées ruisselaient de buée et les cheveux de Jésus semblaient mouillés sur ses épaules. Je me retrouvais au cœur d'une profonde misère. Je remarquai de petits insectes sur les vitres. Les endroits où ils se promenaient se couvraient de condensation. Les chandeliers rouillés, les bibelots endommagés, les napperons de dentelle rongés par les mites, loin d'élever mon âme, me faisaient tout voir en noir. Il y avait une horrible odeur humaine. Les aigreurs de chacun s'étaient mêlées les unes aux autres. Le temps était si lourd qu'il pouvait à tout instant se mettre à fermenter. Je passai ma clé sur les tableaux aux cadres en métal argenté. Chaque fois les mêmes souhaits, le même ordre : "Plût-il à Dieu que je me rétablisse, que mon vin interrompe le silence de mon père, que ma mère revienne..." Après avoir fait le tour, j'arrivai devant le prêtre. Il marmonna dans sa barbe quelque chose en latin et leva une croix au-dessus de moi. En cet instant, je me sentis plus légère, un poids en moins sur les épaules. Voyant une femme, les paumes tournées vers le ciel, tomber en extase en se signant, alors qu'elle récitait des prières en arabe, je ne pus m'empêcher de me demander si j'avais eu la même expression juste avant. Les édifices religieux sont des endroits uniques où la personnalité s'abandonne. Le mystère prenait corps dans une église en ruine, il s'incarnait dans un simple souhait. Après avoir allumé sept bougies, répété sept fois mes vœux, avoir bu sept gorgées à la fontaine rouillée de l'église, je m'éloignai rapidement de l'endroit. Là-bas, nous étions tous des misérables dont les corps à peine touchés par la foi avaient renoncé à toute volonté en connaissance de cause.

Aujourd'hui, Yorgo, tu m'as téléphoné. Tu as voulu que l'on se voie ce soir. Cela fait des semaines que tu ne m'as pas touchée, cela te manque beaucoup. En disant que tu me voulais, tu m'as soudain rendue esclave. Parce que tu dois forcément te soumettre à celui qui te rend sublime. Tu dois arracher tes yeux, tes cheveux et ta peau pour celui qui t'encense. T'ai-je déjà dit que je ne t'ai jamais aimé Yorgo ? Je ne t'aime pas depuis que, dans le terrain caillouteux où nous ramassions du thym, tu as touché le grain de beauté que j'avais à l'aine. Il y a des années que j'ai quelque chose à te reprendre et je le ferai. D'un autre côté, ne pas être touché détruit un être. Petit à petit tu deviens invisible. Si tu ne m'avais pas fait exister par l'avidité de ton regard, si tu n'avais pas levé les yeux sur mes fesses lorsque je me promenais en ville, je jure que j'aurais été effacée du monde. Même si ton regard fait fi de mon existence qui ne subsista dans son intégralité qu'à travers la voix de mon oncle, je t'attends Yorgo. C'est pour cette raison, pour que tu puisses m'aimer, qu'un soir, sitôt sortie du travail, j'allai chez Necla.

As-tu déjà regardé à l'intérieur de la boutique de Necla ? Tu ne peux jamais en mesurer la profondeur. Il s'agit là d'un lieu de rencontre secret aux vitres opaques, couvertes de papier gras. Après avoir gravi trois marches, tu frappes doucement à la porte. Pour que celle-ci s'ouvre, Necla doit impérativement entendre une voix de femme. "Necla ! Ouvre, c'est Leylan !" Necla entrouvre alors doucement la porte. Bien qu'il fasse très froid dehors, elle est à moitié nue et trempée de sueur. Elle a mal à la tête à cause du poêle qui fonctionne sans arrêt. Ses yeux sont plissés. Elle n'a plus la force d'écouter ne serait-ce qu'un mot. Tu pénètres à l'intérieur. La boutique à la façade étroite est toute en longueur. Il est presque impossible que deux personnes à la fois s'y tiennent debout. Necla offre du thé couvert de moisissure dans une théière noircie. En attendant que la cire soit prête, tu t'écrases sur un canapé défoncé, couvert d'une housse à fanfreluches. L'endroit où tu es assise est poisseux. Tu attends le moment où, enveloppée d'une odeur aigre et sucrée, tu vas te faire épiler. Necla avec la sagesse d'une faiseuse d'anges s'approche tout doucement de toi. Ses mains tordues te semblent énormes. Avant qu'elle ne te le dise, tu te déshabilles déjà. Apparaît alors une nudité que toi-même tu ignorais. Tu es fendue dans tous les sens du mot, tu te divises en angles multiples, tu passes d'une forme à une autre. Assise sur le canapé à deux places, tu t'offres à Necla. Elle, par contre, ne te voit pas en totalité. Prenant ton corps par petits bouts, elle s'emploie à nettoyer les parties poilues. Elle se met à débiter des absurdités juste au moment où la douleur atteint son paroxysme histoire de distraire ton esprit. C'est sa façon à elle de compatir. Manifestant une solidarité du genre de celles qu'on ne peut vivre qu'entre sœurs, elle fait son travail en se mordant la lèvre inférieure jusqu'au sang. Cela n'en est pas moins assez pornographique. La proximité sans limite que toi et moi, Yorgo, ne pourrons jamais établir, s'établit d'elle-même avec Necla. Il s'agit, au-delà du fait de devenir proches, d'atteindre une intimité perfide et partagée qui ampute le corps. Au fait, savais-tu Yorgo que je me fais épiler pour ne pas te faire peur ? Que je confirmais ton image de mâle en amputant mon corps pour que tu comprennes que je n'enviais pas ta virilité. Malheureusement Yorgo, nos caresses passeront d'abord par

Necla. Grâce à une tradition transmise de femme en femme, Necla qui sait la manière dont tu vas me toucher, dont tu vas me regarder, me prépare à toi. Ou peut-être est-elle en train de te préparer à moi sans que tu le saches. Les hommes font certainement l'amour toujours de la même manière. Ce n'est qu'entre les mains collantes de Necla que la peur des hommes qui préfèrent les femmes sans poil s'accorde avec la réticence envers les femmes sans poil.

Maintenant prends ce corps et accorde-lui un peu de considération ! Ne lutte pas inutilement. Pour nous libérer de l'infranchissable distance qui nous sépare, nous devons nous déshonorer, Yorgo. Demain soir nous devons nous rendre ensemble sur la place du marché. Il nous faut nous étendre sur un étal vidé de ses tomates pourries. Le ciel doit voir tout de nous. Les rayons du soleil du soir doivent pénétrer dans nos parties les plus secrètes. Nous devons barbouiller notre peau de tout ce que nos mains touchent. Nous devons nous accoupler, en hurlant et en pleurant, Yorgo, devant les enfants pauvres en train de ramasser les oranges écrasées. Aux yeux de tous, nous devons nous frapper, sans mentir, afin de retrouver notre humanité.

JACOB

C'était durant les tempêtes d'avril. Le temps changeait d'une heure à l'autre. Le vent cinglant, pire que l'hiver, nous glaçait jusqu'à la moelle. Mon père, qui ne supportait plus les vibrations intempestives du toit en zinc du bar, rentra à la maison dans un état second. A peine était-il de retour qu'il commença à pester contre le temps. Il fit sauter le bouchon de la dernière bouteille de l'année précédente. Il était très nerveux. Nos regards se croisèrent l'espace d'un instant. Il me gronda alors avec colère. *Ne me regarde pas comme ça !* Il n'aimait pas mon regard, je le savais. Il avait raison. Mon regard était perçant et je voyais à son front que son âme était à vif, je frissonnais. Quand on se retrouvait ainsi les yeux dans les yeux, ses pupilles voilées grandissaient de manière effrayante. Comme s'il voyait sa mort dans mes yeux.

Je tournai ma tête vers la fenêtre et regardai un point au loin. Quand soudain, comme à chaque tempête, l'électricité fut coupée. Nous étions tous les deux assis dans le noir sans le moindre bruit. Je n'écoutai que le vin. D'abord le goulot de la bouteille contre le verre, puis la déglutition bruyante de mon père… Le grondement de la tempête qui faisait vaciller les murs en pierre de la maison déformait en partie les sons. Les vieilles branches du mûrier craquaient. Mon père, indifférent aux autres bruits et ignorant le cauchemar qu'il ferait à la fin de la nuit, buvait à en crever. Et moi, alors que mes paupières s'alourdissaient, je me demandais où j'avais pu mettre les bougies.

Je ne sais combien de temps après, je fus réveillée par un soupir désespéré. Je m'étais assoupie en étant peu couverte, si bien que j'avais les pieds et les mains gelés. Je tâtonnais dans la pénombre et finis par trouver mon père. Il était encore assis. Il n'avait même pas atteint la moitié de la bouteille. "Tu ne dors toujours pas ? lui demandai-je. – Non, il est encore très tôt, me dit-il. – Tu es sûr ? Tu n'as pas fait un cauchemar ? – Quel cauchemar ?" dit-il en haussant le ton. J'avais dû m'assoupir une demi-heure. L'obscurité avait brouillé ma notion du temps. Je pris mille précautions pour m'asseoir à côté de lui. Doucement, sans lui faire peur. Un soupçon de courage et je lui touchai les cils du bout des doigts. Ils n'étaient pas mouillés, juste un peu humides. Un moment après, mes yeux s'habituèrent à l'obscurité. Je pouvais entrevoir sa figure. Son nez s'allongeait jusqu'au fin fond de la pièce. Les ombres et les illusions d'optique déformaient son visage. Sa tête était devenue carrée et ses cheveux se dressaient vers le plafond. Avions-nous déjà parlé ainsi tous les deux quand il était dégrisé ? Je ne m'en rappelle plus. Cette nuit-là non plus, nous ne parlâmes pas, mais pour une fois, réfugié dans l'obscurité, il m'écouta avec attention. Tandis qu'il m'écoutait, il n'arrêta pas de changer de position.

"Jacob avait très peur de son frère Esaü, papa. Il le voyait comme un grand danger à l'encontre de sa souveraineté. Les nouvelles apportées par ses messagers accrurent sa peur. Ceux-ci dirent à Jacob : «Ton frère vient à ta rencontre accompagné de quatre cents hommes.» N'est-ce pas étrange, papa. Une seule phrase en tout et pour tout : *Ton frère vient à ta rencontre accompagné de quatre cents hommes.* Pourquoi tant de messagers pour une seule phrase ? Alors qu'une nouvelle pourrait être transmise par une seule bouche, évitant ainsi de répandre la sinistre annonce, tu distribues à d'autres le message de mauvais augure. Or, plus tu le partages plus tu le grandis. La parole quand elle se mêle au sang des messagers prend aussitôt mille formes humaines. Ainsi Jacob fut d'autant plus effrayé de la phrase qu'il entendit. Si c'était toi papa, ne serais-tu pas inquiet ? Imagine que tu entendes la même mauvaise nouvelle de cinq personnes à la fois dans cinq styles différents ; si c'était moi, je serais morte de peur.

D'autant que ces messagers étaient les hommes de Jacob, ceux qu'il avait envoyés à son frère. C'était encore pire ! Tes propres hommes te deviennent soudain étrangers par la voix d'un autre. En les écoutant, tu entends ton ennemi. Les voix qui te sont les plus familières t'annoncent la catastrophe à venir. Mais là, mon esprit devient confus. Si la peur de Jacob avait été si forte, il serait allé affronter Esaü, n'est-ce pas ? La peur demeure un cri plus puissant que la voix de mille messagers. Et pourtant, il n'y eut pas de combat. Jacob n'avait pas l'intention de se battre. Il décida d'offrir à son frère une part équitable de ses serviteurs, esclaves et troupeaux. Il allait rencontrer Esaü avec un riche trésor tout en veillant à ce qu'il ne s'approche pas de lui. Il existait entre eux, en réalité, un lien insoupçonné. Pour le dire autrement, Jacob éprouvait une grande admiration pour son frère. Etre contre quelqu'un et le choisir comme frère peut parfois signifier la même chose. Même sans lien du sang. Pour le juger digne de toi-même, tu dois grandir ton ennemi, tu dois lui accorder plus d'honneur qu'il ne le mérite. C'est sans doute pour cette raison que Jacob offrit ses biens. Esaü était en réalité un ennemi sans pareil.

La rivalité entre frères et sœurs ne souffre aucune comparaison, n'est-ce pas papa ? Pour que deux frères s'opposent, doit-il y avoir un royaume entre eux ? Ton frère peut envier ta renommée mais aussi ton rayonnement, ton amour et même ta violence envers l'humanité. Je crois que le regard de deux frères qui se ressemblent se dirige toujours vers les mêmes lieux. Il doit y avoir quelque chose de terrifiant dans le fait d'avoir partagé le liquide d'un même ventre.

Alors survient quelque chose d'étonnant. Pendant que Jacob, plein d'anxiété, attend son frère qui s'approche accompagné de ses quatre cents hommes, un inconnu se dresse devant lui. Jacob et l'Etranger luttent jusqu'à l'aube. Cet homme mystérieux est plus fort que Jacob, pourtant ni l'un ni l'autre ne parvient à prendre le dessus. L'Etranger finit par toucher légèrement la cuisse de Jacob au niveau du fémur. Il s'agit apparemment d'un geste maléfique. Jacob recule, frappé au nerf sciatique. L'Etranger mystérieux dit à Jacob, laisse-moi partir, le jour s'est levé, je dois y aller. Jacob réclame sa bénédiction avant qu'il ne s'en aille. Désormais tu ne t'appelleras plus Jacob, on te connaîtra sous le nom d'Israël, dit alors l'Etranger. Jacob a remporté une victoire exceptionnelle. Imagine papa, tu te trouves soudain paré d'un nom que tu as gagné. Un nom que personne ne s'appropriera. Un nom grandiose, à la signification inégalable. Israël signifie celui qui s'est battu avec Dieu. En fait l'ennemi de Jacob, c'était Dieu, papa ! Dieu rend hommage à Jacob par un nom soulignant qu'il s'est querellé avec lui.

C'est curieux n'est-ce pas ? Cette nuit où il attend Esaü, il doit lutter avec Dieu. Il se confronte au Tout-Puissant avant de rencontrer son frère. D'après moi tout cela était dû à la peur. Jacob avait si peur d'Esaü, il l'aimait si fort, que ce fut Dieu qui vint à lui. Dieu, l'incarnation suprême de ce frère... L'homme aspire à une telle affection. En Dieu s'incarne l'ennemi adoré..."

Quand je me tus, mon père respirait bruyamment. Je ressentais sa chaleur sur mon épaule. L'obscurité était très belle. Nous étions entourés de murs de velours. Sans prononcer un mot, j'attendis que mon père parle. Au fur et à mesure que les secondes passaient, son silence devenait de plus en plus lourd. J'entendis un crépitement électrique et mes yeux furent éblouis par la lumière. Le réfrigérateur se mit en marche. Les yeux plissés, je regardai mon père. Les mots qu'il avait à dire étaient sur le bout de sa langue. Son œil droit était tout blanc, son visage à nouveau fermé. Il voulut raconter, il n'y parvint pas. Il se releva, lentement. Il revêtit péniblement son gilet en cuir. Il ouvrit la porte et alla voir Dieu au cœur de la tempête.

LES FORMES

“Un homme… Il est au seuil de la mort. Il se tord de douleur. Tu es encore une enfant. Assise à son chevet, tu tiens ses mains. Une de tes paupières est close ; tout ce qui se passe, tu ne le regardes que d'un œil. L'homme malade te raconte tout un tas de choses. Tu l'écoutes avec une extrême attention. Une ère nouvelle s'ouvre pour toi. Un pays qui n'a jamais existé se dessine devant toi. Tu te promènes pas à pas dans les lieux dont l'homme parle. Une femme, noiraude, couleur bois, tournicote autour de vous.

Je vois un vieux cheval. Il porte une lourde charge sur son dos. Un de tes vœux se réalisera. Il y a quelqu'un d'autre, une personne qui tient le licol du cheval. Une femme ? Un homme ? C'est imprécis. Peut-être une femme vêtue en homme. Vous êtes riches au point de pouvoir vivre trois vies. Ton cou croule sous les bijoux. On dirait que tous les deux vous suivez une piste. Vous marchez vers l'avenir. Tu es fatiguée, tu es encore une enfant. Non, en fait tu es l'enfance de quelqu'un d'autre.

Mon Dieu !… Voilà une forêt. Un lieu vierge où les arbres sont imbriqués les uns dans les autres. Dans cette forêt t'attend une créature étrange. Comment dire ?… Quel que soit le côté vers lequel tu te tournes, tu la trouves toujours face à toi. Il ne s'agit pas d'un ours, non ; ni d'un gorille non plus. Dans cette forêt, tu vas perdre du temps. Quand je parle de temps, n'imagine pas quelques heures ou quelques semaines ! Je te parle d'un temps assez long. Ton enfance est sur le point de te glisser entre les mains. Durant ce temps, ta tête sera vouée à la confusion.

Tu te laves dans une rivière. Tu es enthousiaste, tu trembles, tu murmures. Tu murmures des prières, en délirant... Ahhh ! cela signifie que tu vas recevoir une bonne nouvelle.

Un brigand va surgir sur ta route. Ne crois pas que ce soit un brigand, il s'agit en réalité d'un vieillard rusé qui a un pied dans la tombe. Vous vous battez l'un contre l'autre. Un important règlement de compte t'attend, sois vigilante. Tu vas peut-être avoir, très prochainement, une vive altercation avec quelqu'un.

C'est incroyable ! La neige va tomber sur toi, à gros flocons. Tu vas avoir très froid. Tu vas dormir et te réveiller en ayant tout oublié. Et te voilà allongée de tout ton long. Un homme costaud te prend sous sa protection. Vas-tu donc te marier ? Tu vas rester chez lui peut-être trois mois, peut-être trois ans. Cet homme prendra quelque chose de toi, quelque chose de grande valeur. Les jours passant, tu vas maigrir, t'affaiblir. Et voilà que ce qu'il a pris de toi, il va te le rendre sous la forme d'un bijou d'une grande valeur, comme jamais tu n'en verras dans ta vie. Un œil énorme s'est ouvert là. Tu vas entendre d'ici peu un conseil d'une inestimable valeur de la part de quelqu'un que tu respectes.

Tu es à la croisée de deux chemins. Tu vas surmonter une lourde épreuve. Tu vas comprendre le conseil et mener alors une vie tranquille ou partir pour un voyage hérissé de difficultés.

Ce qui se voit, c'est le long voyage qui t'attend. Tu vas te retrouver sur de grandes places face à la foule. Tu vas t'élever, atteindre la célébrité. Sur les places publiques, tous te montreront du doigt. Tu es nue au-dessus de la taille, tu brilles de mille feux. Au bout de la route, je vois de merveilleuses retrouvailles. Une personne toute menue te prend sur ses épaules et t'emmène.

Le reste est obscur, très obscur. Tu es au milieu d'individus en deuil. Tout le monde pleure, toi tu ne pleures pas."

Dans cette île, mon unique amie est Latife Keşal. C'est elle qui fit de moi une figure visible. Je l'aime tant que je suis prête à accepter sa trahison. Quand elle lit mon avenir, des formes surgissent, à la fois ensorcelantes et effrayantes. Soudain la signification des autruches, des poissons, des cloches ou des moulins change. Chaque tache ou nuage, chaque vent ou brouillard, aux contours imprécis, se transforme en hiéroglyphes dans l'esprit tortueux de Latife Keşal. Au fur et à mesure qu'elle parle, toutes les formes qui appartiennent à ce monde deviennent les créatures d'un monde imaginaire. J'acquiers une confiance en moi indestructible. Elle me donne une épée : une volonté incisive, apte à faire ployer les divinités... Elle m'emplit le cœur d'une conviction qui me permet de surmonter les vicissitudes de ce monde.

Latife Keşal a de terribles défauts. En donnant une signification aux formes qui se dessinent au fond de ma tasse, elle met fin à toutes les autres interprétations. Les formes immuables finissent par mourir à demi ; les symboles condamnés à l'immobilité éternelle m'enferment dans une pièce encombrée de destins. Une pièce sans recoins dont la porte est scellée par ses mots. Un chat cesse d'être chat et symbolise toujours le malheur ; un dauphin est un ami ; une maison toujours une boîte qui doit être ouverte. A la fin de chaque séance, les formes apparues au cours de la bonne aventure m'échappent. Balayant d'un revers de main tous les dauphins, les maisons ou les chats, elle inscrit des secrets à leur place.

Malgré l'aveuglement qu'entraîne l'interprétation des formes, ma vie me semble confuse tant qu'elle n'est pas lue par Latife Keşal. Je cours vers elle en toute occasion et attends impatiemment la phrase entrecoupée qu'elle prononce en haletant, sentence secrète qui s'étend bien au-delà d'une phrase ; tentant de ne pas perturber son silence, j'écoute sans faire le moindre bruit. Je suis en reddition. Je baisse la tête et confirme ainsi le pouvoir de Latife Keşal sur moi. Elle tient ma tasse par l'anse, la place vers son propre nord et se met à raconter des histoires étranges se déroulant dans le sens des aiguilles d'une montre. Elle parle d'animaux aux significations multiples, de routes qui s'entrecroisent, et aussi de créatures bizarres. La vérité trouve enfin sa représentation. Latife m'offre une vie nouvelle soumise à son propre temps et où se croisent des hommes à deux têtes, des lutteurs ivres amoureux de leurs ennemis, des hermaphrodites qui chantent. Cette vie qu'elle m'offre est une vérité transcendante proche de la mienne. Elle stimule à la fois mon imagination, de l'autre elle s'empare de ma raison. J'accède au monde de façon innée. Quand je me fais lire la bonne aventure, je suis tellement abasourdie que si Latife Keşal ne me servait pas de guide je serais incapable de ressentir ce qui m'arrive.

Sa relation au marc de café est aussi infranchissable que la distance entre les astrologues et les étoiles, aussi indéfinissable. En apparence, elle ne fait que trouver des ressemblances. Elle dévoile aussitôt, en l'espace d'un mot, un corps qui vit à perdre haleine, dilue l'instant et produit alentour une vibration temporelle à force de le diluer, un corps que chaque parcelle de temps fait vieillir, un corps solitaire qui ne fait pas mystère des souffrances, des blessures ou des maladies de toute une vie. Dès que l'on parle de vous, vous avez la sensation de répandre une chaleur sur la surface de la terre, à chaque centimètre, du bout des doigts jusqu'aux talons. Vous allez subitement ressentir, sans pour autant que cela ne vous irrite ou ne vous fasse mal, votre dos que vous avez oublié, le duvet entourant votre nombril, l'extérieur de vos bras, la trace d'un vaccin contre la variole, les phalanges de vos doigts. Alors, cela confirmera votre lenteur. Vous allez trouver dans vos tempes le ressort tendu pour les minutes de votre temps intérieur. C'est une preuve de votre vie. Le reste, c'est le monde.

Latife Keşal peut aussi être dangereuse. Avec ses prédictions basées sur des pans d'histoire imprécis et incomplets qu'elle déverse dans un murmure troublant, traitant avec mépris mon désir de m'abriter derrière des anecdotes amusantes dont la fin est évidente, elle me propulse sur une planète totalement abstraite. Inéluctablement, un autre être naît dans mon ventre, un autre qui crée son propre temps. Un être orgueilleux au point de paraître modeste, scandaleux au point de paraître gêné, cruel jusqu'à offrir sa pitié ! Ma contradiction intérieure atteint la taille de la lune et commence à rayonner. Je n'exagère pas. Il n'y a pas plus troublant que la rencontre d'un être avec lui-même ! Face à l'oracle tu es comme tout le monde, puis tu deviens unique. Histoire de me protéger d'une vérité au goût de fable, j'avoue préférer bien davantage le sens divinatoire de Latife Keşal aux divinations. Je m'intéresse non pas à ce qu'elle dit mais à son travail, à sa façon d'interpréter l'extérieur à partir de l'intérieur de la tasse. Son vocabulaire est varié. Parfois elle emploie des mots bizarres. Des sons dont nous seules pouvons connaître le sens… Comme par exemple *sin*, ou encore *yülerzik*. Ces mots forment entre nous un lien secret. Quand je la regarde, je vois ma vieillesse, ma sagesse à venir. Malgré l'effet néfaste de la vieillesse, ses légers plis dans le cou, ses pommettes saillantes qui scindent ses joues affaissées, ses articulations gonflées lui confèrent une beauté troublante indigne de la beauté elle-même. Chaque phrase énoncée par sa bouche noircie à force de fumer raconte une affection sans réserve. Une affection réelle, sans ironie, sans hypocrisie ! En vieillissant, je veux devenir comme Latife Keşal. Une vieille femme capable de révéler son monde avec son corps… Je plisserai mes yeux de la même façon et celui qui me fera face lira en moi à la manière d'un devin. Je n'imagine pas une richesse plus grande que celle-là. Un témoin ! Chacun doit nécessairement avoir un témoin.

LATIFE KEŞAL

Il est facile de déduire l'histoire récente de l'île en suivant les aventures dignes d'un roman-photo de Latife Keşal.

Le nom hérité de ses ancêtres de Transylvanie, outre le fait de prolonger son destin enchaîné au veuvage d'une fée tzigane vengeresse, en a fait une héroïne en lui transmettant l'art de raconter, ce qui donnait une tonalité légendaire aux banales rumeurs de l'île. Latife Keşal comme Kessali dans la mythologie tzigane noya nos vies dans le brouillard et nous offrit une existence pleine d'imaginaire trempée par de petites gouttes d'eau.

Elle était réellement condamnée au veuvage. Enceinte de deux mois, elle avait émigré vers l'île avec son mari qui, alors qu'elle avait quatorze ans, était entré dans la chambre nuptiale : une toile tendue sur un versant du continent qui regardait la mer. Au quatrième mois de sa grossesse, elle fit une fausse couche, puis perdit son mari des suites d'une pneumonie. Elle vécut par cinq fois ce genre de souffrances, outre les cinq bébés à naître, elle expulsa aussi ses maris de sa matrice. Personne ne la vit jamais se plaindre ou se révolter. Elle ne croyait pas au destin. Elle disait : "Je ne suis pas née pour le destin, c'est le destin qui est né pour moi."

Autrefois c'était une femme négligée, toujours en loques. Elle se promenait vêtue d'une robe en jersey, noire de crasse, constellée de trous de cigarette, ses cheveux bouclés tombant sur son front. Le visage fatigué, bouffi d'avoir dormi jusqu'à midi, elle allait au marché où elle achetait de la peau de poulet pour ses chats et pour elle du fromage, ensuite, on ne la voyait plus avant la prière du soir.

Trois ans auparavant, il y eut un grand changement. Un réalisateur connu pour ses films sur les femmes acheta une vigne dans l'île. Le vieil homme cherchait un terrain de quelques centaines de mètres carrés afin de se reposer l'esprit. Après s'être fait construire une maisonnette, avec difficulté étant donné les conditions de l'île, il dut s'ennuyer du calme car il appela ses acteurs et tourna un film à petit budget. Tous les lieux secrets de l'île devinrent soudain les décors du tournage et les habitants de l'île, habituellement très sauvages devant les étrangers, des figurants. Le plus remarqué d'entre eux fut Latife Keşal. Avec son rôle de diseuse de bonne aventure, elle devint le centre d'intérêt de tous et notamment des touristes locaux. Malheureusement n'ayant pas de salle de cinéma, nous ne pûmes voir Latife Keşal sur l'écran de toile blanche.

Les prises de vue une fois terminées, les acteurs épuisés, au lieu de retourner en ville, en quête d'une île lointaine, achetèrent un terrain et décidèrent de fonder en ce lieu une communauté. Peu de temps après des journalistes, des équipes de plongeurs, des veuves, des documentaristes, des retraités, et des écrivains en souffrance, venus là pour terminer leur roman, arrivèrent tour à tour. Ils ne parvinrent pas, bien évidemment, à constituer une communauté telle qu'ils l'auraient voulue. Nos nouveaux voisins qui nous agaçaient avec leur envie de faire du vin retournèrent dans leurs chaudes maisons dès l'apparition des vents terribles qui secouent l'île, tout en ayant bien l'intention de revenir en été. Vivre là en tant qu'estivant était ce qu'il y avait de mieux pour eux. Mais ayant perdu depuis longtemps leur capacité à vivre sans être vus, ils passèrent, durant ces mois d'été, beaucoup de temps dans un café de la rue commerçante. Peruz Peri, le patron du café Coquelicot, laissant de côté l'indépendance que lui conférait son statut de Tzigane, devint en six mois agent immobilier, chauffeur de taxi et créateur de la liqueur de coquelicot qui sentait le nylon. De la même manière que ces feuilles de coquelicot, trempées dans la vodka bon marché et distillées au bout de quelques mois, dégageaient une vapeur toxique, l'image secrète de Latife Keşal s'était transformée en un motif touristique.

D'abord elle mit de l'ordre dans son élevage de chats. Avec un grand sang-froid, elle piqua les vieux et les malades, puis fit stériliser les autres. Même si elle ne parvint pas à nettoyer la maison à fond, elle fit peindre en rose vif les murs salis par le chagrin de cinq fausses couches et cinq décès. Elle planta des hortensias bleus pour égayer son jardin de fougères. Elle recouvrit d'un tissu rouge cyclamen les canapés défoncés. Elle mit de nouvelles toiles cirées sur les anciennes et recouvrit de lino les dalles en vinyle. En bref elle cacha tout. Cependant, elle ne repoussa pas très loin la saleté qui d'elle-même allait se former.

Tous ceux qui avaient eu vent de sa renommée se rendaient chez Latife Keşal pour lui faire dire la bonne aventure. De midi à minuit, des chaussures de femmes s'entassaient devant sa porte. Au bout d'un moment, n'arrivant plus à gérer la foule, elle se mit à travailler sur rendez-vous. Entre-temps, certains insulaires, qui s'en méfiaient, chuchotèrent à l'oreille des nouveaux venus l'histoire douloureuse des cinq veuvages de Latife Keşal et dirent, sur le ton de la confidence, qu'elle avait peut-être tué ses maris. Cette hypothèse effrayante, au lieu de tacher sa renommée, magnifia d'autant plus ses qualités divinatoires. Parut alors, dans le supplément du dimanche d'un grand journal, l'interview de Latife Keşal par un journaliste débutant qui préparait une série d'écrits intitulés "Les vies du rivage" ; cela multiplia par trois le flot des visiteurs. Latife Keşal ne se contentait pas de dire la bonne aventure, elle ressuscitait les sens émoussés des continentaux en répétant avec un plaisir surréaliste tout ce qui se passait sur l'île à la manière d'une vieille femme qui raconterait des histoires au coin du feu.

Les êtres humains aiment raconter. Latife Keşal aimait cela. L'intérêt des gens de la ville pour les insulaires était issu à mon avis du désir de comprendre la mentalité des gens des classes moyennes qui vivaient en province. La plupart de ces continentaux étaient des artistes en vogue ou des intellectuels. Ils rentraient chez eux riches d'histoires, tristes ou dramatiques voire terrifiantes, qu'ils avaient recueillies, sans avoir pour autant à supporter le poids de la province. La province est un enfer d'optimisme. Elle grise l'homme avec ce caractère superficiel et, sans crier gare, le dévore de l'intérieur. L'unique prison de ceux qui n'ont pas de lieu où aller s'apparente aux chaînes dont ne purent se libérer ceux qui quittèrent la province. Or, dans cette contrée venteuse entourée par la mer, il était impossible de ne pas ressentir ce monde ancien où régna plus d'une divinité. C'est ainsi que Latife Keşal devint rapidement une reine malgré le comique de la situation. Les autres insulaires, jaloux, se mirent alors à raconter sans retenue sa vie aux étrangers.

Evidemment, ce qui était raconté n'était guère facile à supporter. C'était la destruction littérale du secret ; des commentaires sans riposte possible, ne permettant pas le désaveu, forçant les frontières de la confession. Là, je pouvais voir comment les citadins s'emparaient, avec un comportement de chien de chasse, de chaque mot prononcé. Ils hypnotisaient le narrateur en posant subrepticement, durant les courts moments de silence et ce d'un air mesuré, de petites questions comme : “Eh ?”, “Ensuite ?”. Ceci afin de trouver matière aux films qu'ils allaient tourner ou aux livres qu'ils allaient écrire ; complétant aussitôt la phrase sans mentionner le narrateur, ils instauraient une intimité magistrale entre lui et eux. Mais les insulaires eurent beau tout raconter, de long en large, à ces nouveaux compagnons si réceptifs, ils ne firent que les tromper. Parce qu'il n'y a pas de vérité dans les histoires engluées dans le réel. Les sentiments intérieurs d'exil, de métissage, de déracinement avaient été recouverts par l'obscurité des mélodrames. Tous les sentiments lugubres amplifiés par les attaques de la mer avaient été effacés de leur histoire. Nous vivions un étrange mensonge comme si la mer restait étale ; toutes les peurs phosphorescentes qui n'apparaissaient qu'en pleine lumière et qui les invitaient sans cesse à ne pas se montrer trop avides se perdaient dans l'éclairage tamisé des tavernes. En fait c'était ici le pays des briseurs d'enfants et des effaceurs de femmes. Le double de chacun était une divinité, chacun était l'esclave de son double.

Les gens des villes étaient venus chercher la beauté. Mais elle n'est pas ici. Pour accéder à la beauté dans cette portion de terre sans forêt où aucune végétation ne dépasse les ceps de vigne nains et les touffes de thym jaillissant du calcaire, il est nécessaire d'aimer les épines et le coquelicot…

Il faut enfouir sa tête dans l'eau et penser aussi lentement qu'un escargot, il faut avoir un penchant pour la perfection des traces horizontales que dessinent les turritelles au fond de la mer ; juste pour avoir du savoir-vivre. Et puis il y a le vent. Il faut baisser la tête devant son hostilité étrange et forte. Il faut s'attrister en regardant les formes sombres des petites îles désertes sur l'horizon. Il faut regarder les rivages lointains comme on regarde les nuages. Ensuite il faut écouter les discours destructeurs venus d'un œil blanc. Il faut rêver d'une autre vie sur les collines pierreuses où nulle herbe ne pousse. Vivre dans l'île et peu à peu la perdre. Ce n'est qu'ainsi, en faisant devenir plurielle la beauté de l'île, qu'une idée de la beauté incluant toutes les îles du monde apparaît le jour. Y a-t-il quelque chose de mal dans l'absence de lien, dans l'éloignement, dans le fait de se laisser porter par le courant ? Pour fuir d'ici, il faut d'abord fuir jusqu'ici. Mais sans être vu, sans attirer l'attention de quiconque. Sans diriger la lumière sur la vie. Sans forcer la parole.

Latife Keşal, elle, adorait parler. Elle vivait sa renommée comme une expiation de ses deuils successifs. Désormais, elle était plus soignée. Son teint, très mat, s'était mué en un hâle délicat. Sous l'influence de ses nouveaux amis, elle s'était mise à porter, lors des nuits d'été, d'étranges vêtements ainsi que des chapeaux incroyables. A côté de ces artistes de troisième catégorie pour qui chaque excentricité était une œuvre d'art, elle faisait penser, avec ses cheveux coupés de façon asymétrique et ses colliers en grosses pierres, à un objet authentique qui pourrait être offert en cadeau. Les habitants de l'île avaient beau trouver cela un peu exagéré, ils ne la critiquaient pas du fait que, pour eux, elle ne faisait pas partie des leurs. D'ailleurs, elle n'était ni de l'île, ni du continent. Elle était restée coincée entre les deux. Il y avait bien sûr d'autres héros comme elle. Mais ils avaient beau être l'objet de nombreux commentaires et subir les regards envieux, ils n'en demeuraient pas moins des créatures d'exception.

Il y eut aussi l'ouverture de nouveaux magasins. Chaque rue voyait pousser subitement une galerie de peinture, une brocante, un bazar, un magasin de meubles ou une boutique d'électroménager. Un jour, une femme seule arriva dans l'île. Une femme moustachue, à la voix grave, et aux cheveux coupés à la garçonne. Elle marchait les jambes écartées et serrait constamment les poings. Après avoir fait un petit tour dans l'île aussitôt descendue du ferry, Nevin Ünal se rendit directement à la bibliothèque pour me dire qu'elle voulait louer la boutique de barbier de mon père. En deux semaines, elle transforma en bar à soupe la boutique envahie par les araignées. Je ne prononçai pas un mot quand je vis qu'elle avait accroché au mur la photo représentant mon grand-père en tenue de lutteur, comme s'il s'agissait du sien. Elle était parvenue, bon an mal an, à caser quatre tables à l'intérieur. Les peintres, maçons, aides, apprentis et vendeurs ne tardèrent pas à remplir chaque midi le bar de Nevin Ünal. Chacun finit ainsi par avoir une place bien attitrée. D'un côté les gens du continent qui cherchaient à refaire leur vie, de l'autre ceux qui venaient là pour travailler… Le peuple de l'île fut dans l'obligation de fraterniser avec ces deux catégories d'individus venus leur retirer des mains pieds de vigne et lieux de travail.

La relation enthousiaste qui avait démarré entre les locaux et les citadins ne dura pas longtemps. Notre imagination est limitée par notre savoir. Les conteurs cupides de l'île finirent par lasser tout le monde avec leurs histoires toujours identiques et ignorantes de leur propre monde intérieur ; elles sentaient la pourriture à force d'être répétées. Et puis, il ne resta plus rien à vendre. Ceux qui travaillaient en dehors des activités touristiques qu'étaient la restauration ou l'hôtellerie se trouvèrent subrepticement relégués à l'échelon le plus bas de la société en étant peintres, plombiers, employés de service, gardiens ou jardiniers. D'autant qu'ils n'avaient pas les mots pour exprimer la colère qu'ils nourrissaient en secret contre les citadins. Le mépris envers le savoir plurimillénaire des insulaires qu'affichaient les gens riches décidés à faire du vin était particulièrement insupportable. Ces nouveaux entrepreneurs arrachaient les pieds de *karasakız*, *vasilaki*, *karalahna* ou *çavuş*, les jugeant très banals, et plantaient à leur place des cépages étrangers comme le cabernet sauvignon, le cardinal, le merlot, ou l'alfonso. Ce genre de raisin qui rapportait gros avait dévalué les cépages locaux.

Latife Keşal finit par être obligée de descendre du trône édifié dans son salon pour endosser un rôle d'intermédiaire entre les maîtres et les serviteurs. Elle était occupée à présent avec des affaires aussi rébarbatives que de persuader le plombier qui se faisait prier depuis trois semaines pour réparer une fuite d'eau, ou d'adoucir l'humeur du fonctionnaire du cadastre qui posait des problèmes, ou encore de mettre fin aux violations de territoire. Quant à ce qu'elle obtenait, ce n'était qu'un siège près de la porte, au sein de l'assemblée des citadins. Elle avait beau aller les voir au café dès le matin, écouter leurs soucis, les aider pour pouvoir trouver ceci ou cela, elle se retrouvait à allumer un barbecue, à être au service de ses hôtes. Le faste du temps où elle était "artiste" avait pris fin, il ne restait plus personne dans l'île hormis les citadins. Elle commençait peu à peu à perdre confiance en elle. Elle s'affolait particulièrement en automne quand les maisons estivales se fermaient ; pour s'assurer la même attention et de ce fait le même gain pour l'été suivant, elle se prosternait sept fois derrière ceux qui partaient. Elle s'était liée de façon excessive à ses nouveaux amis. Chaque fois que j'allais chez Latife Keşal, elle était épuisée par les corvées dont ils l'accablaient. Je m'asseyais près d'elle en silence, je lui aurais volontiers fait don de mon silence ne serait-ce que pour un temps très court : elle était très en retard pour commencer à se taire. La fée vengeresse qui siégeait immobile dans l'esprit de Latife Keşal n'avait toujours pas émergé d'un sommeil de cinq mille ans. Pourtant c'était exactement le moment pour elle de se révolter...

Quant à moi, j'affichai un silence absolu, je me tins hors de ce tumulte. La seule manière de résister aux séduisantes questions pleines de compassion, c'était de se recroqueviller dans sa coquille. J'avais plus ou moins appris de mon père ce qu'était le mystère. Plus on sait de choses à votre sujet, plus vous êtes un mystère. Mais il est très important que ces connaissances soient incomplètes et incohérentes. Par exemple, on ne doit pas savoir exactement votre âge. De cette manière, vous échappez aux complicités que vos contemporains essaient d'établir avec vous. Vous vous libérez de la contrainte d'appartenir à l'époque, ce que les vieux réprouvent ; votre absence d'âge vous permet d'être en dehors des modèles. Le fait que votre mère vous ait quittée, la mort douloureuse de votre oncle sont de grands sujets de curiosité. Le fait que vous n'en parliez pas les tracasse davantage. Mais vous avez toujours le droit d'être bavard sur des sujets absurdes. Alors, ils prêtent attention à certains mots glissés dans les phrases, qui dévoilent vos états d'âme. Ils cherchent à déchiffrer entre les lignes pour savoir si oui ou non vous avez empoisonné votre père. Vous devez être le virtuose des longs silences. Certaines personnes ont du mal à se taire. Voilà pourquoi elles bredouillent des phrases alambiquées face aux questions dont elles ignorent les réponses. Tout le mystère des bavards réside dans les vérités qu'ils taisent. Mais ils parlent tant que leur auditoire, parti en quête d'informations, oublie alors d'être curieux. Il ne reste plus d'île mystérieuse à envahir. En vous taisant consciemment vous devez tenir en haleine votre auditoire enthousiaste, formuler des phrases courtes, à voix basse, de façon à obliger chacun à regarder vos lèvres. *Il est tard. Allons chercher mon père... sinon il va mourir d'avoir trop bu.*

Face à tout cela, j'avais, moi aussi, certaines attentes. J'attendais impatiemment qu'entre dans la bibliothèque un de ces oublieux qui aurait perdu son livre. Car j'avais bel et bien dévié la destinée des livres en les mettant sous protection au seuil de leur mort. Et s'il existait véritablement un équilibre infaillible sur terre, j'allais inévitablement rencontrer un de ces oublieux au sujet duquel je savais plus ou moins de choses.

Vint une femme, de petite taille, au visage distingué. Elle entra et vaqua un bon moment autour des étagères sans me regarder. Elle choisissait des livres sur les rayons poussiéreux des étagères et en tournait les pages en se balançant d'un pied sur l'autre. Je pouvais sentir l'odeur fraîche de la mer imprégnée dans sa peau. Ses yeux noirs lançaient des éclairs de curiosité. Elle marchait à petits pas, me contraignant à la patience. Je luttais pour ne pas laisser paraître mon émoi. M'asseyant à ma table, j'ouvrais et fermais inutilement mes tiroirs. Je faisant semblant de travailler, écrivant mon nom et mon prénom des dizaines de fois sur un cahier. Mon cœur battait la chamade. Je ne pouvais m'empêcher d'épier chacun de ses gestes. Je pouvais entrevoir le livre et le cahier à spirale qui étaient dans le sac de toile pendu à son épaule. Elle était telle que je me l'étais imaginée. De ces membres authentiques de la bibliothèque du Lodos… Elle devait être du genre à lire des livres à la moindre occasion, à noter sur son cahier les passages importants sans faire une seule marque sur son livre. Elle devait très probablement être en train de lire un essai. Vu son apparence, elle devait aimer les ouvrages de réflexion. Lorsque la femme arriva devant ma table, je la dévisageai pleine d'espoir.

— Excusez-moi, dit-elle, j'ai oublié mon livre dans la pension l'année dernière. On m'a dit que vous l'aviez pris.

Je ne pus m'empêcher de sourire de joie. Je désignai la bibliothèque du Lodos sur laquelle il n'y avait pas le moindre grain de poussière et dis à toute vitesse :

— Bien sûr, dites-moi le titre de votre livre et je vais vous aider.

La jeune femme sourit à son tour. Ponctuant chaque mot d'un geste de ses mains fines, elle dit :

— C'est un livre épais avec sur la couverture la photo en noir et blanc d'une femme plutôt vieille, vue de profil, avec un nez en bec de canard.

J'eus du mal à ne pas lui arracher les cheveux. Après ce jour, jamais plus je ne ramassai de livre pour la bibliothèque du Lodos.

Dans le cadre du grand changement advenu sur l'île, tout le monde avait fini par devenir hôtelier. Désormais les chambres obscures, les lots de serviettes, les parures de lit en attente dans les malles étaient à la disposition des étrangers. Car il nous avait fallu refouler, pour les ressortir à une date imprécise, nos antagonismes historiques, nos sacro-saints conservatismes et les préjugés qui nous donnaient un peu de caractère. Les vieilles femmes végétaient sur le seuil de leur porte du matin au soir et pour que cela serve au moins à quelque chose avaient installé de petits étals pour vendre de l'huile, du vin ou du vinaigre. Celles un peu plus créatives exposaient des ouvrages brodés, des cloches à vent en coquillages et des objets décoratifs du genre talisman contre le mauvais œil. Ömer Laleli, qui avait toujours détesté les Grecs, avait ouvert, avec ses amis au regard sombre, des tavernes grecques ornées d'ampoules de quarante watts sur une trajectoire allant de la marina au marché. Les touristes adoraient la cuisine grecque soi-disant traditionnelle qu'ils gâchaient en étalant de l'aneth sur tous les mets à base d'huile d'olive. Les deux dernières années avaient vu l'ouverture de nouveaux restaurants comme *Les Beignets Centenaires*, *Soupier / Since 1956* ou *Le Célèbre Feuilleté de Kumru*. Et, pour rappeler le passé occidental de l'île, des dénominations telles que *Pension Apollon*, *Caviste Ténédos*, *Le Bar de l'Acropole* ou *La Taverne de Zimmet de Rhodes* firent le bonheur de chacun. La vie nocturne de notre petite île de quarante-deux kilomètres carrés ne tarda pas à faire la une des journaux. L'association de la nourriture et du divertissement devait évoquer une grande volupté car des troupes de touristes d'un jour affluèrent. Les chants classiques transformés en musique sirupeuse grâce à la compétence millénaire des musiciens tziganes se mirent à déchirer les fraîches nuits d'été.

Malheureusement, malgré ces plaisirs, les touristes prenaient peur. Lorsque les trajets en ferry étaient annulés en raison des tempêtes qui sévissaient en août, on lisait sur leur visage une expression de terreur qui nous enchantait. Leurs habitudes aoûtiennes étaient totalement chamboulées ; ces tempêtes typiquement de saison qui affectaient l'île leur semblaient de véritables catastrophes. L'état d'ahurissement qu'ils manifestaient alors était ce que je préférais chez eux. Quand ils regardaient d'un air angoissé le ferry rempli d'autos secoué par les vagues géantes, je pouvais déchiffrer sur leur visage la peur la plus pure symptomatique de l'île, celle d'être condamné à passer sa vie sur un amas rocheux.

L'année passée, une fois que la tempête d'août s'était apaisée, j'avais amené Latife Keşal dans une crique aux pentes escarpées où, excepté les insulaires, nul n'avait le courage de se rendre. La dernière case du roman-photo… Ce jour-là, dans cette crique, la fée vengeresse qui siégeait immobile dans l'esprit de la femme tzigane apparut avec un plissement cruel sur ses lèvres. Assises sur un rocher tout plat, nous plongions nos pieds dans l'eau et gobions les œufs des oursins que nous avions ramassés. Latife, tout en aspirant bruyamment les œufs minuscules avec sa bouche, me demanda si j'avais ou non des nouvelles de ma mère. Elle savait très bien que j'allais mal réagir à cette question désagréable qui surgissait de nulle part. Agacée, je haussai les épaules.

— Je n'ai aucune nouvelle. A croire que la terre s'est entrouverte et l'a avalée.

Latife me dit d'un air assuré :

— Elle est morte, ta mère.

Je crus que mon cœur allait se décrocher. Insensible au fait que je tremblais de douleur, elle continua :

— Cela fait des années que ta mère est morte. Chaque fois que je regarde dans ton marc, je vois sa tombe couverte d'herbes. Je ne te l'avais pas dit pour que tu ne sois pas triste.

Telle était la vengeance de la fée tzigane qui avait fait don de son nom à Latife Keşal. Ne pouvant lui cacher que je la plaignais, je m'étais aussitôt enfuie ! D'un bond.

LE VERDO

Après un an et demi d'attente, mon père prit un verre empli de vin. Il l'examina à la lumière du jour, d'un air suspicieux. Il avala une grande gorgée, dangereuse, et attendit plusieurs secondes. De son œil opacifié il dit : "Tu es rusée comme ta mère, et ton vin l'est aussi."

Mon vin était insouciant et folâtre. Les bouteilles, comme si cela faisait des années qu'elles y songeaient secrètement, avaient toutes ajouté leurs bienfaits au breuvage. C'était devenu un vin de belle apparence riche en arômes qui rappelaient les fruits de la forêt. Au premier contact avec la langue il dégageait un goût de terre très prononcé. Il glissait rapidement en bas des fosses nasales et se fracassait dans les entrailles. Il devenait une aiguille de verre, cassable, et soudain s'annihilait dans ce goût singulier. Dès qu'on avalait, la gorgée précédente disparaissait comme si elle était tombée. Quand mon père employait le mot "rusé", je savais de quoi il parlait. Ce vin l'était tout en ne l'étant pas. Il s'emparait de la bouche sans tenir compte du corps. Il déployait les ailes du désir en invitant au festin. Il était littéralement trompeur. Il n'assouvissait pas, il obligeait à boire.

Nous avions ouvert deux bouteilles au printemps, quand la tempête de mai, qui détruit les bourgeons, chagrine la verdure… Cela faisait longtemps que l'eau avait atteint les pieds de vigne. Nous étions au frais, nous étions heureux. Les fleurs de câpriers jaillissaient du mur du jardin. On commençait à entendre le claquement des sandales ici ou là dans les rues silencieuses. J'avais sorti la table de jardin. Mon père engloutit le vin le ventre vide, il attendait le repas avec impatience. Je lui avais préparé un mets très particulier. Etais-je vraiment aussi rusée qu'il le disait ?

Cela faisait des années que l'on n'avait plus cuit de poisson chez nous. Depuis que mon oncle était mort. Par chance j'avais pu trouver du verdo au marché. C'était le poisson préféré de mon père. Muni de sa canne à pêche, il allait avec sa barque dans une crique au flanc rocheux et escarpé juste pour attraper un verdo. Il attendait le poisson pendant des heures. Il avait dit un jour que c'était la créature la plus fatiguée du monde marin. Il s'épuisait, dit-on, à trop penser. Il paraîtrait que deux grands secrets transformés en cailloux étaient cachés derrière ses yeux et qu'il ne trouvait son équilibre qu'entre ces deux cailloux. Plus il pensait, plus ceux-ci grandissaient. Sans doute parce que perduraient ses liens de sang avec ceux de ses ancêtres qui se rendirent sur la terre ferme. Tous les verdos de toutes les mers, n'ayant plus de question à poser au monde, se dirigent vers l'hameçon d'un pêcheur à qui ils pourraient confier leurs secrets. Mon oncle disait avec fierté qu'il détenait des secrets et il montrait les petites pierres blanches extraites de la tête des poissons. Les secrets, disait-il, influencent plus l'homme qu'un lingot d'or de vingt-quatre carats…

J'ignorais si mon père savait que le verdo portait un secret. Fort probablement mon oncle n'avait raconté cette fable qu'à moi seule. Lorsque j'apportai à table le poisson fumant passé au four, l'œil gauche de mon père, brillant de faim, se mit soudain à ressembler à son œil droit. Malgré son ébriété, il avait aussitôt reconnu le poisson bossu. L'air dégagé, il enfourna une petite bouchée, la malaxa un moment et prit une gorgée de vin pour l'avaler.

— Tu n'as pas aimé, demandai-je.

— Si, dit-il, mais que dire, il sent l'homme ce coquin ! Ensuite il contempla la mer avec tristesse comme s'il regardait un cimetière. Puis il ajouta : J'ai l'impression de manger Mercan.

Il avait peut-être raison. Mon oncle était une molécule dans la chair du poisson.

Il s'égarait par ailleurs dans l'ombre de son interminable deuil. Des milliers d'années auparavant, lors des enterrements, les gens se barbouillaient de noir de la tête aux pieds pour que le fantôme du mort n'entre pas en eux, origine de nos rites funéraires ; mon père, lui, voyait dans le poisson le cadavre de son frère.

Cette nuit-là, j'avais repris espoir. Pour la première fois depuis des années mon père avait prononcé, même si elle était très courte, une phrase ayant du sens. J'allais presque croire que mon vin avait délié sa langue. Malheureusement ma joie fut de courte durée. Car il ne parla plus durant des jours. Il buvait toujours plus et au fur et à mesure qu'il buvait il se refermait sur lui-même, il ne mettait pas le pied dehors. Beaucoup de travaux pénibles comme la taille des ceps, le désherbage et le traitement au soufre m'incombaient. Je dus embaucher malgré le manque d'argent. Le vin avait rendu mon père très malade. Quand je rentrais du travail, il arrivait qu'il ne fût pas encore sorti de son lit. Il était soûl et toujours ensommeillé. Une boule dure s'était formée sous la couche opaque qui couvrait l'œil droit. Ce côté était désormais totalement dans l'obscurité. Il avait beau être libéré de ses cauchemars, il n'en demeurait pas moins terrifiant avec ses ongles violacés et ses veines saillantes. Son œil droit, nacré, transformait la nuit en un monde de hantises.

Devant l'absence de mon père, nombreux furent ceux qui eurent des soupçons ; ses copains de bar surtout. Quand j'allais de la bibliothèque à la maison, je me faisais aussi petite qu'une fourmi sous les regards soupçonneux des gens. Des mois plus tard, les émissaires de mon père, le visage sombre, vinrent à la maison. L'un avait une arme à la main et l'autre un appareil pour prendre la tension… Le gendarme et le médecin du dispensaire jetèrent un œil dégoûté sur la cuisinière crasseuse, les bouteilles qui jonchaient le sol et le plafond couvert de suie. Sans avoir touché au thé que je leur offrais, ils me firent savoir que mon père devait être aussitôt transféré à l'hôpital. Celui-ci refusa avec entêtement. Il n'autorisa pas non plus le médecin à lui faire une prise de sang pour effectuer des analyses. Le médecin et l'officier me demandèrent d'attendre dehors et murmurèrent quelque chose à mon père qui leur enjoignit de quitter la maison. Le docteur demeuré impuissant lui fit remplir une décharge qu'il signa sans hésiter avant de les renvoyer en disant : "Fichez-moi le camp d'ici et ne remettez plus les pieds dans mon jardin." Ensuite, il se dirigea vers moi et, écarquillant son œil opaque, me dit brutalement : "Maintenant, tu peux me tuer tranquillement !"

J'étais devenue livide de peur. Afin de pouvoir supporter l'œil terrifiant de mon père qui se trouvait lui-même au bord de l'hystérie, je ne cessais de boire et me remplissais de débris de verre. Quelques semaines plus tard, je me mis à faire presque chaque nuit le même rêve. Le vin divin qui avait pénétré mon sang finit par atteindre mon sommeil.

Dans mon rêve, je me retrouve dans un bazar labyrinthique où je tente d'avancer en fendant la foule sortie faire des emplettes. Les pierres au sol sont rouge vif. Toutes sortes d'objets à offrir m'attirent l'œil avec leurs couleurs chatoyantes. Les portes de magasin, surmontées de clochettes, tintent quand elles s'ouvrent et se ferment. Les gens me poussent vers l'intérieur. Je résiste de toutes mes forces en appuyant fermement mes talons au sol. Je parcours les couloirs du bazar en tournant toujours à gauche. Je me retrouve devant une boutique de loukoums. Il y a là une femme maigre qui ressemble à Latife Keşal. Elle a un petit bocal dans les mains et verse des loukoums sur son étal en marbre. Des loukoums blancs, deux fois grillés. D'autres femmes qui sont là s'en emparent rapidement. Moi aussi j'en veux un, comme ça. Il est très cher, car il est rare. J'ai le droit d'en prendre un ou deux. Sans payer, de surcroît. La dame de l'étal me confie son bocal… Je le secoue légèrement. Un tas de loukoums s'amoncelle sur le comptoir, je me sens gênée. Je les remets dans le bocal, du bout des doigts. Il en reste un pour moi, énorme, de la grandeur d'un doigt. Il est bien plus gros que ceux que les autres femmes ont mangés. J'en mords un bout minuscule. Son goût est incroyable. Le loukoum fond dans la bouche en y laissant une odeur de fleur. Très légère et très troublante… L'ensorcellement qui s'annonce dans ma bouche efface aussitôt l'amertume citronnée qui coule dans mes veines. A ce moment là, une vieille femme surgit à mes côtés. Il lui manque des dents et ses lèvres sont enfoncées. Sa bouche est aussi profonde qu'un puits. La vieille femme engloutit un bout du loukoum que j'ai dans la main et me conte une parabole en lien avec le prophète Abraham. Sans préambule. Je l'écoute avec plaisir. Je me sentais nourrie de gomme à paraboles. Je me réveille. Comme d'habitude, aux premières lueurs de l'aube, dans un murmure d'oiseaux.

Pendant des jours, je fus incapable d'analyser ce rêve. Chaque nuit passée auprès de sa beauté purifiante se transformait en mystère. L'imagination d'un être se situe au-delà de lui-même ! La vérité ou encore la prédiction se répand sur le sommeil comme de la poudre. Il faut rassembler ensuite les molécules, les minuscules particules de poussière, de sel ou de cendre, à peine perceptibles.

N'arrivant pas à m'en sortir, un matin de très bonne heure, je me rendis chez Latife Keşal. J'avais tant besoin d'elle que je ne pouvais pas continuer à bouder davantage. Je tournai en rond devant chez elle afin de rassembler mon courage. Je frappai à la porte, pas de réponse, je sonnai, rien non plus. Finalement je me mis à cogner avec mon poing. *Latife ! Réveille-toi ! Je t'en supplie !* Les cheveux en bataille, affolée, elle ouvrit la porte. Elle se réjouit quand elle me vit, mais se garda de le montrer. Tandis que nous buvions notre café, elle écouta très attentivement le récit de mon rêve. Après avoir longuement réfléchi, elle fit une interprétation qui allait changer totalement ma vie. Après l'avoir écoutée, je pris conscience de ma valeur. Mes épaules tombantes se redressèrent.

Latife Keşal me dit que la vieille femme de mon rêve était une conteuse pleine de sagesse qui me transmettait ses dons. Chaque loukoum recélait un savoir surgi d'une inspiration soudaine. Cependant, il ne pouvait se révéler que dans la langue d'une personne accomplie. Si désormais je parvenais à regarder en moi et à occuper la place de chaque chose que je découvrais, comme elle, je devrais également être capable de raconter une histoire, à chaque loukoum avalé.

Cela signifiait que deux pierres s'étaient formées derrière mes yeux. Il me fallait d'abord trouver le secret à raconter et ensuite attendre mon père, tel un verdo guettant l'hameçon qui le prendra.

DE MAUVAIS AUGURE

Les hurlements étaient effrayants. Quand il entend les supplications déchirantes des chiens, l'homme a honte de croiser le regard d'autrui. Toutes les fenêtres de la maison étaient closes. Avec le vent, le *karaerik*, les sons qui provenaient du tas de rocaille situé à quatre milles de notre île pénétraient jusqu'à l'intérieur de la maison et faisaient trembler nos murs. A cause des chiens, nous n'arrivions pas à isoler nos consciences.

Ce soir douloureux de juillet, je parlai des animaux à mon père. Je lui expliquai ce qu'enduraient ces bêtes depuis que l'on avait oublié la fragile ligne tendue entre le jour et la nuit. Cette fois sans s'en prendre à une quelconque animalité, je tentai d'exprimer dans toute sa nudité ce qui se passait réellement. Comment la justice du règne animal se détériorait, comment aussi ils se rebiffaient pour tenter de survivre...

J'expliquai que les corbeaux s'attroupaient à l'aube sur les tas de poubelles et ne cessaient de se multiplier, trouvant de quoi se rassasier dans les paquets de biscuits et les coques vides de graines de tournesol, que, non contents d'avoir pillé les poubelles, ils s'envolaient aux alentours de midi en direction des vignes, couvrant le ciel d'un nuage noir ; que les vignerons, qui les craignaient, dressaient partout, au cas où, des épouvantails aux allures de monstres ; que l'on pouvait voir surgir devant soi l'un de ces épouvantails lorsqu'on se baladait dans l'île ; que la haine grandissante envers les corbeaux gâchait la complicité que nous partagions avec eux ; que ces anciens amis, qui déposaient alors des perles de verre devant nos portes et accompagnaient de leurs cris effrayants les enterrements, allaient désormais nous crever les yeux à la première occasion ; qu'ils avaient abandonné depuis longtemps leur manière de marcher les pattes tordues, imitant les moineaux afin de paraître gentils ; qu'ils nous arrachaient le pain des mains en faisant des piqués sur nos têtes ; que leur regard hostile tandis qu'ils dépeçaient tout crus les bébés chats laissait entendre ce qui pourrait nous arriver si nous mourions seuls sur la place publique. Mon père m'écoutait d'un air suspicieux. Parce que pour lui le corbeau était ce noble intermédiaire entre nos âmes privées de corps et le monde des morts. Pour lui c'était cet animal sacré montrant à Caïn comment enterrer le frère qu'il venait de tuer. Quand j'eus fini de parler, il me rembarra comme si je proférais des calomnies à l'encontre du corbeau.

Ensuite je lui racontai les chats. C'était la seule manière de lui faire vraiment comprendre la panique qui régnait parmi les animaux de l'île. Ces petites bêtes d'une beauté incroyable, qui manifestaient constamment leur amitié en dessinant un S avec leur queue, avaient envahi les rues, une véritable tribu. L'équilibre, que la femelle, qui mettait au monde quatre chatons de chaque portée, établissait d'elle-même en laissant mourir ceux qu'elle ne pouvait nourrir, avait pris fin avec l'intervention des citadins installés dans l'île. Certes ils avaient sauvé les chatons par amour, mais les avaient tous abandonnés à la famine en ne se préoccupant pas de ce qui allait se passer une fois l'hiver venu. Après que les urbains eurent fermé leurs maisons, tous les chats que les insulaires ne pouvaient nourrir se répandirent dans la rue. Il y avait près de trois chats par habitant. De sanglantes batailles finirent par avoir lieu sur les poubelles. Ceux qui avaient échappé aux corbeaux se livraient une guerre impitoyable. Les plus malins se glissèrent sur le ferry-boat et prirent le chemin du continent. Quant à ceux qui demeurèrent sur l'île, il ne leur restait plus rien de leur beauté. Aveugles, boiteux, lacérés de toute part, ils menaient désormais une lutte toute en griffes contre les hordes de corbeaux et de chiens. Leurs fourrures étaient totalement pelées, leurs gueules couvertes de blessures. Leurs grands yeux focalisés sur la moindre broutille étaient plissés, implorant misérablement autour des tables de restaurants. Leurs corps en lutte pour survivre n'étaient plus que peau sur les os.

Parmi les animaux de l'île, c'étaient sans doute les chiens qui souffraient le plus. Un citadin très avisé avait amené sur l'île deux renards afin de se débarrasser des rats des champs et des belettes qui hantaient les vignes. Les insulaires avaient accueilli chaleureusement ces animaux au museau pointu amenés dans des cages. Ils nommèrent la femelle Raisin Vert et le mâle Vin. Vin et Raisin Vert ne tardèrent pas à fonder une importante famille. Quand ils commencèrent, l'œil rouge et les dents longues, à entrer sournoisement dans nos jardins pour attaquer les nids et les basses-cours, ils devinrent nos ennemis. Les gens d'ici étaient habitués à une domestication relative. Au monde sauvage, éloigné des humains, des chouettes, des belettes ou des serpents s'étaient ajoutés cette fois les renards qui s'immisçaient avec témérité dans l'univers des hommes. Ils étaient vraiment sauvages et beaucoup trop avides. Pour résoudre le problème, on fit venir d'énormes chiens, ceux de l'île étant efflanqués et trop dociles. Les terribles querelles entre chiens et renards firent disparaître toute tranquillité. Nul ne pouvait désormais aller se promener seul sur la plage ou se rendre dans les criques désertes. Si bien que nombreux furent ceux qui se procurèrent des chiens encore plus grands. La chasse au renard avec des fusils à air comprimé commença. Les renards se cachaient le jour dans des grottes sombres, et la nuit descendaient au bourg. En un temps assez court, la quasi-totalité des renards fut éliminée. Mais personne n'avait osé toucher aux chiens agressifs.

C'est la municipalité qui s'occupa du problème des chiens en leur donnant de la viande empoisonnée. Cette fois, presque chaque jour, nous fûmes témoins des souffrances de ces animaux écumant de bave. Cette mise à mort coûteuse et intolérable nous glaçait le sang. Et puis ces cadavres de chiens portaient préjudice au tourisme qui était en train de se développer sur l'île. Finalement, après qu'une vieille femme, qui revenait de récolter le miel de ses ruches, fut un soir attaquée par un chien affamé, on commença à faire le tri. Les jeunes et les chiens de race furent stérilisés ; les vieux, les handicapés et les bâtards furent chargés sur une barque et abandonnés sur une île rocailleuse à quatre milles de là.

Les hurlements déchirants qui allaient durer près de dix jours commencèrent. Leur intensité augmentait de manière insupportable. Les sauterelles se taisaient, les chats s'étaient réfugiés dans des coins reculés. Les corbeaux, humant l'odeur de charogne, volaient en direction de l'île aux chiens. Sous notre nez allait se dérouler un drame sanglant. J'essayai en vain cette nuit-là d'expliquer à mon père de diverses manières ce qu'était un animal sans regard humain. Ceux-ci nous étaient aussi proches que l'étaient nos péchés. C'étaient des créatures mi-humaines mi-mythiques. L'aventure douloureuse vécue par chacun d'eux était semblable aux nôtres. Voilà pourquoi je ne pouvais abandonner les bêtes à l'animalité. Parce que, pour moi, tous me ressemblaient. A mes yeux, aucun d'entre eux n'était le héros d'une aventure particulière. Par exemple l'histoire de ce chien, ou celle du corbeau qui offrait sa gratitude avec des objets brillants. Cela faisait tant d'années que je vivais sans animaux, je n'avais pas réalisé…

Au coucher du soleil, les hurlements déchirants des chiens avaient encore gagné en intensité. J'avais l'impression que le seul moyen de se libérer de ces cris était de plonger sous l'eau et de ne plus en sortir. Quand, quelques minutes plus tard, nous entendîmes une musique joyeuse. C'était un orchestre ! La musique venait du centre de l'île. Des clarinettes, des harmonicas, des percussions. Je courus jusqu'à la place pour voir ce qui se passait. La fanfare municipale, venue du continent, s'était rassemblée sur la place aussitôt descendue du ferry, et jouait les tubes de l'été. Les gens, sortis peu à peu de leurs maisons, entouraient l'orchestre. Les fenêtres s'ouvraient, les cafés, les restaurants de la marina et la route de la digue débordaient de monde. Les gens dansaient avec plaisir et les enfants tournicotaient autour des musiciens.

De retour à la maison, je trouvai mon père dans le jardin. Il avait ouvert une bouteille de vin et écoutait l'orchestre. La musique étouffait en grande partie les cris des chiens. La honte que nous ressentions quelques heures auparavant nous avait soudainement quittés. Mon père commença à me parler d'un animal. Un véritable héros, de la tête aux pieds… C'était la première fois jusqu'à ce jour que j'écoutais l'histoire d'une bête dont l'animalité était laissée à l'arrière-plan.

Mon grand-père Ensar Karaca, le jour des douze ans de mon père, était arrivé avec un cheval. Il se rendait une fois par mois sur le continent d'où il revenait dix jours après avec de l'argent ou des objets de valeur. On l'appelait Ensar le Tord-Fer. A l'aide de ses bras puissants, il était capable de briser des plaques de cuivre comme s'il déchirait du papier. D'avril à fin octobre, il participait sur le continent à divers concours de lutte et rapportait à la maison le produit de ses gains. Cette fois-là, il fit descendre un cheval de l'embarcation. Tendant le licou du cheval à mon père, il lui avait dit, tiens c'est pour toi.

C'était un cheval bai qui avait à peine deux ans. Selon ses dires, Ensar Karaca aurait choisi la robe du cheval parmi douze chevaux proposés par les pachas. Tandis qu'Ensar Karaca racontait, avec l'agitation et l'exagération qui lui étaient habituelles, que les qualités d'un cheval se lisaient avant tout à travers sa beauté, mon père sut à cet instant qu'il avait grandi. L'homme enfoui en lui fit soudain éclater sa virilité. Le cheval bai serait son premier vassal. Le corps du cheval était d'un brun-rouge uni, sa crinière et ses jambes d'un noir corbeau. Regarde, avait dit mon grand-père, voilà ce qu'on appelle un cheval. Il doit avoir les dents droites et fines, la lèvre inférieure plus longue que la lèvre supérieure, le museau relevé afin de pouvoir respirer facilement, le front plat, les oreilles longues et toutes droites, le dessous de l'encolure abondamment plissé. Sa crinière doit rester courte, et ses testicules, ses cils, sa crinière ainsi que sa queue doivent être noirs de sorte qu'il n'y ait aucun doute sur son pedigree. Tandis qu'Ensar Karaca se vantait du cadeau qu'il avait offert à son fils en lui disant qu'il lui avait apporté le plus beau parmi douze chevaux dont un brun, trois gris, deux isabelle, trois blancs et trois bais, il raconta qu'il avait compris dès le premier regard la perfection de celui-ci. Regarde, avait-il dit, vois-tu comme sa croupe est longue, combien ses cuisses sont charnues ! Tu dois regarder un cheval de dos, et jamais ne le monter si ses pattes arrière ne sont pas rapprochées !

Mon père écoutait son propre père avec admiration, il découvrait que ce spectre d'homme dont il avait épié le retour durant des années était sage et civilisé et qu'il débordait de savoirs sur le monde ; il éprouva au même moment la joie de posséder non seulement un cheval mais aussi un père. Sur le rivage, aujourd'hui un port, il ravala aussitôt le dépit d'un enfant qui avait attendu son père durant des semaines.

A partir de ce jour-là, mon père ne souffrit plus de l'absence de son père. Il souhaita même bon voyage à Ensar Karaca quand il partit la fois suivante. Durant la journée, il menait son cheval vers les grandes prairies du sud de l'île et on ne le voyait plus jusqu'au soir. Chaque jour, à cause de ce cheval, sa mère se fâchait contre lui. Jamais il n'accepta que son cheval fût attelé au retour des jardins. Ma grand-mère le battait pour cela presque chaque soir. Mon oncle Mercan avait alors six ans. Tandis que mon père prenait des coups, il le regardait l'air benêt et lui rabâchait l'inutilité de s'attacher à un cheval.

Pendant trois ans, mon père ne parvint pas à lui trouver un nom. Il se débrouillait en l'appelant Bai. Le cheval bai, quant à lui, ne s'habitua jamais à l'île. Le jour, il avançait en traînant les pieds dans les champs de thym, butant sans arrêt. Mais, la nuit venant, il prenait le mors. Enragé, il galopait d'un bout à l'autre du rivage jusqu'au petit matin à la recherche d'un cap où il pourrait passer de l'île au continent. Les nuits résonnaient du son de ses sabots. Mon père qui partait à sa poursuite s'était habitué à la nuit. Dans cette solitude qu'induisait le cheval bai, il connut les hiboux blancs que très peu de gens réussissent à voir. Avec le temps, il conclut que la nuit était la bouche d'un puits ouvert sur l'univers. Mais jamais il ne put monter sur son cheval et se promener dans les vignes, sur les chemins poussiéreux de l'île. Il n'arrivait pas à le dresser. Mon père avait beau ne trouver aucun nom ni qualificatif susceptible de lui convenir, il fallait pourtant en choisir un. Cette absence de nom recouvrait un vide indomptable de la taille d'un cheval. N'est-ce pas en le nommant qu'il allait pouvoir domestiquer son animal. Et ce n'est qu'avec le nom qu'il donna à la robe baie qui résistait des quatre fers à sa captivité dans l'île, que son orgueil rayonna. Un jour à l'aube alors que Bai rentrait, trempé de sueur, mon père se pencha à son oreille et lui dit qu'il allait dorénavant s'appeler Kutsi.

Mon père grandissant, son cheval vieillissant, les défauts de Kutsi occultés par sa beauté commencèrent à apparaître. Son cou ne cessait de se tordre involontairement vers la gauche. Devant les seuils, il ruait de la jambe gauche et lorsqu'il se cabrait cette même jambe battait l'air. Les insulaires affirmèrent que ce cheval était gaucher. Or, on disait que les chevaux gauchers étaient de mauvais augure. Depuis que mon père avait donné un nom à son cheval de mauvais augure, il ne parvenait plus à protéger sa fierté d'antan. Mais cela n'entama pas l'attachement qu'il avait pour lui. Tout au contraire, ce n'était qu'avec lui qu'il partageait la mélancolie de sa vie d'insulaire. Quelques années plus tard l'oreille gauche de Kutsi se mit à tomber vers l'arrière, il ne parvenait plus à marcher dans les côtes ou les pentes, et quand il s'enfonçait dans la boue, il n'arrivait pas à se dégager. Le jour il ne voyait presque plus. C'est ma grand-mère qui remarqua que Kutsi ne voyait que la nuit. Ce maudit cheval était à la fois gaucher et aveugle !

Mon père avait un cheval qui ne voyait pas le jour. Il maigrissait tant qu'on remarquait de plus en plus ses jambes arquées. Sa crinière était pelée par-ci par-là, sa queue aussi mince que celle d'un chien, ses sabots fortement usés étaient friables comme du calcaire, si bien que les fers finirent par ne plus tenir. Il ne restait plus aucune trace de la beauté de Kutsi. Il n'était plus qu'une créature revêche, hennissant n'importe quand, montrant les dents, regimbant dès qu'on s'approchait.

Mon père eut honte de lui puis connut la honte d'avoir honte. Il crut avoir fait une grave erreur en donnant son propre nom à son cheval. Parfois il était mal à l'aise d'avoir arraché l'animal à son animalité, parfois il tirait des conséquences pour lui-même au vu des défauts de l'animal. Chaque nuit, il suppliait Dieu. Si ce Kutsi, une nuit, pouvait s'échapper et courir, courir jusqu'à tomber dans un gouffre près du rivage et mourir avant l'aube, si je libérais mon nom de ses yeux noirs où s'attroupent les mouches… Pitié, mon Dieu ! Ote la tristesse de Kutsi de mon cœur ! Ou ôte-moi de Kutsi ! Fais au moins vivre l'un de nous deux !

C'est à ce moment-là que ma grand-mère, qui ne pouvait plus supporter l'absence de son mari, prit mon oncle Mercan à ses côtés, embarqua avec Kutsi sur un caïque et se rendit sur le continent pour vendre deux bracelets torsadés qu'elle avait au poignet. Ce fut la dernière fois que mon père vit sa mère et son cheval. Pendant des jours et des jours, il attendit sa mère sur le port. Il eut du mal à se protéger des jeunes vauriens qui rôdaient autour de lui. Les défauts de son cheval lui collaient à la peau. Mon père était deux fois Kutsi. L'un était celui que son père avait dupé et l'autre le fils que sa mère avait abandonné. Désormais il ne fut ni celui que son père avait engendré ni celui que sa mère avait mis au monde.

Mon père avait raconté tout cela sans boire une gorgée de vin. Après avoir terminé de parler, il réalisa qu'il avait soif et but son verre d'un trait. Son œil blanc prenait des reflets bleu clair. Il baissa la tête avec la naïveté d'un enfant incapable de comprendre pourquoi sa mère l'a abandonné. Il laissa tomber sa mâchoire. L'enfant Kutsi Karaca renaissait devant moi.

L'orchestre se tut.

Nous entendions au fin fond de nous les hurlements stridents des chiens. Quoi qu'il advienne, la nuit demeurait le berceau de toutes les plaintes. C'était la nôtre. Nous qui étions extérieurs au monde, nous avions l'obligation d'écouter les chiens abandonnés à la mort. Nous ne quittâmes pas nos places jusqu'au petit matin.

LE TORD-FER

Parfois je m'interroge : Est-ce que Süha Melek serait mort s'il avait tué la pieuvre, s'il l'avait embrochée et mangée ? S'il était devenu libre au point de croire qu'il était né d'une pieuvre, il aurait donc tout simplement mangé son ancêtre et, de ce fait, apaisé son cœur. Il aurait effacé toutes les preuves de sa naissance à rebours et se serait mis au monde de nouveau. Grâce à la mémoire recueillie au fond de la mer, il aurait pu se ménager une vie dans la peau d'un être destiné à fuir la terre. Je crois qu'il ne parvint pas à tuer la pieuvre parce qu'il savait l'impossibilité de tout cela. Face à la créature aux bras ventouses, il ne réussit pas à trouver un quelconque soutien ensorcelant, susceptible de le libérer de son sentiment de n'être pas né. De toute manière, toutes les croyances ont une origine. Chaque vérité mythique est reliée à un dieu, chaque dieu à un héros, chaque héros à un être anonyme. L'homme a beau le vouloir, il ne peut inventer un mensonge. Ce monde est un lieu imaginaire limité par la réalité de la terre. L'enfer des condamnés à imaginer...

Chez nous, les Tziganes croient qu'ils sont dotés d'un esprit protecteur sous l'os du front, un *butyakengo*. La plupart en ont un. *Butyakengo* en romani, cette langue qui puise son origine dans le sanskrit, signifie "à plusieurs yeux". Les yeux du *butyakengo* sont aussi nombreux que les seins d'Artémis ! Il s'agit d'un iris clairvoyant composé de plusieurs yeux à l'intérieur d'un œil, d'un seul œil, qui avertit le Tzigane des dangers qu'il encourt.

Le *butyakengo* est la source principale de l'art divinatoire. Il offre une force intuitive au Tzigane chez qui il s'établit. Il est lié à l'avenir et se maintient en vie grâce aux désirs de l'homme. Il ne peut voir l'avenir que dans un corps sain et vigoureux. Lorsque le Tzigane tombe malade, l'esprit protecteur se déplace dans son oreille droite et, dès qu'il se rétablit, il revient dans son oreille gauche. Le *butyakengo* est désireux de rester en vie. Pour cela, il consent à attendre un certain temps dans le froid. Ce n'est ni un djinn, ni une fée ni le berceau de la personnalité. C'est une partie de l'esprit d'un mort. Quand un Tzigane est enterré, il laisse une part de lui-même veiller sur ce qui se passe sur terre.

Le *butyakengo* est donc un héritage. Il se transmet du père au fils aîné, ou de la mère à la fille aînée. Pour que le transfert de l'esprit se réalise, il faut une mort dans l'ordre des choses. Que les pères meurent avant leur fils, et les mères avant leurs filles. Le *butyakengo* est l'unique représentant du principe de continuité de la vie. L'unique consolation de la soumission de l'homme au temps…

Les Tziganes n'ont pas le droit d'avoir une langue écrite. Ils sont tous condamnés à l'absence d'écrit. Voilà pourquoi la plupart des Tziganes de l'île qui utilisent autant que possible la langue du pays où ils sont accueillis sont plutôt désireux de raconter abondamment leur mythologie. D'après Latife Keşal, il y aurait sept cadenas sur chaque visage de Tzigane. A la mort du père ou de la mère, tous les cadenas s'ouvrent. L'expérience du *butyakengo* s'ajoute à leurs cœurs et les sentiments s'exacerbent. Chaque morceau d'esprit hérité se niche, tel un bijou de valeur, sous l'os le plus solide. Latife Keşal avait dit un jour, en posant la main sur son front et en caressant le *butyakengo* avec tristesse, qu'elle portait là les expériences de toutes les femmes de son arbre généalogique, notamment celles de sa mère et de sa grand-mère. Elle n'avait pas d'enfant. Quand elle mourrait, l'esprit protecteur allait rester sans foyer.

Quant à Kutsi Karaca, il portait en lui un mensonge qu'il n'avait pas pu pardonner. Lorsque son père, Ensar Karaca, mourut, les sept cadenas de son visage s'étaient ouverts sur sept pièces obscures qui menaient toujours au même mensonge. Kutsi Karaca était fatigué, son foie grossissait de jour en jour ; il avait beau avoir un *butyakengo*, il n'arrivait pas à l'appréhender. Il avait passé sa vie sous le poids d'un énorme mensonge qui lui avait été confié au dernier instant.

Pour nourrir ce mensonge, il fallait nécessairement qu'Ensar Karaca soit un insulaire. Il devait entretenir son mensonge dans un lieu constamment battu par le vent, très loin de la dure vérité. Quoiqu'il vécût sur le continent, quand il se dirigeait vers l'île, il déversait la vérité dans la mer et, arrivé sur place, offrait à son fils une tout autre histoire en même temps que les objets de valeur contenus dans sa besace. Il adoptait, comme sur la photo, une pose conquérante, un pied en avant et les mains collées sur les hanches…

Mon père raconta qu'Ensar Karaca, si étrange que cela parût, ne changea pas durant des années. Il revenait tel qu'il était parti. Sans une ride de plus ou de moins. Avec les mêmes fluctuations dans la voix, toujours la même ridule au coin des yeux. Il se réfugiait derrière sa dégaine de lutteur dans un cadre à bordures en or et vieillissait secrètement. Mon père crut pendant longtemps qu'Ensar était immortel. Sa vie était en fait une vie au-delà de l'immortalité, condamnée à la jeunesse. Une existence qui ne se renouvelait pas, indépendante de la vie comme un rai de lumière dont la mort serait taboue. Par contre, mon grand-père trouvait à chacun de ses retours un fils qui avait grandi et qui, d'aide-ferrailleur, était devenu cordonnier, puis apprenti coiffeur et enfin artisan. Kutsi Karaca, poussé par la colère qu'engendra l'absence de sa mère, s'était voué à l'enclume, au marteau et au rasoir. A partir du moment où son cheval s'avéra être une véritable calamité, il ne se laissa plus tromper par les mensonges de son père. Lorsque Ensar Karaca comprit qu'il ne pourrait plus leurrer son fils, il se mit à vieillir rapidement. Il disparut en à peine trois mois, dans de terribles souffrances. Mon père n'eut l'occasion de connaître vraiment son père qu'à ce moment-là. Quand il ne lui restait plus que la peau et les os pour masquer le mensonge sur lequel il avait fondé toute une vie…

La deuxième nuit des hurlements de chien, il raconta toutes ces choses, il libéra un chagrin dont il avait arraché la croûte. C'était le dernier des misérables, avait-il dit. A voix basse, incapable d'assumer la dureté de la phrase. Sa colère était encore de braise.

Ensar Karaca s'était toujours présenté devant son fils sous l'identité de quelqu'un d'autre. Parce qu'il avait une tare congénitale qui le poussait à mentir. Il était prisonnier d'une force abrupte qui n'avait pas de logique. Ses mains appartenaient à un esprit sauvage. Sans juger nécessaire d'accéder à la pensée d'un homme digne, doué d'une force insolite, il tordait des objets en métal, avec une étonnante facilité.

Au cours de son service militaire de six ans, un jour où il montrait à ses amis son don incroyable, un lieutenant-colonel commandant de la garde républicaine fut témoin de ses exploits ; stupéfait, il fit venir ce soldat robuste et le présenta aussitôt à un pacha grand amateur de lutte. Ensar Karaca, tout en regardant le pacha droit dans les yeux, mit en pièces, comme s'il déchirait du papier, tous les plats, casseroles ou grands plateaux en cuivre que l'on avait entassés devant lui. Dès ce soir-là, ils firent appel à un photographe. Avant même qu'il ait participé à un seul combat, ils le vêtirent d'un pantalon en cuir de buffle, fait de cinq épaisseurs, une tenue réservée aux plus grands lutteurs et ils l'enduisirent d'huile de la tête aux pieds, puis ils le prirent en photo. Tous avaient la certitude qu'il allait devenir un lutteur mondialement connu.

Sous l'ordre du pacha, ils envoyèrent Ensar, le Tord-Fer, dans un club de lutteurs. Pendant trois ans, ils le firent travailler nuit et jour. On éduqua aussi son esprit. Il apprit des poèmes par cœur, entendit toutes sortes de fables. Il fut abreuvé de connaissances allant de la façon de boire du vin jusqu'à la manière d'évaluer le degré de pureté d'un cheval. Au bout de trois ans, ils firent participer Ensar Karaca à un combat de lutte en présence d'officiers supérieurs. Quand il arriva sur le terrain, tout le monde avait le regard rivé sur lui. Ensar le

Tord-Fer avait pour adversaire un jeune homme de l'Est tout aussi costaud que lui. Mais la lutte s'acheva avant même de commencer. Ensar se débattait plus qu'il ne luttait, il était incapable de réagir au jeu de jambes du jeune homme. Malgré tout le soin et l'attention portés à son égard, Ensar Karaca, qui avait une force vive dans les bras, ne parvint même pas à devenir un lutteur médiocre. Il avait la tête dure. Il retenait par cœur ce qu'il apprenait, mais ne pouvait pas appliquer ce qu'il avait appris. En bref, il avait beau avoir beaucoup de connaissances, il ne put jamais les assimiler. Ils lui retirèrent son pantalon de lutteur et le renvoyèrent au foyer militaire. Mais, malgré son échec, Ensar Karaca parvint à perpétuer toute sa vie durant sa réputation d'"Ensar le Tord-Fer". Même s'il s'était montré inapte à saisir les finesses de la lutte, il était capable de lire dans les yeux de son fils l'admiration éprouvée pour un père lutteur. Chaque mois, après avoir dit qu'il allait participer à un combat de lutte, il partait en caïque pour se produire dans les foires, faire des combats de bras de fer, et travailler en tant que docker dans les ports des grandes villes quand il s'y trouvait forcé. De retour chez lui, des mois plus tard, il propageait un vent mystérieux sur l'île et remplissait les nuits de Kutsi Karaca en racontant ses combats héroïques.

Tandis qu'il racontait comment son père avait passé sa vie esclave de ses énormes mains pour rester Ensar le Tord-Fer, mon père ne cessait de détourner son regard en raison de la puissance de son aveu. Il n'aimait pas avoir affaire avec les mots, aussi ne cessait-il de jurer. Je lui demandai comment il avait appris tout cela. Son œil opaque s'agrandit de nouveau.

— Je lui avais parlé de mon plus grand rêve. Alors il a été obligé de tout me raconter.

— Et c'était quoi ton rêve ?

— Etre un grand lutteur, comme lui.

Mon côté droit soudain devint tout froid. Celui qui ressemblait à Kutsi Karaca…

Soi-disant, il m'avertissait. Il essayait de montrer que le passé était un lieu de malheur. En expliquant sa douleur inextinguible, non seulement il me faisait appréhender le coût de l'apprentissage de la vérité mais il effaçait aussi les traces gravées sur ma poitrine. Comme Ensar Karaca, qui avait effacé ce qu'il avait écrit dans sa mémoire. Pour rien ! Ce qui disparaissait, c'était mon absence de trace. Lui avait perdu ce qu'il avait trouvé, quant à moi je perdais une fois de plus ce qui était déjà perdu. Ma volonté d'apprendre le passé était motivée par le désir d'appréhender le présent. J'allais me créer un présent pur, virginal. Pour en revenir à Kutsi Karaca, chaque inspiration qu'il prenait ou allait prendre était celle d'une autre désillusion. Celle de quelqu'un qui, au loin dans un autre monde, tendait ses énormes mains et lui tordait les poignets.

Pourquoi Ensar Karaca avait-il avoué la vérité ? Alors qu'il était possible de se prélasser dans cette image devenue mémorial, pourquoi avait-il laissé sur terre le mensonge qu'il avait forgé si vaillamment sa vie durant ? Il y avait deux possibilités. Soit il avait souhaité le pardon de son fils, soit il l'avait trompé une fois de plus. La première est relativement conforme à la tendresse vexante d'Ensar Karaca. Mais moi je crois davantage à la seconde. Il avait tout absorbé de son fils. Son amour, son admiration et aussi, finalement, toute la colère qu'il pouvait ressentir envers un père… Il ne lui restait plus que la pitié. Et pour voir la pitié, il devait d'abord montrer sa blessure. Pour ne pas supporter seul le charme malfaisant qui le tirait vers l'obscurité de la mort jusque-là tenue à distance, il devait porter la mort auprès de son fils. Parce qu'un tel père, ce padischah des chevaux, ce lutteur invincible des terrains de combat, ne pouvait pas mourir de la maladie du foie qu'il avait contractée du temps où il était docker dans un baraquement portuaire où dormaient huit personnes. S'il mourait, il ne pourrait plus être acquitté. Chacun se souviendrait de lui en pleine décadence. Alors qu'il couronna le “maintenant” avec le fabuleux mensonge qu'il offrait à son fils. D'ailleurs, qu'est-ce que la vérité ? Un monde changeant qui s'écaille à chaque réminiscence ! Alors que la haine de mon père était perpétuelle. Tout à fait vivante, au centre de sa vie, dans un cadre à bordures en or !

Cela signifie-t-il que nous naissons à l'obscurité ? Que nous passons notre vie à nous habituer à l'existence à partir du reflet des autres ? La douloureuse solitude des poupées russes ne quittera-t-elle jamais notre cœur ? Comment peut-il contenir une douleur universelle ? Comment se fait-il qu'Ensar Karaca soit encore présent chez nous avec sa mine trompeuse ? Aujourd'hui, dans le lit où lui-même était mort, son grand fils agonisait sous le poids de ce même mensonge.

Chaque chose est sans doute telle qu'elle doit être. Tous les mécanismes sont les mêmes. Le non-dit de tous les membres d'une maison se ressemble. Le surmoi de chacun est lié au surmoi de celui qui était là avant… A force de répéter la même histoire, nous nous enterrions mutuellement. Dans cette île, nous vivions dans une autre île, sur un morceau de terre de la petitesse d'un radeau, dans un lieu où il n'y avait pas de place. Un univers du néant dans les rues duquel personne, à part nous, ne se promenait ! Nous agissions sans aller nulle part. Sans vivre quelque chose de nouveau. Portant la douleur d'un autre, nous pouvions voir le monde dans une fixité étrange. Dans ce cas, comment, de quelle manière, prenons-nous conscience de notre singularité ?

Le temps ! Premier appui de notre existence. D'une manière ou d'une autre, nous étions tous les deux, comme tout un chacun, les enfants du temps. Nous étions un vide fécondé à un moment, quelque part, durant la minute où un homme et une femme s'enlacent, peut-être à la pleine lune ou quand Vénus est proche, à la énième seconde de la vie de notre terre, quand la tempête de Mercan n'a pas encore pris de la vitesse. Les écrits que les autres ont écrits.

Ou alors les écrits nous concernant qu'un autre ne se mettra jamais à rédiger !

MERCAN

Un an après la mort d'Ensar Karaca – Kutsi était alors âgé de vingt-huit ans –, un jeune homme de petite taille, au visage aride entra dans son échoppe de barbier dont trois murs étaient couverts de miroirs, une seule personne face à l'armée de Kutsi Karaca dont le reflet se démultipliait de trois en trois jusqu'à un nombre infini. L'homme était laid, très laid, mais on pouvait lire en lui. Pendant plusieurs minutes Kutsi Karaca ne réussit pas à identifier l'étranger qu'il semblait pourtant connaître. S'il l'avait reconnu, c'était sans certitude. Quel qu'il fût, cet homme était à la fois son semblable et son contraire. Il tendit le bras. On aurait dit qu'il voulait saisir cette autre partie, comme s'il avait été coupé en deux par une hélice. Avant même de lui poser une première question, il conçut ce qu'était la peur. *Mercan ? Est-ce que c'est toi ?*

C'était la troisième nuit de solitude pour les chiens. Le vent avait changé de direction. Les hurlements insoutenables soufflaient vers la mer. Les sons s'étaient éloignés. Mon père parfois se taisait ; pour formuler son témoignage de façon juste, il écoutait la nuit. Pour se rappeler, se rappeler seconde après seconde l'effacement de chacun des chiens, il s'offrait au temps.

Sur notre table de jardin, les bouteilles vides roulaient. A chaque mort de chien, les assiettes sales entassées, les verres couverts de traces de bouche, les fragments de bouchons, les coulures de cire étaient plus nombreux. Les rires lointains devenaient murmures lorsqu'ils passaient derrière les murs de notre jardin. Comme s'ils passaient devant un cimetière… Notre odeur dense qui se répandait sous forme d'un nuage de fumée les faisait taire. La maison était devenue l'endroit le plus tabou de l'île. Nous avions sombré tous les deux dans le vin de la tête aux pieds. Nous avions précipité notre for intérieur à l'extérieur.

Ce matin-là, İlias Ritsos était venu à la bibliothèque. Sa moustache, privée des soins de mon père, retombait sur ses lèvres… il avait considérablement vieilli depuis la dernière fois que je l'avais vu. Ses cheveux raides qu'il plaquait en permanence sur le côté s'étaient raréfiés, des taches couvraient le dessus de ses mains. Il sentait l'eau de Cologne *Tabac*, comme toujours. Il s'était installé devant ma table et avait demandé des nouvelles de mon père. Peut-être essayait-il de savoir à quel moment j'allais lui régler son compte. Je n'avais pas su quoi répondre. Il boit, dis-je, il dort, il ne veut voir personne, puis il boit et dort à nouveau et, si le sommeil ne vient pas, il reste assis dans le jardin jusqu'au matin. Cela fait des semaines qu'il ne se lave pas, il fait mijoter sa mort devant mes yeux, il pourrit tout seul, sans mourir, il boit et il dort…

J'avais fini par être totalement dégoûtée de la vieillesse. L'absence de dents, les problèmes digestifs, le flétrissement, l'ancienneté des meubles, le tapis râpé, les verres rayés au fil du temps, la pièce avec ses multiples motifs différents, les couleurs qui juraient entre elles me démoralisaient. C'est vrai, je voulais que mon père meure. Aussitôt après l'avoir enterré, j'allais tout jeter, tel quel, et acheter un nouveau service en porcelaine pour la maison.

Il y avait une différence incommensurable entre l'idée de vieillesse que les vieux élaboraient à partir de leurs corps vieillissants et la peur de vieillir de quelqu'un de tout juste trente ans. Chez les premiers, l'existence poursuivait son règne, chez l'autre l'effondrement irréalisé de la vieillesse envahissait son esprit. La vieillesse signifiait se rapprocher du feu au fur et à mesure des jours qui passaient ; c'était s'incliner vers la terre, c'était se fondre dans l'eau. C'était accepter un corps avec toutes ses douleurs, mais aussi c'était maintenir en vie son ardeur. Mais… Quand un être avait peur de la vieillesse, ce qui était mon cas, il ne pouvait plus ressentir ses espaces vivants. Une petite ride effrayait autant qu'un gouffre. La vieillesse était peut-être aussi la membrane de la jeunesse. Soit je n'avais pas encore vécu ma jeunesse, soit j'étais du même âge que mon père depuis ma naissance.

A force de parler de mon père à İlias Ritsos, mon propre épuisement se dévoilait à travers mes paroles. Celui-ci ne voyait pas la bouche d'une jeune femme, mais celle d'Azraël. Il prit peur. Je crois qu'il trouva cruel que je rentre dans les détails. Il me dit salut et s'en alla en vitesse. La porte en fer de la bibliothèque se referma sur moi.

A partir de ce jour-là, plus personne ne me questionna sur mon père. Ils n'avaient plus d'autre solution que d'attendre que Kutsi Karaca meure pour compléter l'histoire inachevée de sa vie. Moi, ils m'avaient mise de côté pour pouvoir m'utiliser plus tard. Même si c'était pour un temps, j'étais devenue invisible, comme avant. Cette nuit-là, je ne transmis pas le salut d'İlias Ritsos à mon père. Je ne voulus pas qu'il se remémore le dehors. Quoi qu'il arrive, quelqu'un qui approche de la mort doit être laissé face à lui-même.

Malgré sa totale solitude, Kutsi Karaca avait en réalité quantité de frères. Je fus très étonnée quand je l'appris. Il y avait İlias Ritsos, son frère de cœur, Rıza Filiz son frère de lait, Osman Melek son frère adoptif. Que de frères il s'était donnés pour oublier son frère utérin ! Avec chacun des hommes qui surgissaient dans sa vie et avec qui il n'avait pas de lien de sang, il avait établi un contrat de parenté secrète. Malgré cela, il n'était pas parvenu à se libérer de Mercan Karaca.

Alors qu'il enfournait avec appétit un gros morceau de melon dans sa bouche, mon père dit qu'il n'avait pas supporté de voir son frère surgir de façon aussi inattendue. Il avait accueilli son frère extrêmement froidement, fort probablement parce qu'au-delà de la question d'avoir à partager les biens il ravivait une fois encore la douleur de ne pas avoir été choisi par sa mère. Mercan était l'aimé. Kutsi le délaissé. "Pourtant c'était le dernier des imbéciles, avait dit mon père, il n'arrivait même pas à lire correctement !" Le vin soudain s'arrêta dans mon gosier. Le temps de l'avaler, les brisures de verre rayèrent ma gorge. Je me levai en vitesse et filai vers la maison. Je dessinai des spirales en arpentant la pièce aux multiples motifs. Les formes s'entremêlèrent. Les pièces s'ouvrirent les unes après les autres. Je distinguai des pentes. Des milliers de pentes où voltigeaient les molécules de poussière, où les mouches zigzaguaient, où les rideaux se soulevaient. Mon visage avait sept cadenas. Les sept s'ouvrirent au même moment sur mon enfance.

Je retournai auprès de mon père. Il était affalé sur sa chaise et ses yeux près de se fermer.

— Qui m'a donné mon nom, papa ? Dis-le-moi.

Il répondit sans aucune hésitation :

— C'est moi. Mais malgré cela je n'ai pas réussi à effacer la trahison de ton visage.

L'ABSENCE DE MONTAGNE

C'était comme si je vivais chez un lointain parent lié à mon côté droit, à des siècles de lui, dans une maison étrangère. J'avais perdu Kutsi Karaca au milieu des dizaines de pièces secrètes qui ouvraient sur un long corridor obscur, dans une géographie qui devenait de plus en plus abyssale. Chaque fois que je rentrais à la maison, il était en train de dormir. Il ne lui restait désormais plus rien à dire. Je déduisais des traces qu'il laissait ce qu'il avait fait en mon absence : il avait bu une demi-tasse de café, grignoté un peu de fromage ; vu l'état de ses sandales, il avait pris l'air un moment dans le jardin et il avait écrasé les fruits qui se trouvaient par terre en se promenant à pas vacillants autour du mûrier ; il avait regagné sa chambre avant mon retour et, pelotonné sous son drap froissé, avait dormi sans envie…

La nuit, lorsque je me retirai dans ma chambre, je l'entendais se promener dans la maison. Il allait aux toilettes, ouvrait le réfrigérateur, descendait à la cave et rapportait du vin ; à chacun de ses pas, de nouvelles pièces s'ajoutaient. Je n'avais pas le courage d'être présente à ses côtés. Le mûrier ne vivait que pour la mûre, la nuit pour la nuit, quant à nous nous ne vivions que l'un pour l'autre. Des semaines et des semaines s'écoulèrent de la même manière. Nous savions à travers les murs ce qui se passait à la maison.

Dehors, c'était le temps des vendanges. Soudain je me suis vue au milieu de tous ces gens qui, sortis de table, envahissaient les rues et se baladaient tout autour des étals de raisin installés devant les portes ; ignorant le vin, ne sachant pas le goûter, ils participaient à des dégustations avec une curiosité totalement impudique sans accorder d'importance au long passé qui s'exprime dans la peau cireuse de chacun des grains comme dans la maturité d'un pied de vigne. Au coude à coude avec les vacanciers venus de très loin pour les vendanges, j'achetai un collier en onyx à la kermesse qui se déroulait sur la place, autour de la femme en bronze. J'allai ensuite écouter le concert donné à l'intérieur de la tour, puis, comme tout le monde, partis marcher le long de la plage en mangeant une glace et en contemplant les kilims exposés par les villageois turkmènes. Une fois arrivée au bout de la digue, je disparus puis réapparus sous la lumière rasante du phare. L'écume de la mer mourait à mes pieds. Les groupes allaient tous dans la même direction et repartaient brusquement en sens inverse, toujours au même endroit ; ils dessinaient en plein milieu du bourg un huit gigantesque qui se répétait. Mon père m'avait enfermée à l'extérieur. En plein milieu d'une solitude peuplée.

En dehors de ce flot coloré, il y avait d'autres groupes dans les rues situées à l'écart du quartier. Des gens pauvres, peu intéressés par le vin, qui vivaient véritablement les vendanges... Des familles nombreuses, au teint cuivré, collées les unes aux autres. Ils mangeaient des pastèques, tous ensemble, affalés sur les trottoirs devant des maisons laissées à l'abandon dont le toit pouvait s'écrouler d'un moment à l'autre. Les femmes portaient trois épaisseurs de vêtements, leurs mains étaient énormes. A part un ou deux hommes, il n'y avait que des femmes ou des enfants. Ouvriers agricoles, ils étaient venus là pour récolter le raisin. Eux que le fruit divin avait oubliés, eux qui avaient tant souffert de l'aigreur du vin. Lorsqu'ils partaient à la vigne, seule une vieille femme restait là. Elle passait sa journée à cuire du pain sur une plaque de tôle reposant sur le feu allumé entre deux pierres. Elle enfournait des sucreries dans la bouche des enfants qui tournicotaient autour d'elle. Hormis leurs lits de coton, ils n'avaient aucun objet de valeur. Entassés dans une camionnette sur le ferry, ils avaient traversé la mer en se tenant les uns aux autres. Une fois arrivés sur l'île, ils s'étaient installés dans des maisons sans portes louées par les propriétaires des vignes et couchaient là, tous ensemble, les uns sur les autres, sur des châlits de fortune. La nuit, quand je passais devant leur logis, j'apercevais leurs jambes entrelacées. Des talons noircis, grands et petits, dépassaient du seuil de la porte. Leurs rêves aussi s'entremêlaient. La lassitude de se réveiller d'un rêve commun peignait le désespoir sur leurs visages. Sans franchir la limite de l'espace vital qu'ils avaient tracé devant leur logis, sans prendre part à la fête des vendanges, ils allaient ramasser nos raisins. Elle avait beau les dominer, la mer était tout de même très loin, ils la voyaient depuis le flanc d'une montagne.

A force de les regarder, je me remémorai le visage brumeux de ma mère. Les traits se complétaient, une jeune femme en train de préparer sa valise se dessinait dans ma tête. Au bout de ses longs cils brillait une énorme larme prête à tomber. C'était vraiment une femme de la montagne, ma mère. Venue d'un monde sombre aux sourcils froncés, elle regardait la mer comme si elle voyait pour la première fois de sa vie un homme blond.

Je marchais machinalement dans les rues tortueuses. Imprégnée d'une puissante nostalgie, je façonnais un éloignement à ma mesure, sur les trottoirs en pierre que je connaissais par cœur. C'était quoi le lointain ? C'était ma mère évidemment... Quoi d'autre ? Les veines en spirales de la feuille soyeuse de mûrier ! Et réussir à trouver dans ces spirales les ressemblances entre les lieux... Oui, mais que signifie une montagne, une rivière, un pont, que signifient les murailles qui entourent une ville, les aqueducs et tant de choses encore que je ne connais pas, que signifie tout cela ?... Je m'aperçois tout à coup que je suis devant le bar à soupes. On est le 29 août. Les ombres ont disparu avec la lumière du soir, Nevin Ünsal, revêtue d'un maillot de corps pour homme à l'encolure affaissée, était perchée sur une chaise sous la photo de mon grand-père et, l'air las, coupait en petits morceaux des têtes et des pattes de mouton. J'étais à l'endroit le plus éloigné de l'île que j'étais capable d'atteindre. Cela signifiait que je n'étais pas si inconsciente que ça en marchant. Nevin Ünsal me vit. De ses mains grasses, elle me fit signe de venir à ses côtés, on aurait dit qu'elle m'attendait depuis longtemps. Pour expliquer un autre éloignement provoqué par les chamboulements de la boutique de barbier de mon père.

Sans prêter attention à la fête qui se déroulait à l'extérieur, elle raconta jusqu'au milieu de la nuit l'histoire de sa vie et sa légende. Je comprenais à présent que même les plus anciennes légendes avaient pour origine des vécus antérieurs, que chacune d'elles était une métaphore du présent.

Mais son histoire était vraiment insoutenable. A force de l'écouter, je fus envahie par la colère. C'était la lutte pour se maintenir en vie d'une femme ballottée de ville en ville, de mari en mari, de pire en pire. Quant à sa légende, c'était l'unique source de son cerveau limpide, et ce qui lui avait permis de rester en vie.

Elle avait mentionné la peur de l'immortalité de ses ancêtres géorgiens qui montaient sur les plateaux pour attraper une abeille du Caucase. Ils vivaient sur un plateau sans cimetière, entourés de brouillard et ils considéraient comme le courroux de Dieu la longue vie que la montagne leur offrait. Chaque printemps, un grand nombre d'entre eux partaient dans différentes directions afin de chercher la mort et jamais ne revenaient. Personne n'avait été témoin de la mort de quiconque. On pleurait toujours quand on perdait l'un d'entre eux, disparu dans les brouillards. Ils suffoquaient en raison de ces pertes incessantes d'êtres en pleine santé dont ils se rappelaient à jamais et, dans les élégies poignantes qu'ils récitaient, ils ne vantaient qu'une seule chose, la mort comme source de vie. Nevin Ünsal était l'une des petites-filles de ceux qui désertèrent la montagne, elle savait très bien combien il était funeste de se laisser abuser par la montagne. Tout en tirant des bouffées profondes de la cigarette qu'elle tenait entre ses doigts sales, elle formulait des phrases brumeuses.

— Le problème essentiel, c'est le brouillard, avait-elle dit. En vivant dans le brouillard, tu ne peux même pas voir la mort.

Les ancêtres de Nevin Ünsal prirent pour une vérité toute blanche la vue qui s'étendait sous leurs pieds comme une pelote de laine. Alors que le brouillard était un rideau de papier pelure où se mêlaient le jaune, le gris et le blanc, alors que pour déchiffrer la langue de la montagne ils auraient dû percer son mensonge, ils auraient dû trouer le brouillard. Au bout du compte, toute montagne était née d'une véritable mer. Il est aisé de voir la mer sur les coquilles des créatures marines arrimées sur les roches des plateaux. Ce n'est qu'ainsi qu'ils auraient pu s'ouvrir à la vaste étendue d'eau qui faisait partie du passé de la montagne. Malheureusement ils ne purent pas le faire. Avant la montagne, il y avait d'abord son brouillard. La mer était à l'autre bout du monde.

Je ne pus m'empêcher de lui demander :

— C'est parce que tu aimes la mer que tu es venue ici ?

— Non, répondit-elle de façon déterminée, je suis venue là parce que j'aime la montagne.

CHAGRIN

“Combien notre maison était bruyante autrefois, tu te rappelles ? Tu t’obstines à dormir pour créer de la solitude et, moi, je ne peux pas m’empêcher de regretter le temps bruyant de mon enfance. Les objets étaient les mêmes, leur matière semblait différente. Si un objet en heurtait un autre, ou quelqu’un, une autre personne, on percevait un tintement et nous nous regardions alors en nous demandant d’où il venait. J’étais la plus petite. De nous tous, j’étais celle qui entendait le mieux les bruits. En plus, si l’on compare à maintenant, il était plus facile de répondre aux questions que je me posais. La vie ne pouvait pas se diviser. Elle était unique. Quand une chose changeait, tout changeait et finalement j’avais l’impression que rien n’était modifié. Je me croyais une graine. Comme si j’étais entrée en Ecmel par la bouche et en étais sortie par le bas. Comme si j’avais commencé à grandir dans son gosier. Elle était mon premier temps, mon premier cocon.”

...

“Te rappelles-tu ? Quand Mercan rentrait de la pêche, il cherchait Ecmel dans la maison, avec une émotion à peine perceptible. Il lui offrait les poissons qu’il tenait dans son giron, comme s’il offrait un sacrifice à une déesse. Ecmel contemplait les poissons avec une admiration sans réserve, elle ne pouvait pas se résoudre à les écailler au couteau. Elle prenait d'abord l'un d'eux par la queue et le laissait pendre vers le bas. Elle effleurait chacune des nageoires, jouait avec les ouïes. Le poisson était pour elle un rêve que la mer avait fait et ce qu'elle touchait, une créature de rêve. Durant ces moments-là, Ecmel et Mercan ne se regardaient jamais. Les choses se transmettaient du bout des doigts. Jamais au grand jamais ils ne se touchaient. Lors du repas du soir, nous ne nous parlions pas. L'admiration d'Ecmel pour la mer éblouissait nos yeux de sa phosphorescence. Elle mangeait le poisson sans le blesser. Sans le déchiqueter. Elle en extrayait l'arête sans dommage. Je m'asseyais à côté de Mercan et Ecmel à l'autre bout, en général près de toi contre qui elle appuyait son épaule droite tandis que son coude gauche désignait toujours Mercan. Moi je me tournai toujours vers le côté désigné par ce coude. C'est tout… Je crois que toute la confusion vient de là. Si je ne t'ai pas vu, c'est parce que ma mère ne t'a pas montré. Alors, tous les deux, toi et moi, deux êtres entourés par la mer, nous nous retrouvions dans l'indécence d'un rapprochement irrésistible. Nous ne pouvons rien y faire. Nous devons supporter."

…

"Hier j'ai lu un livre de nouvelles. L'auteur est une femme, morte à un jeune âge. Fort malheureusement, elle n'a pas pu terminer son ouvrage. Les textes, ébauchés, sont incomplets. Ils sont parus avec une préface qui présentait des excuses quant à l'erreur de programme commise par la nature. Je pensai alors à toutes sortes de situations d'incomplétude. Le fait que le texte inachevé paraisse impliquait qu'il ne serait jamais achevé dans la même langue. Ces nouvelles auraient pu aussi ne pas avoir le même sort si l'écrivain avait trouvé le temps de les terminer. Parfois ce n'est pas l'écrit, mais l'écrivain qui se réalise à la lumière de son œuvre antérieure, ils l'enterrent avec son caftan illuminé par la capacité à transformer en nouvelle tout ce qu'il touche. Sa parole inachevée trace un cercle autour de sa vie inachevée. La nouvelle est à sa place… Dans ce cas, il me faut écrire. Je suis l'absurdité même que crée la littérature. Je suis une phrase rejetée au mauvais moment du corps de ma mère, une phrase qui se prolonge d'elle-même. Je suis expliquée et encore et encore dans les enfilades de mots qui progressent sur des lignes parallèles pour ne pas être avalés dans leur propre tourbillon. Mon image se féconde par elle-même. Je tremble.

Etre,
là en plein milieu
devant tout le monde,
me fait honte."

…

…

"Je sais que tu ne m'écoutes pas. Tes paupières tremblent, ton visage est très dur. Tu ne dors pas, tu te réfugies dans le sommeil. Que tu écoutes ou non, je te raconterai quand même. De toute manière, tu entends au-dedans de toi.

Une des nouvelles se passe au sommet d'une montagne du Nord. Il y a deux hommes, l'un est jeune, l'autre plutôt vieux. Tous les deux, les mains jointes derrière le dos, regardent les deux hautes montagnes qui se dressent devant eux. Le jeune demande au vieux : «Laquelle des deux est Marsis, grand-père ?» Le vieux répond : «Celle de gauche, la plus petite.» Le jeune la regarde et s'indigne : «Marsis était la plus grande !» Le vieil homme, comme si la montagne était sa propre création, dit au jeune homme : «Désormais, Marsis sera celle-là pour toi.»

C'est magnifique, n'est-ce pas ? Si nous étions tous les deux des héros anonymes, si nous pouvions y parvenir, nous serions capables de dominer une montagne. Dominer une montagne…"

…

"Cela t'indiffère ? C'est impossible. C'est parce que tu ne parviens pas à être indifférent que tu te réfugies dans le sommeil ! Tu es lié désormais au chagrin dont tu te plains. Les chiens sont morts de toute manière. Il ne te reste plus aucune raison de rester éveillé. Tu avances, pris dans ce mouvement incessant qu'est ton obsession de t'arrêter. C'est un mouvement meurtrier qui veut arrêter l'ombre. L'ombre est l'esprit de toute chose. Même si elle disparaît la nuit, elle réapparaîtra le jour, tu ne peux pas l'empêcher. S'arrêter c'est se rappeler. Tu ne peux pas arrêter la marche du souvenir."

…

"Désormais, il t'est possible de ne rien raconter. D'ailleurs je n'ai plus le courage d'écouter quoi que ce soit. Pour essayer de te faire parler, je suis passée par toute la tristesse du monde. J'ai navigué entre la bibliothèque et les vignes, les champs de coquelicots et la rocaille couverte de thym, entre les roches incrustées de lapis-lazuli et les foires. D'incroyables rumeurs se sont répandues à mon sujet. Ils ont raconté que j'allais te tuer et ils se sont mis à l'affût. Maintenant, oui, maintenant, je commence à saisir le nature de cette rumeur. La rumeur est le scénario des attentes, la maturation en couveuse de ce qui ne s'est pas encore réalisé… C'est toi qui en es à l'origine, je le sais : une nuit tu t'es assis devant tes faux frères dont tu trouvais la vie bien plate et, prenant ton chagrin, tu y as taillé une pierre de quatre-vingt-dix-neuf faces en forme de goutte où tu as rassemblé toute ton histoire, du début à la fin, chacune de tes colères depuis ton cheval de mauvais augure jusqu'à ton père fabulateur, depuis ton frère ennemi jusqu'à ta femme cruelle. Juste afin d'assurer la cohérence de ta vie, tu as mis ton chagrin sur la balance et tu as échafaudé ta vie en disant : «Ma fille va me tuer, ma fille va me tuer, ma fille va me tuer !»

Et moi alors, qu'est-ce que je suis ? Ton bras droit tranché par une hélice ? La monstruosité d'une main ? Le mouvement de tes doigts qui s'agitent dans l'obscurité pour faire tomber goutte à goutte le vin dans ta bouche ? Je suis tes fièvres puerpérales ! L'être néfaste que tu as produit de ton propre corps. Je suis la vengeance que tu as nourrie dans ton sommeil. A la fois ta bienfaitrice et ton bourreau ! Je suis ta nouvelle femme revêtue d'une pèlerine taillée par tes propres mains dans l'obscurité et qui se dresse devant toi, sa bouteille de poison à la main. Meurs papa meurs ! Puisses-tu vivre tout seul ta propre mort !"

...

...

...

"Il y a longtemps que je n'ai plus trouvé l'occasion de dire ce que j'avais à dire. Depuis des mois, presque chaque soir depuis que je bois mon vin, je fais le même rêve. Chaque nuit, on me fait manger une bouchée de gomme à paraboles et à force de faire ce rêve mon œil a appris à regarder à la place de l'autre. Ainsi je peux prendre la place de chaque chose. Les concepts que mon esprit n'assimile pas, chaque sentiment, un à un, me pénètrent sous forme de pensées à l'état pur... Dans un coin blanc de mon sommeil que le monde ne peut atteindre, je découvre spontanément la vie. A force de t'observer ainsi pelotonné, avec ton bras replié sur le visage et le menton qui tremble, la membrane qui recouvre mon œil se déchire.

Je dis cela pour que cela se sache : Dorénavant, nul autre que moi ne pourra écrire mes mots sur ma poitrine !"

...

"Je peux supposer maintenant comment tu as choisi ta femme. Un matin où tu t'étais réveillé avec des sons inhabituels, quatre ou cinq ans avant ma naissance, installé aux premiers rangs d'une scène fort confuse entre les beuglements des animaux et les cris fracassants des hommes, il te suffit d'un regard pour trouver ta future épouse parmi les jeunes villageoises venues des montagnes qui, entassées sur des caïques à moteur au milieu des troupeaux, étaient déversées sur le port, le visage pétrifié par la peur de la mer. Cela ne se passa-t-il pas ainsi ? Tu choisis celle dont le blanc des yeux était le plus brillant, celle qui avait le plus peur. Tu avais aimé son allure voûtée ! L'inquiétude du chat terrorisé... Paniquée d'avoir été séparée de sa contrée, elle marchait collée à sa famille. Avec ses habits usés, ses pieds nus et sa paillasse sur le dos, elle semblait près de se liquéfier. Les gendarmes logèrent ces villageois venus des montagnes dans les anciennes maisons grecques laissées à l'abandon. Les nouveaux venus bâtirent aussitôt des abris près de leurs maisons pour installer leurs animaux, quant à ceux qui n'avaient pas de maison, ils dormirent à côté de leurs vaches et de leurs moutons. Tôt le matin, au son des petites clochettes, laissant derrière eux une forte odeur de bouse, ils menaient leurs troupeaux à travers les rues et grimpaient sur les collines rocailleuses où poussait le thym. Ils ne connaissaient pas le raisin ni les olives. Ils voyaient pour la première fois les coquelicots qui tapissaient les prés au printemps. Jusqu'à ce que leur vie, composée de la couleur du lait et du sang, s'adapte au vert embué de l'île, il y eut des bagarres quasi quotidiennes. Tu avais choisi Ecmel parmi les montagnards. Pour voler l'exotisme de son regard et enchaîner sa très probable incapacité à quitter l'île seule !"

...

...

"Mais tout ce qu'elle avait perdu, la montagne, la forêt et l'eau courante, la vallée sans fond et le gouffre, Ecmel l'avait redécouvert. A force de tâtonner, elle avait retrouvé la beauté incandescente de l'île. Ses jambes musclées s'habituèrent aussitôt au plat. Ses cheveux virèrent au châtain. Le sel prit la place des flocons de neige. Tout ce qu'elle connaissait sur le continent se transforma pour elle en créatures nanties de branchies. Toi tu étais un artisan dont les mains sentaient la lotion de rasage, alors que Mercan était encore un animal prêt à être trompé par le fil de soie flottant au bout d'une canne à pêche. Il était le souverain à branchies de la mer, qui connaissait la peur du filet, l'affolement du harpon."

...

"La nuit où tu es parti en mer pour prendre la place de Mercan, lorsque tu es revenu tu avais volé la mer d'Ecmel. Comment as-tu pu faire cela ? Comment ?"

...

...

...

APPEL

Lors du dernier Jour de l'an, il se passa une chose étrange. Juste au moment où je pensais que s'apaisait la tempête qui soufflait à la maison... J'avais rassemblé la douleur diffuse avec les mots qui se trouvaient sur la trajectoire de mon corps, et – sachant que je ne pouvais pas l'expliquer sans parvenir au mot juste qui avait été marqué au fer rouge sur ma poitrine – je l'avais posée au-dessus de ma tête, elle avait la grandeur d'un livre. Je me tenais très droite. Tel un noble en exil. Je m'étais rapprochée de moi-même au point de ressentir le plaisir qui renforce l'idée de tristesse. Je m'étais réconciliée avec mes organes qui me semblaient auparavant appartenir à quelqu'un d'autre. C'était ma main qui m'était la plus proche.

J'avais trouvé le calme quand mon père dormait. En passant mes nuits à délirer sous l'emprise de la boisson, j'avais distillé mon sang et obtenu de l'or pur. Ma peine avait la valeur d'un bijou. Je la portais à mon doigt comme un anneau. Mon intérieur et mon extérieur s'étaient séparés l'un de l'autre de façon définitive. J'étais une créature enchevêtrée, enveloppée d'une membrane de douleur à l'intérieur et recouverte d'une coque à l'extérieur. J'étais devenue en partie cruelle. Afin de protéger de la morale établie le livre honteux que je portais sur la tête…

Yorgo m'avait invitée pour le repas du Nouvel An. J'avais revêtu une robe de ma mère, couleur bois de santal. Elle était légèrement serrée à la taille et à la poitrine, mais peu m'importait. Je m'étais habituée à mon corps. Quand j'ouvris la porte, il eut l'air plutôt étonné. Nous prîmes ensemble la direction de la taverne. La tempête soulevait nos pieds. Nous marchions difficilement, nous nous tenions aux murs. Sans le faire exprès, nous marchâmes dans des flaques d'eau. Le froid engourdit nos pieds. Les rues étaient désertes. Il restait encore cinquante maisons à franchir. C'était toujours à cet endroit-là qu'on renonçait à aller plus avant, nous en avions l'habitude. "On aurait dû emmener ton père", dit Yorgo. Le vent étouffa sa voix. "Il ne sort pas de sa chambre, comment pourrait-il aller dehors", dis-je. Au milieu du trajet, il y eut une coupure d'électricité. Nous nous retrouvâmes dans l'obscurité totale. Le vent était incisif. *Tu sais Yorgo, si nous parvenons jusqu'à la taverne, nous serons capables d'aller partout.*

La taverne au toit de zinc avait bien changé. Des châssis en bois avaient été fixés au plafond et l'on avait remplacé les tables. Des bougeoirs en fer forgé étaient accrochés aux murs et il y avait aussi des bougies sur les tables. La lumière vacillante des flammes ombrait les visages. Je n'arrivais pas à lire les regards au fond des yeux sombres enterrés dans les profondeurs. Un jeune homme assis sur une chaise haute posée sur une estrade étroite jouait de l'accordéon. Yorgo et moi nous assîmes à l'extrémité d'une table toute en longueur. Latife Keşal était à côté de moi. Nous étions à la même table qu'Osman et Gülşah Melek, qui ne quittait plus ses habits noirs depuis la mort de son fils, İlias et Angélique Ritsos, Rıza Filiz et sa jeune épouse Songül Filiz qui était auparavant sa belle-fille. Le lieu était bourré à craquer. Contrairement à ce que j'avais imaginé, je ne ressentis aucune tension durant les premières minutes. Ils furent relativement discrets à mon égard. Personne n'osa me demander des nouvelles de mon père. Ils avaient rayé Kutsi Karaca de leur liste, avec une grande facilité. Ils l'avaient jeté en bas du pont fragile tendu entre "être" et "qui être". Cela ne faisait aucun doute. Malheureusement "qui être"... en tant que "quelqu'un" c'était apprendre un rôle conçu en fonction des besoins des autres. Ils avaient déjà enterré Kutsi Karaca, avant même qu'il ne meure. Lors du repas, on évoqua la vie de l'île qui ne cessait de se dégrader. Après avoir abordé différents sujets, la conversation s'orienta vers les souvenirs d'enfance. Il ne fut jamais question de mon père.

Yorgo but du raki et moi du vin. On nous demanda quand nous allions nous marier. Yorgo répondit en disant : "C'est madame qui sait." Ce qui les fit beaucoup rire. A l'approche de minuit, on dansa un tango en novices. Lorsqu'on en vint aux danses traditionnelles, Latife Keşal ne tint plus en place. De longues mélopées, des élégies et des démonstrations de danses plutôt cocasses se succédèrent... Les bougies fondaient. Dehors la tempête grondait. Les vagues cognaient contre les fenêtres côté mer. A minuit, j'embrassai tous ceux que je parvenais à trouver dans la pénombre. Certains me murmurèrent des paroles douces à l'oreille ; je n'étais pas heureuse, je m'étais juste étourdie, pour la première fois depuis longtemps, c'était tout…

Après minuit, de nouveaux *mezze* remplacèrent ceux entamés. La taverne se vidait lentement, mais à notre table personne ne quitta sa place. Nous ne voulions pas rentrer à la maison. Nous étions vautrés sur nos chaises, les bras étalés sur la table. A chacun de nos mouvements, un verre se renversait ou une fourchette tombait par terre. L'accordéoniste commença à jouer des chansons tristes. Les serveurs allumèrent de nouvelles bougies. A la fin, il ne resta plus que Yorgo et moi. Les serveurs firent comme si nous n'étions pas là et mirent les chaises à l'envers sur les tables pour balayer le sol. Yorgo était soûl. Il ne tenait plus sur ses jambes. Je le ramenai jusque chez lui. Il vomit deux fois en cours de route. Je lui essuyai la bouche avec la manche de mon manteau. Je réalisai une fois encore que j'en avais assez de lui. Le prenant sur mes épaules, je le traînai jusqu'à sa porte. Son bras droit me pinçait le cou.

Le jour avait commencé à blanchir, la tempête s'était calmée. Il faisait un froid vif, revigorant. Je boutonnai le col de mon manteau et marchai jusqu'à la digue. J'étais légère comme une bulle de savon qui tirait sa force du vide. A chaque pas, je croyais que je m'envolais. Des corbeaux volaient au-dessus de ma tête, ils poussaient des cris déchirants. Je regardai pendant un long moment la mer attaquer l'île. Les vagues qui s'écrasaient sur la digue avaient la taille d'un homme, l'air gonflé de sel me brûlait la gorge.

Ne résistant pas au froid, je marchai rapidement vers la maison. Il était près de six heures. A l'approche de notre rue, un appel triste tinta à mes oreilles. Comme une supplication. Je m'arrêtai un temps et y prêtai attention. Le son venait de chez nous. Une plainte à peine perceptible. Je marchai sur la pointe des pieds, franchis le mur du jardin et m'approchai de la porte. Je vis mon père. Il était dans le jardin. Debout sous le mûrier, un œil dirigé au loin et l'œil aveugle pointé sur moi, me semblait-il. Je l'observai en secret. Il avait sur lui un vieux pull distendu. Il tremblait de froid. Sa barbe et ses cheveux étaient entremêlés.

Derrière lui, se trouvait la lune, devant, le soleil naissant… Il croyait qu'il n'y avait personne d'autre en ce monde. Seules les pierres l'écoutaient. Alors qu'il pleurait sans retenue, propageant sur toute la surface de la terre la solitude de l'île, grandissait dans sa bouche ce petit mot qui nous ensorcelle tous :

"Maman !… Maman !…"

COMPASSION

J'ai oublié le nom du vent qui souffle au-dehors. J'ai oublié quel jour on était… Les rayons du soleil sont longs et chauds. Tout autour de nous les chatons pullulent. Et dans ma vie, il y a un homme en train d'agoniser. Allongé sur le divan, à côté de la fenêtre de mon salon, il incarne la douleur. Je ne peux rien voir au-delà de cette douleur. Il a beau être couvert de pus, son apparence ne cesse de s'ennoblir. Une sphère immense, à forme humaine, rendue brillante par le sel de la sueur. Penché sur la vérité muette sise derrière un œil recouvert d'une pellicule blanche, il crée un temps à sa mesure. Tout mouvement est alors largement amplifié. Il peut entendre par exemple la plainte qu'émet une feuille qui tombe ; et aussi les ravages du sable sur la vitre. Je comprends cela en voyant que la sphère se dilate ou se rétracte à chaque mouvement fortuit comme le remous d'un rideau ou l'écoulement de la résine dans un morceau de bois. Je tente, autant que possible, de rester silencieuse. Mais il est sensible au point de sentir l'effleurement de l'ombre. Il est maintenant au centre même de l'univers. Il expérimente le rêve ancestral d'unicité. Mais peut-être est-il tout simplement engourdi par la douleur, en train de s'illusionner sur l'unicité de l'univers ?

Les derniers jours, la vérité commença à devenir trouble. Ebranlée par l'éclat de la pleine lune dans la nuit, j'aboutis à l'idée de l'impossibilité de la paternité. Le sentiment d'être orphelin perd alors son sens. Tout "être sans" est à la bonne place : être sans maison, être sans patrie, être sans langue, mais la tristesse d'être sans père fait place au chagrin de l'absence de fécondation. Le fantasme d'auto-engendrement dans le vagin de la Vierge réveille peu à peu secrètement en moi le désir de prophétie. J'ai l'intention d'être quelqu'un qui conte des paraboles. C'est la raison pour laquelle c'est Jésus que je préfère parmi les prophètes qui ont traversé l'Histoire. Parce qu'il s'est bien adapté au monde du rêve humain. Voir en ce corps efféminé et chétif de trente ans la force de supporter toutes les souffrances de l'humanité montre l'originalité transcendante de sa pensée créatrice. Je veux m'unir au corps universel entré en agonie et monter au ciel ; à force de monter jusqu'aux profondeurs de l'espace, je veux me dilater et devenir vapeur, puis, à force de me dilater, me refroidir, me décomposer en gouttes, me cristalliser et retomber sur terre. Est-il unique, cet univers dans lequel je vais me plonger ? Je l'ignore. J'ignore aussi s'il est infini ou non. Pour l'instant toutes les données montrent qu'il est unique et infini. L'homme a beau ne pas s'en sortir avec son esprit et vivre asphyxié par l'angoisse de la mort et l'idée insupportable d'infini, je pense qu'il doit bon an mal an porter sa croix et cela doit être possible s'il réduit cet univers à son être.

Au Moyen Age vécut un homme curieux du nom d'Ibn Kıftî Useybia. Il était considéré comme un scientifique de grand talent qui dominait le monde matériel et spirituel, de la physique à l'astronomie et de la théologie à l'astrologie. Un souverain, qui avait entendu parler de sa renommée, l'avait fait appeler en son pays pour qu'il guérisse le bouton d'Alep qui recouvrait sa joue droite et qu'aucun des médecins du palais n'avait réussi à guérir. Le scientifique demanda d'abord aux messagers, venus à pied et ayant fait route durant un an, quel genre d'homme était leur souverain. Vertueux ? Moral ? Est-ce que ses prisons étaient pleines, ses salles de torture remplies ? Est-ce que ses lois étaient justes ? Il ne cessa de poser des questions de ce genre les unes après les autres... Ibn Kıftî Useybia était quelqu'un qui avait des principes et des intentions nobles ; parce que guérir un roi cruel était contraire aux lois écrites dans le livre de Galien, *Un médecin vertueux doit être un philosophe*, qu'il avait lu en grec. Les messagers énumérèrent des nuits durant les belles qualités de leur souverain et finirent par le persuader. Ibn Kıftî Useybia, arrivant près du souverain après un voyage pénible, soigna le bouton d'Alep en un mois avec une poudre de plantes. Il resta tout de même un creux important sur la joue droite de son patient. Le souverain voulut que cette trace soit effacée. Ibn Kıftî Useybia lui dit que sa puissance ne suffisait pas pour effacer les traces visibles et invisibles de la vie. Selon lui, la trace était un bienfait, l'empreinte du temps passé dans son corps. Le souverain grâce au savant s'appropria la laideur qu'il y avait sur sa joue droite, puis il ouvrit au savant sa bibliothèque privée où se trouvaient des milliers de livres. Quand Ibn Kıftî Useybia, qui avait été élevé pour absorber avec pondération tout ce qu'on lui enseignait depuis sa jeunesse et jusqu'à son âge avancé, vit, rassemblés sur les étagères, qui s'étendaient tout le long des corridors sinueux, les parchemins, les manuscrits, les textes saints écrits de la main des calligraphes les plus réputés, les concepts animistes, les écrits des philosophes grecs, l'œuvre d'Avicenne, les correspondances secrètes des gnostiques, les récits de voyage et encore des milliers de livres jamais ouverts, il abandonna son attitude posée et docile et fut pris d'une volupté d'apprendre à en devenir fou. Il voua toute son existence aux livres sans mettre un pied hors de la bibliothèque durant vingt ans selon le temps du monde et sept selon son temps à lui. Au bout de vingt ans, quelques heures après avoir fini de lire le dernier livre, il mit le feu à la bibliothèque. Quand, vieil homme qu'il était, il sortit du bâtiment en feu, ils lui demandèrent pourquoi il avait fait cela. Il se mit à crier : "Un seul livre ; donnez-m'en l'occasion et j'expliquerai l'univers à l'aide d'un seul livre !"

A force d'observer sur le divan de mon salon la sphère de douleur qui grandit sur les draps jaunis, je n'arrive pas à comprendre lequel de nous est pris du désir de rencontrer l'unicité. Je me demande qui a cette folie ?

J'ai les nerfs à fleur de peau.

Quand je travaille dans la bibliothèque les murs viennent sur moi. Je n'arrive pas à respirer. Quand je sors, j'emprunte les rues de derrière et rentre chez moi par le jardin pour ne rencontrer personne. De toute manière, les gens ont peur de se retrouver nez à nez avec moi. Je suis une chose cassée dont chaque morceau est remisé à l'intérieur. De l'extérieur, je suis d'une pièce, en dedans je suis en mille morceaux... J'ai de nouveau perdu mon unité. Quand je me regarde dans le miroir, je ne peux ni me mettre en colère contre mon côté droit ni me consoler avec mon côté gauche. Face à moi surgissent toutes sortes de Leylan pâlissant sous le sentiment de culpabilité. Elles ont été écrites différemment dans les livres. L'une peureuse, l'autre non confiante, l'une excessive, l'autre en colère, chacune riposte en raison du chagrin dont elle se souvient. Toutes à la fois me hurlent au visage la tristesse d'avoir été abandonnées. Chaque fois se dresse devant moi, semblable à un vieil épouvantail en lambeaux, aux bras cloués sur les épaules, une fille aux embryons de seins douloureux, pétrifiée sur place de voir sa mère partir. Il faudrait au moins réparer l'épouvantail. Cet épouvantail... devrait au moins... être réparé.

Je lutte. Bien évidemment, j'ai certains projets pour me protéger du sentiment de destruction qui se niche dans les yeux creux de l'épouvantail. N'arrivant pas à surmonter le fait d'avoir été abandonnée, je me console en admirant la volonté d'Ecmel qui lui permit de partir... Je ne cesse de penser à elle. Pour moi elle a toujours trente-cinq ans, les cheveux sur les épaules et une ossature de verdo. Elle est à la caisse dans un sauna situé au sous-sol d'un hôtel de troisième classe où se rendent habituellement les riches artisans alentour et les touristes arabes cherchant à évacuer la sueur et l'alcool, dans lesquels ils ont nagé jusqu'au matin. Elle est sur le point de fondre à cause de la vapeur. Sa peau est devenue presque transparente. Sa chair ne retient pas la graisse. Elle reste assise en permanence, languissante à cause de l'odeur d'eau chaude, sans voir la face du jour douze heures durant. Si elle se levait et faisait quelques tours, elle se sentirait soulagée. Mais elle ne se lève pas. Elle a peur de se faire remarquer. Elle sort de l'hôtel vers dix heures et elle prend deux autobus pour rejoindre l'étage de l'immeuble en ruine où elle loue une chambre. Entre les rues reculées et les pentes escarpées, entre les tunnels et les viaducs qu'elle atteint en sautant par-dessus les barres de protection des autoroutes, elle doit beaucoup marcher. La sueur se fige sur son dos. Ses sinus sont remplis, ses yeux toujours gris-bleu. Il y a d'autres femmes à l'appartement. Et toujours des querelles à l'occasion de la vaisselle ou pour les toilettes. La nuit, elles se retrouvent au salon et boivent du thé. Chacune avec une chemise de nuit différente… Qui permet de révéler qui elles sont et quelle vie elles mènent.

Ecmel supporte le sauna durant trois ans. Pourtant, le temps ne passe pas. Elle a encore trente-cinq ans, encore et encore ! Avant de commencer son travail, elle plie les serviettes, aligne les chaussons, faisant semblant d'ignorer les traitements particuliers assurés par la masseuse à certains clients, elle ramasse d'un air dégoûté les *peştamal* qui sentent le foutre. Même si elle essaie de ne pas juger la masseuse, elle reste loin d'elle dans la mesure du possible. Le jour où elle comprend qu'elle ne pourra pas obtenir l'augmentation qu'elle attend, elle quitte le sauna sans dire quoi que ce soit à quiconque. Quelques semaines plus tard, elle entre dans un atelier de textile à deux heures de chez elle. Un atelier de tissu peigné. C'est un lieu bruyant, les filles, toutes jeunes, écoutent la radio réglée au maximum et les machines à coudre industrielles font un bruit incroyable. Elle ne coud pas encore. Elle fait l'intermédiaire en se promenant parmi les "singéristes". Elle passe l'emmanchure cousue à celle qui fait les cols et ce que cette dernière a cousu à celle qui coud les poches. C'est un atelier étouffant où travaillent quarante personnes. Tout est envahi par la poussière de tissu. A force de marcher, son visage est couvert de petits bouts de fil. Les travailleuses toussent souvent. Ecmel rêve de devenir “singériste”. Le salaire est meilleur. Après ça, elle espère devenir coupeuse, ce qui se fait avec des gants d'acier, ensuite repasseuse et enfin contremaître. Elle écoute les plaintes des filles. Elle fait l'intermédiaire entre les travailleuses et le grand patron. Elle économise centime après centime. Lors des pauses de midi, se mêlant aux femmes qui affluent des ateliers voisins, elle s'adosse au mur. La rue d'à côté a encore subi une inondation. Un peu au-delà, la station d'essence a explosé, les gaz venant de la fabrique de fil se sont amoncelés au-dessus d'elles. Un verre de thé à la main, une montagne dans le cœur…

Après avoir amassé suffisamment d'argent, elle quitte la ville. Hormis ses habits elle n'a aucun effet personnel. Elle ne quitte pas le car pendant les arrêts. Elle attend le lointain en grignotant le biscuit qui emplit sa bouche.

Le jour où elle atteint le rivage de ses rêves, elle y loue un minuscule magasin. Où elle vend des soupes. Elle cuisine tour à tour des soupes de lentilles, de *tarhana*, de pieds de mouton, de têtes de mouton. Une nuit alors qu'elle prépare les pieds de mouton en souhaitant voir se répéter désormais tout ce qui doit arriver, que le lundi soit le jour des tripes, le mardi celui des lentilles, le vendredi celui du *tarhana*, elle remarque la jeune femme qui l'observe avec intérêt devant son magasin. Elle l'appelle et lui parle des contrées les plus reculées où l'on peut aller. Elle ne lui demande pas son âge ; pour ne pas l'identifier à l'enfant qu'elle a abandonnée auparavant.

Malheureusement, je ne peux supporter qu'un livre fasse état de cela. Même s'il devait ressusciter ma mère à chaque page ! J'aurais beau lire mille histoires de vies difficiles, aucune ne me permettra de retrouver le bijou que j'ai perdu. Tout doit être contenu dans un livre unique. Mon morcellement en huit et Ecmel et Mercan et Kutsi. Nous devons nous retrouver sous d'autres noms dans un *no man's land*. Quand on écrit, on doit écrire avec les sons inspirés par l'air, on doit plonger le regard au fond des gouffres où nous serons assis en tailleur. Nous devons nous élancer vers notre propre temps pour dégager nos vies prisonnières de l'inertie comme la bougie qui en cet instant est rongée de l'intérieur, telle une flamme qui se dévore elle-même. Mais auparavant nous devons séparer de notre chair nos esprits ivres de secrets. En prêtant l'oreille aux paroles venues du fond de la mémoire, nous devons être couverts de la suie du feu d'une célébration ancienne. Cela doit être écrit, mais nous devons nous couper de la vie au point qu'elle ne pourrait être écrite. Nous devons tous nous réfugier dans une unique tragédie comme des créatures endémiques ne pouvant pas vivre ailleurs.

Je le sais des beaux livres que j'ai lus. Des histoires que les créateurs, qui ne supportaient pas le silence de l'univers, notèrent pendant des heures durant lesquelles ils se gonflaient d'orgueil, sûrs de réaliser l'œuvre unique et incomparable ; cependant, l'ombre du passé qui planait sur chacune des lettres inquiétait ces écrivains pris de la même folie qu'Useybia. Mais, quitte à vivre cette inquiétude, je veux au moins cela ! Une histoire retardée qui avance page après page, même si elle est incomplète…

La compassion !

Ce mot doit être ancien. Il y a dans ses lettres des traces de sang, dans le son qu'il émet, un timbre affectueux. Une douceur issue de la cruauté. Comme un roi qui fait assassiner tous ceux qui s'approchent de lui et qui, une petite fois, gracie le condamné à mort. Je viens de poser la tête de mon père sur mes genoux. Ses cheveux sont trempés. Ses lèvres fendues par le vin sont couvertes de silence. Dans un murmure léger, j'ai commencé à inventer une histoire. Cela fait bien longtemps en réalité que je lis le livre imaginaire que je porte sur ma tête. C'est la première et la dernière fois que j'éprouve de la compassion pour lui.

Tandis que nous ne cessons de nous inspirer, pour une raison que j'ignore, de cette île aux multiples divinités, peut-être pourrons-nous, tous les deux, retrouver une autre unicité que j'élaborerai en dehors de moi. La nuit, en raison de l'admiration croissante que j'éprouve pour moi-même grâce à l'aide d'une vieille femme, ma pensée pourra atteindre son essence, dans ce "non-espace" que j'ai conçu, ballottée dans la douleur du morcellement durant la journée. Je dis ce que je peux. Nous nous réunissons tous les deux dans le ventre d'autres héros.

Ecoute, dis-je à mon père, écoute ! C'est un antidote contre le poison cette histoire. Je te promets un frissonnement prodigieux qui purifiera ton esprit. Ne t'inquiète pas… De toute manière cela finira après avoir atteint la cohésion. Peut-être seras-tu au bout du compte enveloppé d'un linceul fait d'écume de douleur. Quand tu mourras, ils ne creuseront pas plusieurs trous pour toi. Tu seras enterré dans un seul lieu.

OR

LE MONDE, A MA MORT

l'espace est anxieux, car la plaine caillou-
teuse est juste là
la surface de la terre ignore la mer
seuls quelques renfoncements humides
eh ! dieu unique pour chaque couple
le monde est tel que l'œil le voit
et mon esprit souffre en d'autres mondes
puisse l'homme cesser de féconder, la femme
ignorer sa maternité
le monde s'unifiera à ma mort
l'être est inquiet, le néant si près.

UĞUR AKTAŞ

UN

Ils étaient deux. L'un était un garçon, pourvu d'un seul œil, l'autre, un homme fluet. Il y avait aussi un cheval. Son ossature anguleuse signifiait au monde son accablement. C'était un cheval bien fatigué, Yâşur. Et malgré lui, il ralentissait le voyage.

Les mains du garçon étaient petites à cette époque, il avait tout juste sept ans. Ou peut-être huit, je ne le sais pas exactement. Toujours est-il que lorsqu'il partit en voyage il était aussi innocent que s'il n'était pas né. En plus, il gardait encore dans ses narines l'odeur de son père : une odeur de salé, de pourri… Celle d'un corps inerte, tout noir, qui se pétrifiait jour après jour. Après cette mort, à la place du sentiment d'absence qui allait s'amenuiser avec le temps, une douleur accablante peu à peu s'était abattue sur eux. Et c'est cette douleur qui les arracha à leur contrée.

Depuis qu'ils avaient quitté la maison, quatre pleines lunes avaient traversé la nuit. Le garçon avait tout juste commencé à comprendre le cours changeant du temps. Mais le silence, le silence engendré par les bruits de sabots, les craquements de branches et les crissements d'insectes, brouillait la perception du temps. Parce que l'homme fluet n'adressait pas un seul mot à l'enfant. A force de ne pas entendre sa voix, le jeune garçon voyait s'effacer de sa mémoire inexpérimentée les souvenirs qui le reliaient à cet homme : il ne se rappelait plus qui il était. L'homme fluet, indifférent à l'enfant, le regard rivé sur l'horizon, ne lâchait jamais les rênes du cheval, il ne se retournait même pas pour regarder si son escorte était en bonne santé. Le garçon suivait le crottin laissé par le cheval. Par nécessité. Il dirigeait ses pas vers l'endroit d'où venait la chaleur.

L'œil gauche du garçon ne s'était pas encore ouvert. Voilà sans doute pourquoi la vie précédant son départ était forgée selon ce que pouvait voir son œil droit. Il avait oublié quantité de détails concernant le lieu de sa naissance. Juste ce qu'il fallait pour avoir la nostalgie, il se construisait une maison dans son esprit. Une coupole en brique avec un trou dans le plafond par où passaient les rayons de lune… Ainsi vivaient-ils en famille dans un cercle parfait. Dans cette maison assortie à l'écorce terrestre, ils poursuivaient leur existence sans signaler leur présence au monde. La nuit, lorsqu'ils étaient assis autour du poêle en pierre au centre de la pièce, ils réduisaient l'univers à leur petit monde. Tandis que le feu crépitait, la nuit s'épaississait. Le silence devenait un mur noir, infini, un mur infranchissable. Les bûches se consumaient lentement, puis craquaient de temps à autre, l'intérieur de la coupole se mettait alors à rougeoyer. Le garçon pensait que la flamme était une créature sensible. Son frémissement fervent qui soumettait tout au silence, qui transformait une discussion animée en murmures posés, voire en chuchotements, était ensorcelant. En cet instant, l'univers se réduisait à attendre une lente extinction.

Ce qu'il n'avait pas pu oublier, c'étaient les minuscules débris d'or qui brillaient à l'intérieur des excréments.

Si éloigné de la maison fût-il, quel que fût la grotte ou le creux d'arbre où il tentait de dormir, jamais il n'arrivait à sentir l'odeur de résine. Car un tas de déjections ne quittait pas son œil droit.

Auparavant, tous les soirs, à la lumière d'une lampe à huile, installé dans une petite coupole, qui jouxtait celle où ils vivaient et qui faisait office d'écurie, il trempait ses mains dans la merde comme s'il jouait avec de l'argile et, sans se demander pourquoi il accomplissait ce travail, il triait l'or qui s'y trouvait. Au début cela s'apparentait à un jeu. Le sentiment de curiosité lui procurait indubitablement un plaisir exaltant. Comme si, retournant aux instants dégradants de l'homme, il s'appropriait sa propre crasse et se livrait à une répétition consciente.

Bizarrement, depuis qu'il avait quitté la maison, il regrettait toutes les mauvaises odeurs qu'il avait connues. Il avait la nostalgie des travaux répugnants qui tachaient l'orgueil de son corps, la nostalgie de l'éclat absolu du soleil qui, avec ses trois inclinaisons prononcées, divisait le jour en trois parties et annulait toute autre alternative du temps, la nostalgie de son histoire qui s'était arrêtée avec la mort de son père. Pour cette raison, il ne dormait jamais d'un sommeil profond. Seul son corps s'assoupissait. Son esprit demeurait en éveil. Il marchait en se disant qu'ils allaient nécessairement rentrer chez eux un jour ou l'autre, il mémorisait pas à pas les routes qu'il empruntait. Il ne pleurait jamais, malgré les herbes urticantes qui le piquaient furieusement et les arbustes qui lui déchiraient la peau. C'est ainsi que commença sa rupture mentale avec la douleur. Ce furent d'abord ses os qui s'habituèrent à ce long voyage. Le fait que son squelette devienne un guide sourd et impassible, totalement privé de sensations, lui avait facilité la tâche.

Un terrible jour d'hiver, alors que son vieux cheval s'était écroulé sur la neige après avoir trébuché, plutôt que de s'intéresser à lui, le garçon avait focalisé son œil droit vers le vide obscur et, quittant son corps, il s'était lentement élevé ; léger comme une plume, il avait observé la vision douloureuse de lui-même, de l'homme fluet et de Yâşur. Ce cheval, qui galopait dans le passé et qui avait pris dans son imaginaire l'apparence d'un jeune cheval totalement irréel, n'était plus qu'un corps chétif, au poil pelé, aux côtes saillantes et à la peau desquamée là où les tiques goulues s'étaient accrochées. Lui, qui pendant des années, sans mot dire, avait enduré les coups, les fers trop étroits qui fendaient ses sabots, les charges qui lui heurtaient le dos, était-il parvenu à transpercer le cœur du garçon dès l'instant où il dressa sur lui, d'un air désapprobateur, ses yeux injectés de sang ? Ou bien n'était-il désormais qu'un cheval transformé en une tristesse couleur de boue ? Le garçon avait vu. Il était alors dans cette toute petite portion de temps où l'on saute de l'état d'enfant à celui d'adolescent. L'époque où le regard est le plus pur. Vue de haut, chaque vérité qui ne pouvait s'exprimer en parole se révélait dans une autre langue. Un étalon se transformait en tristesse.

Je crois que le garçon faisait cela quand il voulait s'échapper du monde. Il quittait son corps tel un halo de lumière et laissait sur terre l'enfant au regard benêt. Alors, tout lui apparaissait avec limpidité. Quand la matière des couleurs se matérialisait, il pouvait discerner la limpidité du blanc, évocatrice de néant, ainsi que les faisceaux de lumière bleue, jaune ou rouge, qui composent le noir. S'il parvenait ainsi à mieux supporter la douleur physique, il n'en demeurait pas moins que ce qu'il percevait dans l'image au-delà de l'image était bien plus bouleversant. De retour sur terre, il lui arrivait d'avoir froid. La chair de poule et un terrible mal de tête. Cette faculté était issue de son immaturité opiniâtre. Quand sa pensée s'interrompait, il s'élevait soudainement, de façon inconsciente, il observait ce qui se passait en bas dans un état de pureté dont rêverait un derviche entré en retraite depuis quarante ans. S'il avait su qu'il s'agissait d'une échappée spontanée de l'esprit, il aurait certainement eu peur de ne jamais pouvoir revenir, de s'égarer dans les couloirs infinis du blanc, car autrefois les esprits appartenaient aux morts qui les confiaient aux vivants ; ils étaient froids et incroyablement purs. Pour en revenir au garçon – peut-être en raison de capillaires se prolongeant jusqu'au fin fond de son œil droit – il percevait totalement son esprit alors qu'il était bien vivant. Ressentir son propre esprit comme une enveloppe transparente où l'on peut entrer doit procurer une sensation incroyable. Malheureusement, il n'avait plus cette capacité. Il lui semblait avoir perdu depuis des siècles le sentiment de cette texture tissée à la finesse de toile d'araignée.

C'était aussi un enfant discret, qui pensait lentement. Voilà sans doute un peu pourquoi il se taisait malgré la fatigue qu'il ressentait à force de se faire ballotter entre les collines et les chemins pierreux, les berges des ruisseaux et les marécages. Mais il avait beau être happé par un tas d'images évocatrices qui lui permettaient de se remémorer presque chaque scène du passé, il ressentait un grand vide. Presque toute situation, même la plus banale, le faisait frémir en raison du sentiment de déjà-vu. Il se retrouvait aussitôt au milieu d'une scène, sous un faisceau de lumière, et se regardait de loin. Par exemple, il pouvait très facilement revivre l'instant de sa naissance, ce moment inconcevable qui se déroule dans une obscurité rugueuse.

Alors qu'il était sur le point de sortir, en faisant de gros efforts, de la matrice maternelle, au lieu d'écouter le battement de son propre cœur, il avait quitté son corps, le laissant seul. Sa mère était debout sous une poutre en bois surmontée d'une tête de bélier dont les cornes en spirale s'enroulaient trois fois. Les bras et les jambes liés à la poutre avec de grosses cordes en chanvre, nue au-dessous de la taille, le sang coulant par traînées vers les genoux, elle poussait des cris émouvants chargés de désespoir. Une légère lumière, venant de la fenêtre sud, s'infiltrait dans la pièce. Se plaçant juste derrière la flopée de péronnelles qui se trouvaient là, il se regarda traverser le vagin de sa mère. A la vue du bébé, les femmes commencèrent par se taire et par reculer d'un pas en murmurant des prières incompréhensibles. La sage-femme, sans tarder, empoigna la tête du bébé avec ses grosses mains et le tira vers elle, craintivement. Il n'avait qu'un œil. Mais cela faisait déjà longtemps que cet œil avait grandi. En fait, il était né avec le regard désespéré d'un adulte qui perdait tout. Avec un regard phosphorescent, énorme… Plus personne ne parlait, seule la plainte de sa mère emplissait l'espace. Un moment plus tard, la sage-femme coupa le cordon et plongea l'enfant dans l'eau gelée. C'est en cet instant que le garçon se divisa en deux personnes. La vie qui était à l'intérieur de la bassine et la pensée qui demeurait au-dehors… Il vit les petites bulles d'air remonter à la surface de l'eau. Si on l'avait laissé là, il aurait vécu dans l'attente, avec la patience d'un poisson de roche. Lorsqu'on le sortit de l'eau, sa mère avait déjà été détachée de la poutre et se trouvait allongée sur un petit divan. Elle avait les yeux languissants et était trempée de sueur. Malgré la fatigue, elle prit le bébé dans ses bras et examina tour à tour ses mains, sa nuque, le dos de ses oreilles et son entrejambe. Ensuite, elle dressa son regard sur l'œil droit du garçon puis toucha avec son doigt le côté gauche privé d'œil. C'est à ce moment-là, dans le regard interrogateur de sa mère, que le garçon saisit qu'il avait un défaut. Ce frôlement inquiet était la preuve certaine d'un manque. Sa mère n'avait certainement pas eu peur, mais elle avait été très attristée par son état. Tant qu'elle n'y fut pas obligée, elle ne regarda plus le visage de son enfant. Son amour extraordinaire était toujours resté privé de lumière dans l'obscurité du côté gauche de son fils.

DEUX

Durant son enfance, faite de dialogues sans regards, dominée par les sons et les signes de la main, et passée à suivre un froncement de sourcils, un retroussement des lèvres ou encore un plissement du front, il ne rencontra le regard que d'un seul être. Alors, pour la première fois, il ressentit profondément l'influence extraordinaire du regard qui renforce le mot et répand une douce moiteur. Il avait inscrit sur son œil le plaisir acidulé de rencontrer un vrai regard. Quelque chose d'autre que les expressions lointaines et étrangères, dont il ne percevait pas le secret, qu'il pouvait lire dans les pupilles des chiens, des chats, ou des chevaux qui pointaient sans réserve leurs regards sur lui.

Juste un peu avant qu'il ne meure, son père qui s'était redressé avec difficulté l'avait appelé à son chevet et, de son haleine putride, lui avait raconté une histoire vraie. Alors qu'il était sans force au point d'être incapable de parler. Il avait voué ses derniers instants à cette histoire ; avant même de mourir, il s'était tué dans son récit. Son cou était noir de crasse et sa poitrine nue était couverte de profondes blessures. Ses yeux à moitié fermés étaient devenus opaques. Il bafouillait du fait qu'il lui manquait plusieurs dents et quand il parlait une vapeur sombre s'exhalait de sa bouche. Ses grandes mains se posaient lourdement sur l'enfant ; elles étaient chaudes, très très chaudes... Bien longtemps après avoir été caressée, la tête du garçon ne refroidissait toujours pas. Son père, tout en se raclant régulièrement la gorge et en crachant du sang dans un bol, lui avait parlé de son pays. Il lui avait parlé en mirigyel, sa langue natale où s'entrechoquaient continuellement les *tch* et les *k*. La toux et les grognements l'interrompaient de temps à autre. Afin d'être crédible, il avait presque pris entre ses mains l'œil droit de son fils. Le garçon avait pu voir ainsi, dans les yeux de son père qui se penchait sur lui, l'au-delà de son regard et la vie qui ressuscitait dans un temps autonome du récit.

Cette nuit-là, quand il se trouva face à son père qui gravait sur son visage des centaines d'yeux en même temps qu'une histoire exaltée, il réalisa que non seulement ses parents mais tous les autres, enfants et adultes, n'avaient jamais regardé son œil droit : il n'avait jamais rencontré, ne serait-ce qu'une seule fois, un regard humain. Les gens, malgré eux, étaient incapables de focaliser leur regard sur son œil droit ; ils regardaient, sans le vouloir, le côté sans œil et le maintenaient ainsi enfermé dans une pièce sans fenêtre. Cependant, cet œil droit possédait un don extraordinaire à propos de la lumière et des couleurs. Alors que les couleurs ne sont que des illusions d'optique envoûtantes ayant pour origine la réfraction de la lumière, il était capable de percevoir la réalité au-delà de cette illusion, les contrastes saisissants qui la composaient. Il était d'une sensibilité sans pareille et pouvait appréhender la façon dont une douleur foudroyante se propageait dans les tempes. Il était bien évident qu'il tirait cette force de l'aveuglement sablonneux qui affectait son côté gauche : l'œil droit, en réfractant vers la gauche la lumière perçante qui impressionnait sa rétine, protégeait le garçon de toutes sortes d'éclats. Mais il aurait tout de même voulu savoir ce que signifiait croiser un regard. Or en ce monde, seul son père lui permit d'accéder à ce désir. Il avait distillé ses dernières gouttes de sang afin de lui raconter son histoire… De temps à autre, il avait vaguement soulevé son bras qui ressemblait à une lourde massue ; à l'aide de ses doigts, il avait dessiné en l'air une barque, une noyade ou encore un poisson agile : son poignet épais avait introduit d'autres personnes entre lui et son fils.

D'après ce qu'il raconta, le pays de ses ancêtres – dont le nom signifiait quelque chose comme "l'enfer du sel" – était une petite île de marbre. Les hommes, installés sur une terre calcaire infertile, restaient coincés entre les rugissements de la mer et le vent étourdissant. Vivant de noms courts et de mots larmoyants dans la même langue que les crabes longs comme le bras, qui grimpaient le soir sur les rochers, ils se contentaient de diviser en deux les saisons, entre la chaleur brûlante et le froid glacial, et ils voyaient comme une petite terre la patrie de la faim où étaient enchevêtrés l'île et la mer, le ciel et l'espace. Si l'on oublie les jours où ils mangeaient du poisson, le peuple de l'île, prisonnier du sel dès la naissance, était totalement affamé ; c'était un peuple sans force ne connaissant pas d'autre saveur que le sel en dehors de la consommation de quelques plantes épineuses qui émaillaient les dunes et celle des oiseaux migrateurs, qui ne s'arrêtaient là que trois jours dans l'année. Pour nourrir les chèvres, ils mélangeaient les restes de poissons séchés avec un peu de foin récupéré à grand-peine. La viande et le lait avaient goût de poisson. L'ossature des hommes était aussi fine et transparente que des arêtes ; leurs yeux éteints rendaient leur regard vide. De façon naturelle, ils s'harmonisaient avec la blancheur du sel et quittaient la vie à un jeune âge, le pouls fiévreux. Aussitôt morts, ils se mettaient très vite à pâlir, comme les poissons, et commençaient à sentir avant que le jour ne passe. Cependant, ils savaient sous quel rocher dormait le mérou noir, quand débutaient les bancs de maquereaux, pourquoi les congres se perdaient en chemin. Ils percevaient le temps de la même manière que les poissons, ils ressentaient comme un instant d'éternité la luminescence des sardines qui lançaient un éclat une fois toutes les sept vagues, ils se consolaient avec le pays miraculeux qui gisait sous la mer. Grâce à cette consolation, ils s'habituaient, comme s'il s'agissait d'un long sommeil où l'on aurait sombré, le ventre vide, à attendre patiemment, tranquilles comme un poisson de roche, le poisson trompé par l'appât qui se cambrait sous le soleil. Quand ils rentraient de la mer les mains vides, ils faisaient bouillir une cuillère d'œufs d'oursins avec des bulots et buvaient une soupe d'algues à laquelle ils ne parvenaient pas à donner la moindre saveur. Ils se mettaient ensuite à rêver de la pêche du lendemain. Avec cette faim désespérée de protéines dont ils ignoraient le seuil de rassasiement…

Bien évidemment la mer était cruelle, jalouse des dieux et pleine de prophéties. Le peuple de l'île, inapte à résoudre les secrets de ses profondeurs du fait qu'il ne pouvait dénicher les véritables repaires et surtout déchiffrer les lois exactes de ces dieux arrogants qui leur cassaient la tête avec le sel ou le vent, était constamment affamé, constamment craintif. Ainsi vint le temps où cela devint un péché de tenir une pieuvre par la tête. Les huit bras de la pieuvre portaient les huit esprits distincts de la mer à savoir l'étincelle et la vie, l'éclat infini de l'étoile Polaire et les sept visages de la lune, les treize rayons du soleil et l'exode volontaire des poissons, l'absence de mémoire des vagues et l'orgueil du sel, et c'était un péché mortel d'attraper une pieuvre sans lutter contre elle, sans se concilier ces esprits, de la manger sans avoir fait ses preuves devant elle. Mais, il y eut beau avoir quantité de jeunes pêcheurs qui combattirent avec les pieuvres comme s'ils participaient à un rituel sanglant, un jour vint où l'un de ceux qu'ils aimaient le plus disparut dans une tempête soudaine. Alors, ne sachant plus comment prendre la pieuvre, un long deuil de plus traversa leur vie ; pour ne pas se révolter contre des dieux versatiles, ils se retirèrent dans la grotte des chagrins.

Finalement un malheur imprévisible les frappa. Un jour, brutalement, les chèvres cessèrent de bêler. Les hommes, sait-on pourquoi, tardèrent à percevoir l'étrange silence de l'île ; ils réalisèrent qu'ils se parlaient en chuchotant, en des endroits inutiles, que chaque phrase était comme une volute venue des profondeurs de la terre ; l'un d'entre eux dit alors : “Mais pourquoi donc chuchotons-nous ?” C'est à ce moment-là qu'ils remarquèrent que toutes les chèvres étaient dans un piètre état, avec la gueule baveuse et de la démence dans le regard. L'ensemble du troupeau s'écroula en quelques jours à la suite d'une épidémie impitoyable. Les insulaires, la gorge nouée, s'enfermèrent dans la grotte durant quarante jours et quarante nuits pour laisser au-dehors le malheur qui les assiégeait.

Au bout de dix-sept jours passés dans la grotte des chagrins avec un demi-pichet d'eau et trois maquereaux séchés par jour, assis autour d'un grand feu à observer les ombres hallucinantes qui se déployaient jusqu'aux murs de la grotte, ils se mirent à se balancer lentement, avec plaisir et douleur à la fois, emplis des significations abyssales – à la profondeur ignorée – qu'ils extrayaient des ombres et des étincelles. On entendit alors résonner des gémissements saccadés et des soupirs dont ils ignoraient l'origine. Ils crurent que la grotte prenait la parole et prêchait à cette assemblée sourde, ignorante de sa propre voix, la nature divine de la pénombre et des ombres. A ce moment-là, le bisaïeul de l'homme malade qu'était le narrateur de cette histoire releva tranquillement sa tête qu'il avait enfouie entre ses épaules et dit : "Je dois partir. Je pars, sinon je vais dévorer l'un d'entre vous. Si je finis par me briser contre un rocher et par disparaître au fond des eaux, je deviendrai peut-être une vague qui tirera une fois pour toutes un trait sur la mer ; ou tout au moins, je deviendrai un grain de sable qui s'amenuisera à force d'être érodé par l'amour du vent. Mais dorénavant je ne peux pas rester dans cette île. J'y pense tant, que ma tête s'agrandit. Chaque nuit, je vois du sang dans mon rêve : du sang dense, tiède, absolu. Je me réveille de douleur, je me suis mordu moi-même. Mes dents s'aiguisent de peurs inconnues ! A force de voir les seins de ma sœur, l'eau me vient à la bouche ; la cuisse de ma mère, la jambe de mon père vont me rendre fou. Je pars, ou avant trois jours j'aurai mangé ma famille."

Il n'avait pas l'air effrayant en disant cela. Mais, malgré son air pondéré, chaque mot sorti de sa bouche brisa de manière incisive le grondement de la grotte. Pour la première fois, les gens de l'île entendaient de la bouche de l'arrière-arrière-grand-père de l'homme malade les pires mots mais aussi les plus poétiques de leur langue. Dans cette grotte des douleurs, le mirigyel inspiré par les vagues et l'étendue rocailleuse, par le bourdonnement ambiant, sortait de la sauvagerie pour devenir sur les lèvres de l'arrière-arrière-grand-père une langue mature susceptible d'exprimer des sentiments authentiques. Mais, sans doute en raison de la force des mots, une odeur de viande envahit la grotte. Ils étaient tous prêts à exploser quand scintilla dans leurs regards la lumière rouge d'une cérémonie sanguinaire qu'ils avaient imaginée depuis longtemps déjà. A la fois sensuels, affamés, désireux et cruels, serrant les dents et les poings, ils restèrent ainsi un moment en silence. Ensuite, il n'y eut plus que le sang.

Au bout de deux jours passés entre hurlements et jouissance, seuls quatre filles et trois garçons réussirent à sortir de la grotte. Leur peau était couverte de griffures et de morsures et leur bouche imprégnée d'un goût de famille à relent de poisson. Après tant d'amour et de massacre, leurs joues étaient devenues toutes roses. Cependant, ils n'étaient pas rassasiés. L'île, toujours de marbre, toujours aussi blanche, après tant de rouge était devenue terriblement vide, fantomatique… La mer était d'un calme inquiétant, un silence de mort régnait. Sur les rochers, on entendait bruisser les crissements des insectes ; le grondement aliénant de l'absence d'êtres humains les enveloppait. Quatre filles et trois garçons s'étaient tour à tour transformés en île dénudée. La première chose à laquelle ils songèrent fut de quitter l'île natale. Dès les premières lueurs du matin, ils grimpèrent dans la plus belle embarcation de l'enfer et s'éloignèrent vers la mer d'encre. Leur barque avait des yeux tout bleus qui dégageaient une lumière étrange ; ils n'étaient pas parvenus à résoudre le secret de ses iris incrustés de nacre. Le décorateur de talent qui avait dessiné les yeux du bateau avait été questionné des centaines de fois au sujet de cette lumière. Jamais il ne révéla la source ni la façon dont il avait réalisé cet éblouissement profond. Il se contenta de dire : J'ai regardé vos yeux, et ne donna aucun indice à quiconque, craignant de rester tout nu s'il transmettait son savoir.

Le bateau, avec ses yeux bleus toujours fixés sur le même lointain, ouvrait dans la mer des brèches d'écume. Sentant dès le début du voyage la présence du vent du large, tous les rameurs, par crainte de mourir, s'étaient cramponnés à leurs rames. Cette peur de la mort, au-delà du fait de se retrouver privés d'air, les yeux exorbités, au milieu des coraux et des méduses mauves, était celle de se perdre et d'être seuls dans cette étendue bleue si affolante. Au point qu'ils auraient préféré finir dépecés dans la grotte, victimes d'une mort qu'ils connaissaient. Plutôt que de gonfler comme une peau de tambour et de devenir violets, plutôt que de cloquer à chaque morsure engendrée par des poissons affamés, il était bien plus doux et poétique d'être avalés par un de leurs intimes dans cette île où ils étaient unis dans la haine.

Ils avaient beau faire confiance aux yeux de la barque et à leur propre connaissance de la mer, tandis que se transformait en un simple morceau de marbre l'île qui ne cessait de rapetisser au rythme de leur cheminement, ils réalisèrent que leur savoir se limitait à la mer qui entourait leur rocher et qu'ils ignoraient totalement l'immensité qui s'ouvrait devant eux. Ils goûtèrent pour la première fois à son incohérence, à sa pureté si sombre. Fuyant mutuellement leurs regards effrayés, ils regardaient là où la barque regardait. Avec une témérité surfaite, résultant de la peur de se perdre, avec une volonté ferme et extrême… Munis de ce courage, ils continuèrent leur chemin, s'orientant à partir du soleil et des étoiles. Ils appréciaient la profondeur de l'eau selon les poissons qu'ils pêchaient. En découvrant les miniatures des soi-disant monstres marins évoqués de tout temps par leurs ancêtres, ils durent supporter de voir leurs croyances ébranlées à la base. "Ce n'était donc que cela les djinns qui nous assujettissaient à l'enfer blanc", se disaient-ils et leur amour nourri de haine à l'égard de leur contrée se mit à pâlir, lentement, comme les poissons au moment de mourir. Pourtant, certaines peurs doivent être nourries. Les îliens purent résister durant des générations au sel parce qu'ils étaient unis par l'effroi engendré à l'idée de ces monstres imaginaires aux yeux rouges, au museau en épée, et aux dents aiguisées. Chaque poisson, chaque créature marine, laide ou étrange, que les navigateurs extirpaient de la mer, réveillait des souvenirs flous de l'île. Ils étaient tout de même partis aussi loin que possible, mais en emportant avec eux leur enfer.

Au bout de vingt-quatre jours, alors que les rameurs étaient épuisés, et repliés sur eux-mêmes, le vent se leva en pleine nuit et se transforma en une violente tempête ; ils entendirent alors, au fond d'eux-mêmes, la colère indignée de tous les djinns qu'ils avaient pêchés. Avec un regret à la mesure des vagues immenses, ils eurent tout à coup la nostalgie des regards tranquilles de leurs familles chétives. Ils mirent alors les rames dans le bateau et s'enlacèrent, se contentant d'attendre que la mer les recouvre. L'embarcation penchait puis retrouvait son équilibre, elle s'élevait jusqu'au haut des vagues, disparaissait dans l'eau, puis revenait à la surface. Le bateau était près de chavirer, quand, parmi eux, une fille, la plus héroïque, celle qui regrettait le plus d'avoir mangé son père, la plus légère en plus et celle qui n'oubliait pas l'île depuis qu'ils avaient pris la mer, s'empara des rames et tenta d'équilibrer l'embarcation ; les autres, profitant de la hardiesse de la fille, se regardèrent un court instant. Il n'y eut pas un mot. Tous les quatre ensemble se jetèrent sur elle et la poussèrent dans une grande vague. Elle n'eut même pas le temps de s'étonner. Sans comprendre la haine qu'elle subissait, elle disparut dans les vagues, aussi légère qu'un grain de sable…

Tandis que l'homme malade racontait son histoire, sa voix épineuse se polissait à chaque mot sorti de sa bouche et se transformait en un murmure sans aspérité. Le garçon n'avait jamais vu cette chose nommée la mer, aussi n'arrivait-il pas à faire vivre devant ses yeux l'histoire qu'il écoutait, cependant, il restait concentré sur la bouche de son père comme s'il écoutait la prière mélodieuse d'un prêtre empli de sagesse et proférée au nom des dieux. Mais quand son père s'était mis à parler de la fille aussi légère qu'un grain de sable, il s'était arrêté brutalement, le visage tiraillé par la douleur. Il y eut un silence qui n'en finissait pas. Il avait fermé les yeux tout en massant sa poitrine nue. Au bout d'un long moment, avant d'entamer la suite de l'histoire avec l'arrivée des rameurs sur une plage gigantesque, il avait émis un claquement de bouche et passé sa langue sur ses lèvres crevassées par la soif puis, d'un appel craintif, il avait demandé de l'eau à sa femme.

Ecmel… C'était une ombre effilée, aux épaules pointues. Incroyablement bruyante !

Elle aurait été sûrement capable d'arracher un grand cri discordant à l'âme de chaque objet dont elle s'emparait. De ses mains malhabiles, elle énonçait toujours un discours dont on ignorait la langue, un hurlement cacophonique : des boum badaboum ! bing bang !, des patatrac ! déchiraient le silence. Elle étirait, écrasait dans sa bouche, comme si elle mâchait de la résine de pin, le mirigyel qu'elle connaissait à peine ; elle le convertissait en une langue saccadée. Cette langue, que son mari s'efforçait pourtant de lui enseigner et dont il lui faisait mémoriser chaque mot en insistant sur chacun, était une langue archaïque, avec une grammaire simple, facile à prononcer. Mais Ecmel, en y ajoutant des bruissements, des grondements, ou des murmures, la transformait en un sifflement secret difficile à comprendre ; en utilisant sa tête, ses longs bas, ses épaules elle métamorphosait un tout petit mot d'ordre en un coup violent. Par exemple si elle disait "Ote ça", tout son corps prononçait une phrase du genre : "Regarde, là, ce petit plat creux, d'abord approche-toi, ensuite penche-toi, prends-le, allez prends-le, tiens-le bien, ne le lâche pas, apporte-le là-bas et pose-le." Chaque requête devenait un ordre ; chaque chagrin, une supplication ; chaque reproche, un réquisitoire. Lorsque l'homme malade interrompit son histoire et demanda de l'eau à Ecmel, le garçon anticipa le tumulte à venir et se retira sur le côté. La femme se leva bruyamment, elle trouva un gobelet en farfouillant, dans un bruit de casseroles, au milieu d'un tas de vaisselle amassée autour du poêle et, poussant un long soupir, elle saisit tout aussi bruyamment un des pichets alignés le long du mur. Elle remplit le gobelet, reposa brutalement le pichet puis se rapprocha de son mari à pas lourds. Elle lui saisit la tête de telle façon qu'on aurait dit qu'avec sa seule main elle redressait tout son corps puis elle lui donna à boire, lentement : une déglutition rythmée emplit l'atmosphère...

Ensuite elle relâcha sa tête, posa durement le gobelet par terre, arrangea son coussin, tira sur la couverture et, pendant qu'elle y était, peigna ses cheveux ébouriffés en arrière, puis, reculant d'un pas, elle jeta un vague coup d'œil avant de se retirer, aussi vite qu'elle était venue, dans son coin où elle étancha sa soif en un tour de main.

Ecmel était si indifférente à l'histoire de son mari, ou plus exactement à tout ce à quoi il accordait de l'importance, qu'en cet instant, alors qu'il était sur le point de mourir, il n'avait plus personne hormis son fils. Même les particules de poussière qui voltigeaient dans l'air étaient plus aimables aux yeux d'Ecmel. Ces minuscules particules lumineuses qui évoluaient lentement, qui tournoyaient entre ces deux êtres ayant rompu pour toujours, ne faisaient qu'accroître leur éloignement et quand on regardait tout cela d'un seul œil le monde s'apparentait à une immense métaphore.

TROIS

Alors qu'ils étaient sur le rivage, ils ouvrirent les yeux au bourdonnement aigu d'une abeille. La bestiole, de la grandeur d'une cerise, s'éloignait en dessinant avec agilité de larges ellipses. Elle disparaissait puis réapparaissait sous la forme d'une petite boule gris plomb. Ils crurent d'abord qu'il s'agissait d'un insecte magique accroché au ciel. Au bout de plusieurs minutes interminables, ils comprirent qu'ils avaient échoué sur une terre lointaine où une créature singulière, à elle seule, brisait le silence.

Les rameurs s'arrachèrent au sable brûlant sur lequel, épuisés, ils s'étaient endormis, nul ne sait combien de temps, et se dévisagèrent mutuellement comme s'ils se sentaient déboussolés par cette créature surgie de façon si inattendue. Leurs vêtements étaient en loques et les cheveux des filles, emmêlés et rêches, formaient une sorte de croûte. Peu après, sentant de fortes douleurs dans leurs muscles, ils se félicitèrent d'être en vie et exultèrent de joie, ils avaient oublié depuis bien longtemps le meurtre qu'ils avaient commis. Tous leurs tourments, qu'ils viennent de leur peau brûlée, de leurs blessures suppurantes aux épaules ou de leurs paumes crevassées, appartenaient à la vie, leur réalité concrète avait chassé la blancheur insensible de la mort.

L'abeille était très vive, très réelle et aussi très très bruyante. Un appel grondant qui apparaissait pour disparaître aussitôt, qui grandissait et rapetissait d'un instant à l'autre. Les rameurs n'arrivaient pas à quitter des yeux cette abeille qu'ils appelleraient ultérieurement Melifas. Ils observèrent avec stupéfaction l'ondulation des champs qui s'étendaient au-delà de la dune, à l'endroit où Melifas volait. Des couloirs de lumière d'un vert sombre aveuglant se dessinèrent : ils provenaient du petit bois situé un peu en arrière. L'une des filles, celle qui n'avait pas de lèvres et qui avait des yeux de poisson, eut une crise de nerfs et se mit à pleurer. Le mot mirigyel le plus ancien s'échappa de sa bouche. "Fini, disait-elle sans arrêt, c'est fini, fini, fini." Mais ils n'avaient pas le courage de s'enlacer. Chacun dut supporter seul la stupéfaction affolante ressentie à la vue des créatures extraordinaires qu'ils rencontraient : les papillons couleur de feu qui voltigeaient au milieu des trèfles, les lapins gris qui bondissaient d'un endroit à l'autre, les tortues qui poussaient des mottes de terre avec leur tête. Ils ressentaient une solitude, aussi dure que le marbre, dont ils ne saisissaient pas encore l'ampleur, c'était pire que d'être propulsés dans les eaux sombres… Leur solitude était étrange, elle allait au-delà de l'absence d'amis, au-delà même de la suspicion de trahison. Leur poitrine semblait se fendre et un cœur nu, totalement seul, battait à tout rompre ; il avait probablement voilé tous les sons, bien qu'environné d'une mer splendide, en présence de nombreuses créatures, c'est-à-dire au milieu de tant de bruit. Mais les rameurs n'étaient pas en état de souffrir pour les autres. Une fois dépassée leur première stupeur, ils suivirent Melifas, sans même regarder une dernière fois la barque qu'ils abandonnaient. Celle-ci, ballottée sur la rive, bien que recelant la mémoire de l'arbre anneau par anneau, très vite se mit à pourrir, triste de ne pas avoir pu livrer le secret de l'éclat magique de ses yeux.

Deux filles, deux garçons ; quatre petits êtres à la conscience tachée, honteux, prêtant l'oreille au bourdonnement grave de Melifas, se mirent à longer le rivage en direction du soleil rougissant qui se déployait. Alors que les étoiles de mer, les crabes et les oursins abandonnés par les marées se décomposaient sur le sable, alors que les coraux détachés des rochers se tortillaient dans tout leur éclat, ils furent saisis par la peur d'y voir la fille qu'ils avaient poussée dans les vagues. A chacun de leurs pas, le sol s'affaissait lentement ; au loin une montagne violette trouant les nuages accompagnait leur marche d'un air interrogateur. Cette montagne, pénétrée d'une réminiscence floue, qui relatait un temps où elle était à l'intérieur des mers, regardait chacun d'eux droit dans les yeux.

Au bout d'une marche plutôt longue, ils parvinrent aux abords d'un delta où s'épanouissait une rivière à l'approche du rivage ; ils assistaient au combat écumant de la mer et de la rivière sans jamais en percevoir le vainqueur ni même le vaincu. Ils furent saisis d'un grand amour pour l'odeur de pin de la rivière, pour la manière dont elle creusait son lit et peignait les rochers d'émeraude. Cette marche issue de la rencontre avec Melifas se transforma ensuite en un voyage exigeant, totalement lié à Melifas, imprégné de la mémoire de Melifas. Débuta alors, à sa suite, une ascension vers la source de la rivière. Ils croisèrent des platanes datant du réchauffement de la terre dont ils n'auraient pas pu ceindre le tronc en se donnant tous les quatre la main. Puis un poirier sauvage ployant sous le fardeau, et un jonc au sommet duquel était perché un oiseau-mouche dans un incroyable équilibre, et mille paires d'yeux effrayants à l'intérieur de la forêt… Les jours passant, ils finirent par ne plus pouvoir distinguer les innombrables nuances des couleurs. Les feuilles des fleurs et les ailes des insectes étaient entremêlées. En vérité c'était comme si tout ce qu'ils voyaient, chaque bourgeon, chaque vie qui surgissait leur murmurait qu'ils étaient morts. Les rameurs n'arrivaient plus à savoir s'ils étaient en vie.

Voilà pourquoi, lorsque l'arrière-arrière-grand-père du narrateur se retrouva nez à nez avec un serpent brillant de mille feux, il tendit sa main vers l'animal pour voir s'il était bien vivant. Mais l'énorme serpent ne fit pas goûter au jeune homme le poison qui allait le mener à la vérité, autrement dit, il partit sans le tuer, le laissant à d'insupportables douleurs. A partir de ce jour-là, ils poursuivirent leur voyage en voletant comme des fantômes orphelins égarés dans la forêt, portant le deuil de leur corps à moitié mort avec, au fond du cœur, le chagrin profond de ne pas être enterrés. Les souvenirs relatifs à l'enfer du sel s'estompaient de jour en jour, il n'en restait que des images fragmentaires. Quelques semaines plus tard, ne se rappelant plus exactement ce qui s'était passé avant Melifas, ils se mirent à recréer l'île qu'ils avaient quittée en discutant entre eux. Il ne faut pas oublier que l'histoire qu'était en train de transmettre le narrateur au seuil de la mort était une aventure extrêmement longue puisée dans des consciences obscures. Son récit n'était peut-être rien d'autre qu'une construction frappante où la vérité était enterrée, comme un noyau. Quoi qu'il en soit, le passé demeure pur et absolu à la mesure de ce que l'on se rappelle. De la même manière, une île de marbre existera tant que l'homme malade éprouvera ce sentiment de culpabilité qu'il était en train de transmettre à son fils...

Il avait raconté de quelle façon les rameurs avaient longé les précipices, comment ils avaient franchi les rochers escarpés, avec quelle facilité ils étaient passés devant l'antre d'un ours géant en train de somnoler. A l'approche de la mort, l'homme malade n'avait cessé d'insister sur leur apparence fantomatique.

Vers la fin de l'histoire, les rameurs, qui avaient traversé d'immenses torrents et des collines épineuses, mus par la détermination inébranlable de Melifas, arrivèrent devant un précipice infranchissable. Melifas ne savait plus où aller et se mit à dessiner des cercles indécis au-dessus de leurs têtes. Quand soudain le brouillard se referma sur eux. Tout trempés par les gouttes vaporeuses, ils eurent du mal à ne pas se jeter dans la pelote de nuage si accueillante qui s'étendait à leurs pieds. La plus plaintive et la plus découragée s'apprêtait à le faire au moment où les autres l'attrapèrent par les cheveux et la tirèrent sur le côté. Mais, le brouillard s'amenuisant, ils remarquèrent une grotte un peu au-delà qui attendait en embuscade pour avaler le jour. Le bourdonnement puissant de Melifas résonnait à l'intérieur. Ils plongèrent dans l'obscurité profonde en se tenant la main amicalement, pour la première fois au cours du voyage. Ils avancèrent très lentement dans la galerie étroite, écoutant mutuellement leurs respirations saccadées. Ni lumière, ni air frais... Avec l'impassibilité des pécheurs acceptant leur condamnation, avec l'étrange intimité issue de leur compagnonnage en enfer, ils continuèrent à suivre Melifas, sans jamais l'abandonner, sans jamais songer ne serait-ce qu'une seule fois à s'en retourner, en dépit des créatures qui se faufilaient entre leurs pieds, des oiseaux aux yeux rouges avec lesquels ils se trouvaient nez à nez et des toiles d'araignée qui leur frôlaient le visage.

Mais le bourdonnement de Melifas cessa. Brutalement, en pleine obscurité.

L'une des filles commença à pousser des cris insupportables. Les complaintes étranges des créatures de la grotte s'interrompirent aussitôt. Ainsi que les sifflements, les effleurements poilus et les battements d'ailes... Les rameurs se mirent à courir de façon éperdue, avançant en tâtonnant à travers ces méandres avec parfois de l'eau montant jusqu'aux genoux. Ils finirent par apercevoir un rai de lumière qui fendait l'obscurité. Ils virent soudain briller les particules de poussière et les termites translucides. Mais dès qu'ils virent s'illuminer sur les murs de la grotte les araignées de la grandeur d'une main, les serpents argentés, les chauves-souris à l'envers, ils se mirent à ressentir jusque dans leurs entrailles toutes les horreurs du sombre tunnel qu'ils finissaient de traverser et toutes les tragédies qui les empoisonnaient, les rongeaient et leur suçaient le sang ; emplis de terreur, ils coururent en hurlant vers la lumière. Ils se lavèrent avec leur peur et atteignirent une telle pureté que, lorsqu'ils se retrouvèrent au-dehors, ils se crurent aussi innocents que la pleine lune.

En sortant, l'air était vif. Ils voyaient devant eux un lac de glacier plutôt grand et un plateau qui s'étendait à l'infini. Melifas, d'un bourdonnement léger, inhabituel, était en train de butiner sur une fleur jaune en pleine floraison. Lorsqu'ils comprirent que cette délicate fleur qui perdait ses pétales à chaque effleurement de Melifas était l'unique objet de leur terrible voyage, un esprit fragile s'installa au fond de leur cœur. Ils s'emparèrent de la fragilité venue de la fleur et, se rapetissant comme Melifas, ils se firent plus simples. Mais le sang de leur corps maladroit avait pourtant gagné en poids.

Au moment où ils relevèrent la tête, ils virent devant eux Morsis qui s'élançait en tournoyant vers le ciel. La montagne se tenait juste devant eux, presque comme si elle allait les embrasser. Elle était à la fois morte au point d'attrister l'homme et vivante au point de prononcer des mots touchants ; elle semblait lire en eux. Prête à punir ceux qui confondaient la ferveur et la faim.

QUATRE

L'homme malade, apaisé d'avoir achevé son histoire, s'était muré dans un silence profond. La larme qui n'arrivait pas à tomber de son œil ne cessait de s'agrandir. Il y avait dans la coupole une bruine de mélancolie, elle tempérait un peu l'intense odeur d'urine qui imprégnait le lit. Une chose jaune et collante. Le garçon examina son père durant plusieurs minutes en retenant son souffle. Pour la première fois, il regarda l'œil opacifié de quelqu'un au seuil de la mort.

L'homme tint fortement la main de son fils et commença à délirer en disant d'une voix faible *çikuimi mungarali* :

Mon pleureur... Mon pleureur... Mon pleureur...

Le garçon ne savait pas de quelle manière il devait répondre. Même s'il avait compris le sens de ses paroles, il n'en avait pas mesuré la portée. Son père fixa son œil droit avec une attention extrême comme s'il voulait faire croire à une nostalgie de la grandeur d'une montagne et, imprimant sur son propre visage tous les visages humains qu'il avait vus jusqu'à ce jour, il se mit à sangloter tout doucement, de façon très émouvante. A ce moment-là, le fils et le père, tous les deux emportés par ces pleurs silencieux, furent propulsés dans une zone temporelle qu'ils n'auraient jamais pu partager et se retrouvèrent soudain du même âge.

Le père ne regardait plus son fils, mais un autre œil droit ; celui d'un fils plus grand. Il était aux aguets, comme s'il allait faire un doux plongeon pour se réfugier vers le côté gauche obscur d'un jeune homme séduisant qui lui rappelait sa propre jeunesse. Mais le fils n'avait pas de compassion. Sinon, une compassion factice. Elle le piquait dans sa chair tel un métal étranger et elle créait sur son visage une expression d'aigreur. Face à son père qui rendait l'âme, les mains du jeune homme, ses oreilles, et même son seul œil avaient dû lui paraître de trop car, se forçant à rester au pied du lit plein d'urine, il commença à se balancer d'avant en arrière. Toutes les antennes qu'il possédait étaient incapables d'assumer cette compassion à la chimie compliquée, ne sachant plus comment la transmettre. L'homme était visiblement en train de mourir. On devinait, à l'assombrissement du cou, que les veines éclataient les unes après les autres et que le sang accumulé cherchait par où sortir. Ses doigts qui entouraient le poignet de son fils se dénouèrent peu à peu. Lorsque ses mains furent aussi lourdes qu'un oiseau sans vie, le jeune homme, qui avait soudainement apparu, redevint un petit garçon et se retrouva sous une main énorme. Le corps de l'homme s'affaissa carrément sur le lit. Son menton se relâcha légèrement et ses yeux se révulsèrent. Le garçon, avec la cruauté que l'on peut malheureusement attendre d'un petit enfant, ressentit du dégoût pour son père. Il trouvait son état lamentable. Miséreux, pitoyable… La rage qui se lisait dans son œil droit était de braise.

Qui sait combien de minutes après, un temps pendant lequel les minutes durèrent des heures, une main tiède toucha l'épaule du garçon. C'était le toucher le plus doux d'Ecmel. Plus émouvant que la dernière parole que le garçon avait entendue de son père. Ecmel appuya contre sa poitrine la tête de son fils et effleura longuement ses cheveux. D'un côté elle caressait, mais de l'autre elle oubliait cette caresse. Elle semblait se préparer à porter un terrible fardeau. En cet instant, Ecmel ressemblait à une divinité d'ébène appartenant à un autre monde. Ses yeux étaient vides. Au lieu de ce regard franc qui rappelait brutalement à l'homme qu'il était mortel, de celui où un infime tressaillement de pupille pouvait incarner des milliers de sentiments différents, on y voyait des déchirures sombres taillées au burin non pas dirigées vers la terre mais en train d'observer dans les airs l'éparpillement de l'esprit inquiet des fantômes errants. La main posée sur son enfant, comme si elle ne savait pas ce qu'elle allait faire de lui, elle était à la fois d'ébène et de chair, à la fois calme et triste. Combien était frappante la différence de couleur entre le mort et Ecmel. L'un jaune sale, l'autre bleu de glace. Quant au garçon, il se trouvait entre les deux, inconscient, vacillant. Ecmel remuait les lèvres comme si elle prononçait intérieurement une longue prière, on aurait pu croire que ce marmonnement allait les libérer aussitôt de ce mort. Pourtant, en murmurant ainsi, elle le momifiait par trois fois avec ses mots. Après avoir couvert son mari avec un drap tout froissé et noir de saleté, vêtue d'un châle qui avait glissé de ses épaules, elle commença à contempler en silence la masse inerte qui se trouvait sur le lit. Si l'on observait la scène d'un peu plus loin, elle s'avérait très complexe malgré sa simplicité apparente. Qui était le véritable pleureur du mort ? C'était impossible à dire.

Contrairement à ce que l'on pouvait attendre, le garçon ne pleura pas du tout. De même qu'il n'avait pas la force de pleurer, il n'arrivait pas non plus à savoir ce qu'il devait faire, sans doute en raison de la placidité d'Ecmel. S'il avait vu le chagrin de sa mère, il aurait dû au moins en prendre le deuil, un chagrin comme une pelure d'oignon, il aurait au moins pleuré pour sa tristesse à elle ; en dissolvant avec la chaleur de ses larmes la mémoire engluée de son esprit, il serait revenu à la légèreté d'un enfant. Mais cela ne se passa pas ainsi. Tandis que la mère et le fils attendaient froidement au chevet du mort, le silence qui se refermait sur eux ne cessait de s'étendre. Chaque instant s'approfondissait ; cette nuit, dont ils ne pouvaient saisir le matin, ne cessait de s'allonger. Ils étaient très tristes, mais aussi apaisés comme libérés de cette partie d'eux-mêmes qui était en train de pourrir ; ils éprouvaient le plaisir associé au chagrin dans la mesure où ce dernier révèle avec force la sensation d'exister. La peine avait grandi les deux. Les jours passés entre l'immonde et les pierres précieuses avaient désormais pris fin. Ils avaient recouvré les nobles pierres venues de la fange, mais s'étaient débarrassés, comme on pouvait se débarrasser d'un déchet chimique, de l'homme qui les portait en lui. Cependant, au bout d'un moment, Ecmel changea d'état d'âme, elle commença à ressentir de la colère envers son mari qui était mort. Elle respirait profondément, avec des yeux énormes, jaugeant par où elle allait commencer à le manger ; elle attendait presque que son mari ressuscite en toussant afin de lui ôter elle-même la vie. Au point où elle en était de colère mais aussi de vide issu de la tristesse.

Finalement et malgré les sentiments changeants qui flottaient dans l'espace, ce fut le garçon qui exprima tout simplement son désespoir. Il se pencha sur la dépouille de son père, ferma son œil droit et dit : “Et moi alors, je vais empoigner la merde de qui maintenant ?”

Chaque soir, son père rentrait à la maison, couvert de boue. Une pierre précieuse cachée en lui. Tout le long du jour, il se trouvait dans une immense rivière. Cette rivière avait un propriétaire, comme toutes les rivières du monde. Ce propriétaire, tout en caressant sa barbe qui tirait vers le bleu, était embusqué au pied de la rivière comme une araignée. Le père était en quelque sorte son esclave. Quant à la rivière, elle entassait aux pieds du propriétaire, avec une générosité inconsciente, la terre alluviale et les roches aurifères qu'elle contenait ; plus elle entassait, plus elle s'allégeait, plus elle se purifiait ; ensuite elle poursuivait tranquillement sa route en cherchant une mer dont nul ne savait où elle se situait. Quant au père du garçon, il restait immobile. A l'endroit le plus étroit de la rivière, enfoncé dans la boue jusqu'aux genoux, il cherchait l'or sans relâche, fouillant les alluvions avec ses doigts. Il travaillait jusqu'à ce que ses lèvres deviennent violettes, jusqu'à ne plus sentir ses mains, il enflait en restant dans l'eau ; ensuite il rentrait à la maison en ayant avalé secrètement une pierre précieuse. Il était certainement au moins aussi avide que son patron. De retour chez lui, on comprenait aussitôt, à son air, s'il avait ou non avalé de l'or. S'étant déchiré le pharynx, il marchait en se caressant machinalement la gorge et malgré la douleur une émotion aiguë brûlait dans ses yeux. Sa façon de marcher changeait aussi. Il tâchait de se faire tout petit pour ne pas attirer l'attention et cela produisait l'effet inverse, il s'allongeait : sa tête qui ne cessait de grandir sous l'afflux de ses pensées paraissait ne pas pouvoir tenir sur ses épaules. Lorsque son mari franchissait la porte, Ecmel faisait preuve d'hostilité pour l'intimider. *Tu as avalé ?!* Il y avait dans ce "Tu as avalé ?" un "Encore !", un "Mais pourquoi donc !" et aussi un "Puisses-tu crever !"... Involontairement, elle prononcait une autre parole inaudible, mais qui cliquetait comme des débris d'or s'entrechoquant... Juste après avoir prononcé ce long "Tu as avalé ?", sans doute prise de pitié à la vue de la boue, elle accueillait son mari comme si c'était un grand vizir. Bruyamment selon son habitude, mais en lui murmurant des mots doux dans une langue que nul ne comprenait. Plus sa voix s'adoucissait, plus le visage couvert de grains de beauté noirs de cette femme laide s'éclaircissait ; cela faisait plaisir à l'homme couvert de boue, tout en l'effrayant aussi. Quant au fils, il ne supportait pas l'étrangeté des sentiments chaotiques d'Ecmel et il cherchait un trou où se cacher à l'intérieur de la coupole. Quand son père rentrait à la maison, il disparaissait toujours.

Chaque fois qu'Ecmel touchait à son mari, une rivière pleine de roches aurifères passait sur lui. Elle le faisait asseoir à côté du poêle et le déshabillait. Elle commençait d'abord par essuyer soigneusement son corps ; elle le caressait de mémoire comme si elle en avait conquis toutes les rives, elle le touchait en sachant où il y avait de la douleur, dans quel creux le pus s'amassait, où s'annonçaient les démangeaisons intolérables, en sachant aussi comment on aime ce corps, comment on l'apaise, comment on le laisse en éveil en lui redonnant espoir. Elle apaisait fibre par fibre les muscles tendus par le froid, elle se montrait pleine d'une gratitude dont elle recevrait la contrepartie le temps venu. Elle observait attentivement chacune des sangsues accrochées à ses jambes et, après avoir étudié avec intérêt les ventouses poilues de ces créatures, elle les jetait au feu et écoutait leurs plaintes sans dire un mot. Quant à l'homme, heureux d'être transfiguré entre les doigts ingénieux d'Ecmel, il observait son épouse avec émerveillement et se livrait totalement à elle, avec son sang et toutes ses sensations, acceptant d'être jeté au feu un peu plus tard. Les gestes mesurés d'Ecmel finissaient par s'accélérer. Elle lui faisait boire une huile de sa composition faite d'un mélange de fleur d'ail des ours, de racine de griffe de loup et de graines de lin, et posait sous ses pieds des briques chaudes. Au moment où elle se mettait à lui masser le dos avec des onguents parfumés, la lassitude se faisait sentir. Quand elle lui enfilait sa chemise de corps en le tiraillant de tous les côtés, elle devenait de plus en plus brutale. Après avoir empaqueté l'homme et l'avoir jeté sur son lit, pleine d'un mépris avilissant, elle lui faisait avaler une bouillie de blé. Grâce à ces soins, elle n'ignorait plus rien de lui ; tous ses secrets et toute son intimité étaient dévoilés. L'homme de boue devenait alors totalement ingénu, il se changeait en une chose sans parole, imprécise, semblable à un livre vide dont les pages auraient été effacées. En le voyant ainsi, on avait envie de l'aimer tendrement. Hormis Ecmel, personne n'était aussi proche ni capable de s'occuper ainsi de ce corps, avec cette science des remèdes d'origine inconnue. D'ailleurs l'homme n'avait personne d'autre qu'Ecmel. Il n'avait ni pays, ni famille, ni rivière, ni enfant à deux yeux.

Malgré ces soins minutieux, l'homme-boue avait des accès de paludisme qui mettaient en échec toutes les tentatives d'Ecmel. Elle appliquait alors l'ultime remède qu'elle connaissait. Elle faisait bouillir un peu de poudre d'or avec des boules métalliques, et faisait avaler à son mari les sels d'or, couleur marron, qu'elle obtenait. Voyant que cela non plus ne servait à rien, elle se mettait à ranger avec une précision dont elle était coutumière tout en marmonnant des reproches.

Tout naturellement, la part de travail la plus désagréable et avilissante revenait au fils.

C'était toujours à son tour de tripoter l'écuelle pleine d'excréments qu'on posait devant lui. Cette saleté était la bouillie sanguinolente d'une vie ingérée et mal digérée. Au-delà des fibres et des membranes qu'il contenait, ce qu'il avait face à lui était le résidu halluciné et puant de toutes les aspirations de l'homme-boue. De plus, la fraction de temps où il était le plus proche de son père avait lieu dans la chaleur de cette saleté. Lorsqu'il extrayait de la merde le morceau d'or qui avait cheminé en déchirant tout sur son passage, il mesurait une fois de plus la richesse artificielle de son père et c'était avec un grand dégoût qu'il montrait le joyau à Ecmel.

Cette pierre informe, qui n'avait d'autre richesse que sa rareté et qui allait se transformer en fragments d'or entre les mains ingénieuses d'Ecmel, était une pierre de douleur, produit d'une pensée vile sise dans le gros intestin de l'homme-boue et qui exigeait d'être expulsée en suant sang et eau au bout d'un long voyage au cœur de la rivière d'où elle était sortie après une attente interminable. Le garçon tenait entre ses mains le plus pitoyable des éléments. Le joyau lui-même. Une réalité privée d'évocation, inqualifiable, que le meilleur des poètes ne pourrait ennoblir… Si le joyau avait été le propre résidu de l'homme-boue ou bien le sédiment pétrifié de son malaise accumulé, cela aurait peut-être éveillé chez le garçon une grande admiration. Une autre histoire aurait été racontée ici. Une histoire bien plus poignante... La tectonique rugueuse d'une solitude centenaire, qu'elle vienne du gros intestin ou d'ailleurs, aurait pu mener l'enfant vers d'autres voyages en vue de retracer son aventure. Ainsi elle aurait pu lui faire aimer son père comme il n'aurait jamais pu l'imaginer.

Il était étrange qu'Ecmel considérât elle aussi l'or qui sortait de la merde comme une saleté. Elle fronçait le visage, avec un regard identique à celui du garçon... Elle le tournait, le retournait du bout des doigts sans pouvoir l'assimiler à un objet de valeur ; après avoir nettoyé à l'eau froide cette douleur en or de son mari, elle fourrait la chose sous le matelas. L'homme-boue, fiévreux, sombrait ensuite dans un profond sommeil. Ecmel ne touchait plus à son époux jusqu'à ce qu'il rentre le soir suivant à la maison. Elle était certainement liée à son mari par beaucoup de choses, mais pas par sa vie. Voilà pourquoi elle méprisait la boue et les crâneries de prophète qui soufflait sur la boue. Cependant, malgré tout son amour et son désir brûlant, elle était incapable de célébrer son homme en l'absence de boue. Dans un certain sens, l'homme se retrouvait prisonnier du dilemme d'Ecmel. Tout en sachant combien "l'homme sale qui avalait l'or" allait mourir péniblement, Ecmel, dès qu'elle le voyait, posait chaque fois la même question d'un ton vaguement métallique :

Tu as avalé ?

CINQ

Le matin qui avait suivi la nuit où son père était mort, réveillé par les secousses d'Ecmel, le garçon avait bondi de son lit. Allez, lève-toi, disait-elle, lève-toi, lève-toi, lève-toi, lève-toi. Il ne faisait pas encore jour. Il eut du mal à ouvrir son œil. Il vit alors Yâşur au milieu de la pièce. Son souffle formait une fumée blanche. L'intérieur de la coupole était gelé. Ne traîne pas, disait Ecmel en le houspillant. Elle était sur les nerfs. Chacune de ses paroles était un sifflement de serpent. Son visage exprimait une terrible tension. Un dégoût, une cruauté inéluctable... Ses joues étaient creuses, ses yeux fatigués, enfoncés dans les orbites. Elle ne cessait de déglutir le vide et déversait sans discontinuer quantité d'ordres à son fils et au cheval.

Le mort avait disparu. Sur le lit défait restait encore une trace humaine, un creux taché de gras. Comme si l'homme avait ôté le drap qui le recouvrait et était parti. Ecmel, indifférente à l'étonnement du garçon, ne cessait de tourner en rond dans la pièce à la vitesse d'une grande aiguille privée de son ressort. *Lève-toi et aide-moi !* Toujours sans regarder son œil droit... Le garçon n'eut pas le courage de lui demander à quel moment son père avait été enterré.

Il y avait par terre toute une série de ballots enveloppés de peaux de mouton et liés avec des cordes épaisses. Ils soulevèrent ensemble le plus gros d'entre eux et tentèrent de l'installer de manière équilibrée sur la selle en cuir de Yâşur. L'odeur de peau de bête, de poussière et de sel devait brûler la gorge du garçon, car il ne pouvait s'empêcher de froncer le visage. Il ne voulait pas avaler sa salive si bien que ses joues ne cessaient de s'emplir. Il eut beau faire des efforts, cela ne servit à rien, sa taille n'atteignait même pas la croupe du cheval. Yâşur était devenu très nerveux. Il ne s'arrêtait pas de marteler le sol d'avant en arrière avec ses sabots. On entendit un claquement de cravache. La cravache un hurlement à longue langue. La marque enflammée sur la croupe de Yâşur était la voix de quelqu'un de connu proférant une lourde menace.

Ecmel suait, son visage était tout rouge. Rapidement, elle s'empara du plus petit ballot recouvert de peau de mouton et le posa sur la selle de l'étalon. Ensuite, elle ajouta du poisson en saumure, de la viande séchée, du pain sans levain, des fruits… visiblement, la route allait être longue. Ensemble, ils nouèrent des chiffons aux sabots de Yâşur. Le garçon ne comprenait pas le pourquoi de tout cela, mais il faisait tout ce qu'Ecmel disait. A ce moment-là, son œil glissa vers la porte qui séparait la coupole de l'écurie. Il remarqua la présence de cristaux de sel sur le seuil. Il se dégageait de là une odeur étrange. Un mélange de crottin, de foin, de sueur et d'autres choses qu'il ne parvenait pas à identifier. Tandis que la curiosité le conduisait vers l'écurie, Ecmel le saisit brutalement par la nuque. *Ne traîne pas, habille-toi vite !* L'esprit du garçon devint totalement confus et il resta un bon moment à regarder autour de lui d'un air ahuri. Les braises du poêle étaient près de s'éteindre. Tout était en grand désordre. Des bouteilles de médicament, toutes sortes d'outils dont il ignorait les noms, des morceaux de tissus coupés en bandelettes, des tas d'ustensiles jonchaient le sol et les murs comme les kilims étaient couverts de gras gluant. Il était clair qu'Ecmel n'avait pas dormi du tout et qu'elle n'avait pas encore pleuré. Ses yeux étaient très petits, très pointus.

Ecmel, une fois qu'elle eut chargé jusqu'à ras bord la selle de Yâşur avec les ballots entourés de peau, posa ses mains sur sa taille et, après avoir pris une profonde inspiration, poussa un long soupir ; elle resta ainsi durant quelques secondes. S'arrêter c'était le prolongement de tout ce qu'elle avait fait jusqu'à présent. Comme un : "Bon, après avoir fait ceci, puis ceci, puis cela, je m'arrêterai un peu." Ensuite elle ôta les barrettes qui retenaient ses cheveux tout noirs. Les boucles se déroulèrent vers le bas. Elle tenait un assez grand couteau dans les mains. Elle attrapa sa chevelure juste au niveau de la nuque. Aussi sûre de ne pas les lâcher que si elle avait attrapé un vilain chat par la queue. Elle n'avait pas de pitié envers elle-même. Le poêle se mit à grésiller. Une odeur dense de poils brûlés se répandit dans l'atmosphère. Ecmel disparut subitement dans cette odeur. Apparut à sa place quelqu'un au visage triangulaire. De dix ans de plus que le garçon. Elle se déshabilla. Son corps était alors couleur de cendre… Fatigué, violacé par endroits du fait de s'être cogné ici ou là. Combien était profond aussi l'espace entre ses côtes. D'abord, elle se banda les seins avec une longue écharpe. Puis récupérant dans les matelas, dans les sacs de linge ou dans les casseroles, les dizaines de fragments d'or qu'elle y avait cachés, elle les fourra dans l'écharpe. Le sang ne parvenait désormais plus jusqu'à son visage. Ensuite, elle revêtit le pantalon de son mari, ainsi que sa chemise, son chapeau et ses grosses chaussures. Elle était devenue un homme strate après strate, devenue or, fragment après fragment. Elle se transformait à grande vitesse en une chose horrible. Un monstre, entre homme et femme ! En réalité, on ne pouvait pas parler de changement. Il s'agissait plutôt du fendillement, juste au bon moment, de la coquille de quelqu'un qui n'avait pas encore vécu. Une métamorphose... C'était la désintégration dans son propre acide d'une femme et quelque chose qui semblait générer son émigration soudaine vers un corps étranger. Tout aussitôt ses traits se virilisèrent. Le garçon n'arrivait plus à regarder son visage. C'est vrai, il avait peur des étrangers à cette époque-là, des silhouettes sinistres qui surgissaient à l'improviste...

La femme commença à arranger brutalement les vêtements du garçon. De sa bouche taillée au couteau sortit un léger murmure, comme si quelqu'un les écoutait. Saisissant le visage de son fils entre ses mains, elle lui dit : "Désormais, ne m'appelle plus maman." L'œil droit du garçon se remplit. Il voulut pleurer, mais cette fois il eut peur de pleurer. La femme, indifférente, remplit d'or les doublures et les poches intérieures de ses habits. Malgré lui, le garçon se mit à pencher vers l'avant, il avait totalement perdu son équilibre. Quand il bougeait, les fragments d'or se mettaient à tinter.

Lorsqu'ils quittèrent la maison, ils étaient deux. Et puis il y avait aussi Yâşur. Les trois n'étant faits que de sel, de fourrure et d'or. Le sol était gelé. Les plantes, les poils des chats, les salopettes des métallurgistes suspendues aux fils à linge étaient devenus tout durs à cause du froid, tout était recouvert d'une pellicule de glace. Lorsqu'ils marchaient, les fines couches de cristal se craquelaient sous leurs semelles. Il faisait encore sombre. Ils étaient totalement seuls sous un ciel incrusté de rouge foncé. Ils firent tout leur possible pour passer par les rues obscures et étroites. Transis de peur, ils avançaient sous les stalactites sans effleurer les portes closes. On distinguait au loin le babillage exubérant de la rivière. En entendant le bruit de l'eau, le garçon regarda autour de lui. Et si l'homme-boue était sorti de la coupole et était retourné à la boue tandis qu'il dormait, s'il avait avalé un morceau d'or gros comme une toupie, s'il était en train d'attendre, qui le lui retirerait, sans le tuer ? Mais son père était vraiment mort cette nuit-là. Il était mort, bien mort. C'était sûr, son cœur s'était éteint, oui, c'était sûr.

En sortant du domaine, ils aperçurent le gardien qui attendait immobile. Il était dressé droit comme un I sur ses pieds et ses jambes de cuivre ; sa cuirasse d'or irradiait de légers éclats. Avec sa poitrine en acier qui cachait son cœur privé de pouls, il avait la stature d'un dieu défiant les étrangers qui voudraient entrer là. Son aspect glacial, qui résumait le temps toujours au même instant, enténébrait la vie alentour, il anéantissait tout : la vie, la mort, le jour, la Voie lactée qui fendait les nuits d'été, le sens de tous les mots éparpillés dans l'espace, ces mots entremêlés à force de parler, la disparition à l'intérieur de l'homme-boue des pierres aurifères qui dévalaient la rivière. Ce n'était pourtant qu'une statue aux yeux d'émeraude incapable de trouver l'équilibre sans la présence d'un socle. Un héros céleste qui s'était inspiré de la terre… Quoi qu'il en soit, sa nature cosmique avait pour origine le fer qui constituait sa poitrine. Il portait joyeusement sur lui cet élément sans pareil venu des météorites. Malgré sa noblesse héritée du fer, il maudissait les corbeaux qui volaient son œil, bien davantage que les étrangers suspicieux. Jusqu'à ce qu'une nouvelle émeraude soit taillée, il continuait à menacer les oiseaux avec un regard vide. Il était toujours là. Muni d'un casque incrusté d'agate et couvert de fientes d'oiseaux, il avait le regard tourné en direction du chemin de terre tortueux. Des stalactites de glace tombaient de ses genoux et de ses coudes. A force de rester là, aiguisé par le froid, il était aussi acéré qu'un couteau. Il avait entre les mains une épée brillante, sans rainure, née de l'imagination anémiée du ferronnier. Celle-ci était portée en avant, prête à trancher le cou de l'ennemi. Mais son hostilité rouillait toute seule. Voilà pourquoi son bras lui faisait toujours mal. Il était debout depuis qu'il brandissait son épée sur laquelle le sang n'avait pas giclé. Ses yeux privés de sommeil venaient de ce qu'il était issu d'un moule en plâtre. Sans paupières. Il ne voyait pas ceux qui passaient. Une fois arrivé à ses côtés, le garçon regarda d'un air étonné la rouille et la saleté de la statue, les incrustations de pierres et son orgueil lié au fer et peut-être aussi la ressemblance avec son père mort. Ecmel tira violemment son fils par la nuque. *Ne traîne pas ! On n'a pas le temps d'adorer qui que ce soit !*

Tout de suite après avoir quitté le lieu, ils se cachèrent derrière les broussailles qui jaillissaient entre les ardoises sur le bord du chemin. Yâşur renâclait à y entrer ; Ecmel qui ne tolérait pas le moindre atermoiement asséna de nouveau sa cravache. Les yeux de Yâşur étaient injectés de sang. C'est à partir de cet instant qu'il commença à devenir tristesse, poil après poil. Ecmel, une fois assurée que son garçon et le cheval étaient bien cachés, confia à son fils les rênes de Yâşur. *Surtout ne va nulle part, je reviens bientôt.* Sa voix était encore une voix de femme. Ensuite, elle repartit en courant vers la maison. Le jour blanchissait d'instant en instant et la surface de la terre rougissait. Les oiseaux se mirent à chanter, tous au même moment. Puis le matin déchira soudainement le ciel. Le garçon prit peur, il se mit à trembler de tout son corps. Mais il avait honte de sa poltronnerie. Il sursautait au moindre craquement et, chaque fois, se fâchait contre lui-même et se frappait le visage avec l'extrémité des rênes qu'il tenait fermement. C'est alors qu'une odeur violente frappa ses narines. Une odeur de brûlé… Des flammes bleues et jaunes s'élevaient de la coupole où il avait grandi et un halo de flammes l'entourait. Il ne voyait pas exactement ce qui se passait. Ce n'était qu'un embrasement tremblant. Les pépiements des oiseaux s'étaient transformés en un hurlement effrayant. Et puis on entendit le grondement du feu… Ecmel, surgie de la fumée qui se dispersait rapidement, s'approchait en courant. Son visage était couvert de suie et ses yeux semblables à ceux des chats. Tous ses vêtements étaient couverts de graisse. Sans rien dire, elle s'empara des rênes et fit passer le garçon devant elle. Le garçon ne demanda rien, bien sûr. Il ne savait plus à présent s'il s'agissait du père qu'il avait perdu ou de sa mère. Ou bien est-ce que les deux étaient morts en même temps ? Il ne lui restait pas d'autre chance que d'être livré à cette Femmehomme qu'il avait du mal à reconnaître. Ainsi, dès les premières lueurs du matin, la Femmehomme, le garçon et Yâşur, prirent la route en laissant derrière eux un immense tas de cendres. Quittant le sentier secret entre les broussailles, ils se dirigèrent vers la forêt au loin, là où la lumière ne rentrait pas. Vers le rêve de quelqu'un de triste, qui se consumait dans son sommeil.

SIX

En entrant dans la forêt, ils marchaient presque sur la pointe des pieds. Ils avançaient vers l'intérieur avec une infinie lenteur, aussi silencieux que des reptiles. Yâşur était inquiet. La terre commençait à devenir collante. Un craquètement de branche et toute la forêt se mit à crépiter. Au même instant, des milliers d'oiseaux s'envolèrent vers le ciel dans un grondement effrayant. Des plumes multicolores tombaient de leur huppe. Une odeur de poussière aigre étourdissait les voyageurs. Quelque chose glissa sous leurs pieds, la forêt grésilla par vagues, quand soudain ils furent cernés par un nombre incalculable d'arbres. Ils paraissaient si petits maintenant au milieu de ces troncs géants. Les yeux énormes de Yaşûr résistaient de toute leur force à aller plus loin malgré les nombreux coups de cravache. Pourtant il était bien trop tard pour repartir en arrière. La voie qu'ils avaient ouverte dans la forêt était depuis bien longtemps refermée par les terribles fougères.

Chaque forêt a nécessairement un côté insensé dans la façon dont le carbone gagne sournoisement du terrain, dans la manière qu'a un arbre d'appréhender le lieu où il va s'implanter, et dans celle qu'ont ses racines de s'étendre centimètre par centimètre en serpentant à la surface par incapacité à s'enfoncer dans les profondeurs. Mais la forêt où ils étaient entrés était celle d'une seule personne, c'était l'esprit de quelqu'un de triste qui, tout au long de sa vie, portait en lui le même cauchemar. Un esprit confus qui ressentait lourdement l'incertitude des milliers de créatures aux yeux de flammes partagées entre le désir de fuir et celui d'attaquer les voyageurs qui plongeaient sans autorisation dans leur univers. Sa forêt était une substance géante qui s'était écrasée sur terre. Un organisme pur qui avait pris racine à l'endroit où il était tombé. Une communauté surréaliste que des créatures secrètes avaient fondée avec le décorum architectural qui leur était propre et qui se composait d'arbres aux multiples formes. Les galeries innombrables tracées par les fourmis carnivores, les ornières profondes, les labyrinthes interminables étaient recouverts par la pensée pessimiste de plantes de la taille d'un homme qui naissaient d'oignons biscornus ; ces pensées terriblement sombres faisaient penser à un carnaval cruel ignorant les profondeurs de la terre. En bref la forêt s'était lovée sur eux.

Cela ne les empêcha pas de poursuivre leur chemin. Pendant des jours et des jours. Malgré les épines qui leur déchiraient la peau, les herbes vénéneuses qui les démangeaient follement, ils continuèrent leur route vers les profondeurs de la forêt. Ils ne pouvaient pas voir la lune ; quant au soleil, il s'infiltrait entre les branches, avec la délicatesse du taffetas. Au fur et à mesure qu'il s'approchait de la terre, il prenait une teinte mauve au milieu des arbres géants. Il faisait trop sombre. C'était une obscurité couverte d'une coquille, rouge à l'intérieur. Toujours la même pénombre, toujours la même nébulosité couleur gris plomb. Ici, l'évolution restait inachevée. Plus ils avançaient, plus ils se retrouvaient dans un temps reculé. Les animaux les plus laids, les plus sauvages, surgissaient du brouillard avec leurs yeux phosphorescents pour disparaître aussitôt. Les voyageurs étaient entourés de queues poilues qui se tortillaient entre les herbes, de créatures invisibles qui s'éloignaient dans un bruit de crépitement dès qu'ils faisaient le moindre pas, des mouches qui s'élevaient en formant un nuage noir dès qu'ils touchaient le moindre endroit. La Femmehomme, Yâşur et le garçon étaient pétrifiés. Leurs oreilles avaient grandi, leurs mains s'étaient ossifiées. Chaque fois que Yâşur manifestait sa mauvaise humeur, la forêt tremblait. Epuisés à force de se cogner d'un arbre à un autre, ils attendaient, sans faire un bruit, que la forêt soit silencieuse ; lorsque le calme revenait, ils poursuivaient leur route. La Femmehomme ne parlait pas. Quant au garçon, sans doute par crainte d'être abandonné, il suivait de très près la Femmehomme. Peut-être cela faisait-il longtemps qu'il était abandonné en réalité, mais il persistait à la suivre. En raison du manque de sommeil, il commença à avoir des hallucinations. Sa tête tombait d'un côté puis de l'autre quand il marchait et il parlait tout seul avec les arbres. Alors que sa vision aurait dû changer à chaque pas, il portait sur son dos une forêt sans clés qui affichait toujours la même image. Cependant, même si le temps restait immobile, lui changeait rapidement : ses cheveux poussaient, ses poils aussi, il grandissait, il devenait un homme. Malgré la révolte de son corps, il dessinait toujours le même cercle.

Auparavant, chaque instant vécu était pour lui très important. Il divisait un jour en de multiples instants, chacun étant, même obscurément, l'évocation d'un des milliers de centièmes de seconde d'un autre jour à venir. De sorte qu'il vivait plus que son âge. Par exemple, une goutte de rosée sur un champignon d'un blanc laiteux reflétait quantités d'images qui le menaient vers des petits mondes tous différents les uns des autres. C'est-à-dire vers des secondes, des centièmes de secondes. En allant plus loin, au plus profond, au cœur de la rosée, il pouvait se retrouver dans un champ de trèfle ou au bord d'une rivière. Il y avait abondance de temps. Bien plus que celui qu'il vivait, celui qu'il s'imaginait vivre. Nous savons que le kaléidoscope produit à l'infini des dessins qui sont des combinaisons d'un seul dessin et nous finissons par ne plus savoir lequel se trouve à l'origine, tel était alors l'éblouissement du garçon. Mais, dès qu'ils étaient entrés dans la forêt, le temps s'était raidi. En ce lieu, la texture des ombres ne changeait pas à chaque instant, la forêt ne se transformait pas en une autre forêt sous l'effet d'un changement de lumière ; il aurait fallu pour cela que la forêt d'un peu avant ne soit pas la même que celle d'un peu après. Mais elle était unique. Et surtout, il ne s'y trouvait aucun être humain.

Ils étaient sur le point de s'écrouler par manque de sommeil. Ils étaient écorchés de partout, leurs vêtements étaient en lambeaux. C'est alors que surgit devant eux un animal colossal, à l'entrée d'un large couloir juste entre deux arbres. Qui sait durant quel "non-temps" de cette forêt sans temps ! Dressé sur deux pattes et les griffes dehors, il avait des dents pointues qui brillaient ainsi que, dans ses petits yeux, un air de connivence à leur égard. Comme s'ils faisaient partie de la même famille et qu'ils s'étaient perdus de vue. La Femmehomme et le garçon le reconnurent aussi. Ils avaient dû le voir quelque part auparavant, autrement, dans un temps où ses yeux ne regardaient pas ainsi. En bref, il était de ceux qui donnent l'impression de se questionner quant à la façon dont le ventre d'un homme pourrait être déchiré d'un coup de griffe alors qu'il n'a encore déchiré le ventre de quiconque. C'est avec ce regard qu'il les examina tous les trois, tour à tour, en tournant son énorme tête. Yâşur se cabra et fit tomber son chargement. Ils eurent du mal à garder les rênes. La Femmehomme poussa un cri étouffé et tira son couteau. Elle eut beau se dresser de façon héroïque face à l'animal, ce cri était celui de quelqu'un d'autre, celui de la femme veuve qu'elle avait laissée quelque part. Le garçon ne reconnut pas la main qui tenait le couteau. C'est alors qu'un hurlement effrayant s'échappa de la créature. Il s'agissait d'une longue phrase pleine de menace et de malédiction. La Femmehomme recula d'un pas. Sa peur se lisait dans le tremblement du couteau qu'elle tenait à la main. Elle fit un signe de la tête au garçon lui intimant de se réfugier derrière Yâşur. Le garçon eut beau comprendre ce que voulait dire la Femmehomme, il fut incapable de bouger d'un millimètre. D'un autre côté, son visage se para d'une sérénité indéfinissable. Il se sentait apaisé. Un apaisement relatif au fait qu'il allait bientôt se retrouver dans un lieu couleur sang et qu'il allait s'élever hors de son corps, doté d'un esprit sage qui aurait expérimenté toutes les catastrophes possibles. Et surtout, il allait pouvoir dorénavant dormir longtemps, très longtemps. Il ne put s'empêcher de sourire. De là où il serait, il allait expliquer comment les sommeils les plus tristes apprivoisaient l'homme, comment on pouvait voir son corps déchiqueté entre les dents d'un animal monstrueux et accepter avec maturité cette cruauté sauvage, comment, en goûtant la plus noble des morts, il ne laissait pas de deuil derrière lui. Il allait raconter que sa mort n'était ni une maladie avilissante, ni une histoire effrayante, mais une magnifique rencontre.

Un autre hurlement effrayant déchira l'air ! La sérénité alors lisible sur le visage du garçon se dissipa aussitôt. Lorsque l'animal reposa au sol ses deux pattes de devant, ils tremblèrent sur place. Il était incroyablement lourd. Avançant sur ses quatre pattes avec un côté pataud tout à fait inattendu, il s'approcha en grognant de plus en plus, jusqu'à se trouver nez à nez avec la Femmehomme, puis il poussa avec sa tête la main qui tenait le couteau. Ensuite, il se mit à renifler sa poitrine, son ventre puis son entrejambe. La femme passait d'une forme à une autre, on l'aurait crue sans squelette, telle une poupée de chiffon. Sa mâchoire inférieure claquait, et l'on aurait eu beau se comporter de la manière la plus douce possible, le moindre contact la secouait comme s'il s'agissait d'un grand coup. L'animal se mit à rugir, cela ressemblait à un juron. La femme s'écroula sur place et tomba la face contre terre. L'animal, les griffes rentrées, la repoussa avec sa patte et poursuivit sa route d'un pas tranquille. Ils ne purent regarder du côté où il allait. Le bruissement des herbes et la résonance du sol laissaient entendre qu'il s'éloignait lentement.

Après avoir attendu un moment sans bouger, la Femmehomme se leva, avec difficulté, et se précipita auprès de son fils. Elle avait le visage blême et les lèvres plissées enfouies dans sa bouche. Elle avait eu très peur, de quoi faire honte à l'homme. Lorsque le garçon se précipita pour la rassurer, la Femmehomme le gifla de toutes ses forces. Juste sur sa joue sans œil. Sur le côté le plus obscur qu'elle n'était pas parvenue à déchiffrer.

Comment le ventre d'un homme peut-il être déchiré d'un seul coup ?

Il eut du mal à s'empêcher de fendre, d'un coup de griffe, la poitrine de sa mère.

Ils passèrent un nombre incalculable d'années dans la forêt, mais jamais ne s'apaisa la brisure que le garçon ressentait dans son cœur. La brûlure qu'il ressentait au fond de ses entrailles avait pour origine la soif mais aussi la rancœur. Sa langue était devenue insensible à force de lécher la rosée sur les feuilles. Quand il délirait, il trébuchait sur les mots. Et par malchance, il avait aussi commencé à boiter. Visiblement, les os du talon lui blessaient les pieds. La Femmehomme, Yâşur et le garçon tracèrent mille fois le même cercle. Dieu sait combien de fois ils passèrent devant tel arbre ou tel autre ; et cette odeur de bûche datant du feu précédemment allumé ; et puis cette pierre qui avait été nombre de fois touchée ou soupesée : rien n'avait changé. Et ces herbes couchées, là où ils dormaient en frissonnant, les genoux repliés sur le ventre ; et ce rai de lumière qui transperçait le même coin avec le même angle : tout cela était bien la preuve que leur voyage n'était qu'un cercle. Si le garçon avait pu avoir l'idée de se cacher dans un coin et d'attendre patiemment, Yâşur et la Femmehomme seraient réapparus un peu plus tard, juste vieillis. Quoi qu'il en soit, la forêt s'était bien habituée à eux. Elle avait accepté comme faisant partie d'un rythme à plusieurs voix cette longue marche qui bouleversait son équilibre. Ils étaient devenus experts en l'art d'avancer sans dissiper les masses de brouillard qui pendaient des arbres. Même les araignées étaient plus bruyantes qu'eux. A présent, la lutte inutile des voyageurs s'était harmonisée totalement à la volonté angoissante de la forêt.

Finalement, ils aboutirent à nouveau à l'endroit où ils avaient rencontré l'animal. Ils reconnurent aussitôt les deux arbres à l'entrée du large couloir. Deux hêtres, dévastés par les rongeurs, dont la plupart des branches avaient séché. Les voyageurs lisaient le temps en suivant le pourrissement des hêtres. Ils ne tardèrent pas à comprendre que l'endroit où ils avaient vu la bête était l'unique région vivante de la forêt. Chaque fois qu'ils y arrivaient, ils s'éloignaient en vitesse, sans tergiverser et ils ne se retournaient pas pour regarder en arrière. Même s'ils ne voyaient pas l'animal, ils sentaient la chaleur de son corps, ils comprenaient qu'il n'était pas loin. Mais cette fois ils restèrent sur place, comme s'ils avaient saisi ce qui allait se passer peu après. Ils perçurent un bruit. Une respiration profonde et lente… Sans tarder, ils entendirent résonner un hurlement qui ne leur était pas inconnu. Toujours au même endroit. L'animal surgit d'entre les herbes de la hauteur d'un homme et se planta devant eux. Il était plus en colère, plus fanfaron que la fois précédente. Se dressant sur ses pattes de devant, il brandit ses griffes en l'air comme s'il chassait une mouche. Est-ce que c'était le nombre de ses dents qui avait augmenté ? Toujours est-il que sa fourrure semblait beaucoup plus solennelle, plus chatoyante. On aurait dit le diamant noir de la forêt.

Le garçon, sans attendre un signe, se réfugia aussitôt derrière Yâşur. L'animal et la Femmehomme se regardaient droit dans les yeux. Cette fois elle ne sortit pas son couteau, elle ne trembla pas. L'animal, fou de colère, s'appuya sur ses pattes de devant.

Les lierres crépitèrent de douleur. Et puis on entendit un autre hurlement effrayant. L'animal s'avança avec une agilité incroyable malgré son corps pataud et s'arrêta juste en face de la Femmehomme, prêt à engloutir sa tête. Proches au point de ressentir mutuellement leurs souffles chauds, ils attendirent un moment sans chanceler. Ils avaient la même expression sur le visage comme s'ils étaient nés de la même mère : une expression de colère, de blessure et de pugnacité. L'animal tendit le cou et se mit à jurer pendant des secondes interminables. La femme reculait sa tête, malgré elle. Elle plissait les yeux pour se protéger de la bave que la bête lui postillonnait au visage. Quand soudain les injures cessèrent. Décrire avec précision ce qui se passa devint très difficile. Tout semblait trop simple. La Femmehomme avait visiblement tourné le dos à l'animal d'un air indifférent. C'était à son fils de raconter la noblesse altière de cette attitude. C'est lui qui l'avait vue de près. Bien évidemment, mettre en mots ce qu'il savait allait prendre un peu de temps. Cet amas de mots aux sens simples et profonds dont les syllabes s'entremêlaient en permanence dans un bégaiement enfantin n'était pour l'instant qu'une étincelle inerte dans le trou obscur de son absence d'œil. Il fallait que le garçon attende pour que ces mots disparates se transforment en un court poème. Son histoire avait beau être racontée dans la langue de quelqu'un d'autre, les vers n'appartenaient qu'à lui. En ce qui concerne cet instant, il n'y avait qu'une seule chose à dire. A l'instant où la Femmehomme tourna le dos à l'animal qui avait surgi sur son chemin, celui-ci se volatilisa. Subitement, il s'effaça aux regards, en même temps que s'évanouit son écho qui résonnait dans la forêt.

Dès que l'animal eut disparu, la forêt s'éclaira rapidement. Le brouillard se dissipait, chaque vision devenait plus limpide, les résines scintillaient à en éblouir les yeux. C'était l'heure la plus lumineuse du jour. Il devait être près de midi. Les sons avaient retrouvé toute leur vitalité. Le bruissement lointain de la rivière couvrait les roucoulements des pigeons nichés dans les arbres. Le garçon ressentait un enthousiasme empreint de sérénité. S'agissant de la Femmehomme, elle avait changé d'apparence, sa féminité masculine s'était affermie. Elle était bien plus fière, presque un peu trop courageuse. Elle se comportait comme si la disparition de l'animal était une situation très banale. Un seul signe de la Femmehomme suffit et ils se mirent aussitôt à marcher en direction du son de la rivière.

Le garçon, grisé par la joie, ne cessait de délirer en prononçant des phrases sans queue ni tête, il absorbait avec son œil droit tout ce qu'il voyait si bien que chaque fois qu'il examinait longuement une chose qui avait frappé son regard il provoquait son étiolement. Il éprouva tout à coup une explosion de sens. A force d'absorber du sens, il était sur le point d'éclater. Il voyait des images plus majestueuses qu'elles n'étaient en réalité. La vérité se mettait à vaciller pour laisser la place à une autre vérité, surréaliste. La figue prête à tomber qui se balançait sur la branche était à ses yeux une récompense pour sa grande sagesse et sa capacité à appréhender le "présent" comme s'il s'agissait de l'infini. Il percevait encore beaucoup d'autres choses avec naïveté, comme la saveur de l'eau qui jaillissait des pierres, le plaisir de mâcher lentement les herbes aromatiques, l'acidulé abrupt du fruit encore vert. Il racontait aussi comment il suffisait d'éplucher avec soin la peau acide des cerneaux de noix sinueux pour adoucir une vie tortueuse. Pour nourrir son espoir, il fomentait, de délire en délire, plein d'artifices absurdes. Par exemple, alors qu'ils avaient perdu leur chemin et se retrouvaient plongés dans la tourbe jusqu'aux genoux, il pensa obtenir de l'aide d'une olive qu'il sortit de sa poche et il n'hésita pas à la jeter dans sa bouche. Le goût amer de l'olive lui permit soi-disant de moins ressentir la morsure brûlante d'un gros moustique. Et surtout la grenade… Il croyait à la transcendance de la grenade, ce fruit amusant qui lance des étincelles aux quatre coins sous l'effet d'un seul coup de poing. Il en idolâtra toute une série en croyant à leur probable immortalité en raison de cette cyclicité exceptionnelle allant de la graine au fruit et du fruit au pépin. Il se dit que tous les grenadiers de la terre se trouvaient dans chaque pépin de grenade qu'il faisait éclater dans son palais et que, donnant davantage de sens à ces fruits, il rendait sa propre existence aussi secrète et enchanteresse que chacun de leurs pépins. Il fut gagné par un tel enivrement qu'il se mit à marmonner comme le faisait un ensorceleur quand il prononçait ses prières et il commença à répéter sans arrêt la même phrase : "Je ne vais pas mourir, non, je ne vais pas mourir, jamais je ne serai comme mon père…"

Ce n'était pas un mirage, ni un miracle, mais, bien des jours plus tard, ils parvinrent à un petit ruisseau qui allait les mener jusqu'à la rivière. Il n'y avait là aucun indice augurant la rage de la rivière écumante qui épuisait l'homme-boue. Ils avaient probablement atteint son affluent le plus docile. Ils burent jusqu'à plus soif l'eau qui s'écoulait calmement en caressant les pierres couvertes de mousse entre les lotus et les fritillaires impériales. Yâşur, indifférent à la panique des poissons et autres créatures, n'ôta pas sa tête de l'eau. Elle avait un goût amer. Malgré les avertissements de la Femmehomme, le garçon se dévêtit et entra dans le ruisseau. Des cohortes de poux issus de ses cheveux commencèrent à nager à la surface de l'eau. Le garçon, une fois dans le ruisseau, ne tarda pas à éprouver une étrange rancœur. Il laissa tomber ses bras sur le côté. L'eau, qui lui arrivait jusqu'au ventre, avait emporté toute la partie de son corps qui se trouvait au-dessous de la taille. Comme s'il passait l'épreuve d'une cérémonie de purification, il tendit le cou pour offrir sa tête. Il avait sur le bout de la langue le poème impossible qui se trouvait enfermé dans l'obscurité gauche de son visage, il était sur le point de le dire, il attendit patiemment. Plus il se lavait, plus son esprit se lavait aussi. Sa parole retrouvait les syllabes manquantes, il naissait à l'obligation, c'est-à-dire à la mortalité.

Une Femmehomme tournant le dos
à l'animal

l'animal aima quelqu'un dans la forêt
il n'eut pas le cœur à lui déchirer le ventre

Le garçon eut du mal à reconnaître sa propre voix. C'était celle de quelqu'un d'autre. Grave comme le son d'un clairon, atone et bourrue.

une Femmehomme dans une forêt irréelle
tourna le dos à l'animal

elle mit au monde un fils, un fils dont elle ignorait le visage
jusqu'à ce qu'elle rencontre un animal

Il cherchait à composer son poème d'une voix hideuse, quand, voyant son visage se refléter dans l'eau, il se tut et fut parcouru de frissons. Parce qu'il venait de voir son désastre. La vanité de la joie croissait anneau par anneau à la surface de l'eau. Son visage avait totalement changé. Dans le creux de son œil, se dessinait un regard fatigué et trompé. Un nez solide dont le cartilage était bien formé, des poils clairsemés sur la poitrine, parfois même grisonnants… Il avait vieilli d'au moins dix ans. Ses traits s'étaient creusés, la barbe s'esquissait. Son visage portait mille différents chagrins, mille différentes morts de son père.

SEPT

mon prophète est une montagne embrumée, souveraine des rochers… qui écoute le cœur de l'eau jusqu'à l'écume de la dernière vague de la mer… Œildroit ! toi qui ne crois pas au livre dont les pages n'ont pas été tournées – alors que c'est la meilleure géographie que tu pourrais voir – entendras-tu la rivière qui jaillit de son corps hermaphrodite ?! avec quelles oreilles ? alors que tu n'en as pas pour toi.

ton visage est la déception la plus visible de l'humanité. je ne te parle pas de ta difformité, surtout pas ! je sais, elle t'arrangerait bien cette auréole illuminée du chagrin qui déclenche la pitié. tu voudrais qu'ils s'apitoient en te regardant, n'est-ce pas ? mais cette fois tu ne trouveras pas face à toi la cruauté qui t'abaissera. ni la forêt d'ailleurs, ni l'animal, ni le temps que tu as perdu…

je n'ai pas pitié de toi, parce que l'obscurité totale de ton côté gauche, je la considère non pas comme un handicap destiné à t'attrister mais comme le signe d'une certaine innocence. en réalité, tu vivras d'incroyables éblouissements dans cette cellule obscure de la grosseur d'une cerise. par exemple tu renonceras à l'enthousiasme, à l'étonnement et au bonheur béat et tu apprendras à plisser l'œil droit avec un brin de doute. si tu observes le monde d'un regard benêt, comme si tu allais l'avaler, tout en évoquant tes suées, ton cœur qui bat la chamade ou encore, tes gelures, tes effrois, tes frissons, tu emprisonneras le souvenir dans ton corps de mortel. les souvenirs ne sont pas des morceaux de vie à l'image embrumée à ton envie. les souvenirs, tels que tu les fais écrire, ne sont que des rêves qui s'élaborent selon les impressions de l'instant présent, des rêves tissés à la main où les vides ont été comblés par des mots en dentelle…

voilà pourquoi tu dégénères à grande vitesse. tu nourris avec le sang du passé ton ignorance insatiable… de la même manière que se réfugient dans l'Histoire ceux qui se trouvent acculés.

eh ! l'illusionniste qui transforme en strabisme le semi-aveuglement ! à force de considérer comme un acte vertueux, sans une once de malignité, l'évolution spontanée de la nature, tu fais semblant de ne pas voir combien une rivière détruit de terriers de blaireaux quand elle cherche le meilleur sillage, combien elle fomente de sombres pensées, irrécusables, quand elle creuse son lit ; tu crois que le monde est arrêté, tu espères la tranquillité…

la tranquillité à laquelle tu aspires avec un furieux désir – crois-moi, c'est une goutte d'eau prête à se muer en vapeur – n'est rien comparée à ce qu'éprouve un corps paralysé qui ne peut rien ressentir !

l'intranquillité est la douleur terrifiante du sage... avant que les routes et les contrées ne soient détruites dans l'esprit étroit de gens qui te ressemblent, cela faisait bien longtemps qu'un inquiet, avide de justice individuelle, l'avait imaginée dans ses rêves. toi, tu as commencé à pourrir sur un coup de tête. le sage, lui, est le seul à avoir vu dans son cauchemar tous les stades menant au pourrissement : un penseur inquiet... rappelle-toi ! as-tu fait un seul cauchemar où l'on ne parlait pas de toi ?

Œildroit, le beau parleur, sais-tu pourquoi les devins sont pessimistes ou pourquoi les pessimistes deviennent-ils devins ? qui voudrait posséder ce don de Dieu, cadeau de mauvais augure et prédire dans un semi-délire les pires moments de l'avenir ? ceux dont les deux entités de leur dédoublement perdent chaque fois la raison ne peuvent pas, comme tu le fais, perdre la raison avec un de leur moi et s'observer avec l'autre. un devin est intégralement effacé. de cette manière, il ressuscite son identité anéantie en ne pouvant résister au monde. toute vie totalement réceptrice des douleurs des autres de la naissance à la mort est un cadeau incalculable pour l'humanité. la plupart de ceux d'entre eux qui ont échappé à l'émasculation sous la torture, qui ont évité d'être brûlés vifs ou d'être crucifiés ou encore d'être broyés sous les sabots de chevaux agressifs finissent toujours par mourir seuls. je ne peux pas les nommer, chacun ayant renoncé à son nom.

donne-moi ton innocence ! que jaillisse de ta gorge du sang propre avec de l'écume couleur de rose. épure-toi des curiosités inutiles. ne me leurre pas avec des sensibilités forgées. quitte à dire un mensonge, qu'il soit somptueux. dis-le non pas seulement pour toi mais pour nous tous, de la même façon que tous les pessimistes portent dans leur chair une responsabilité aiguë. que personne n'éprouve un quelconque doute à propos de ce que tu crois. un mensonge influent dont l'énonciateur ne sera jamais démenti jusqu'à sa mort. une vérité incomplète est un éclaircissement ensorcelant. n'exagère pas, Œildroit ! ne trompe pas la rivière avec tes pleurs.

il est indigne que tu te considères à moitié aveugle, que tu transformes en passoire avec la pitié acide de l'autre l'atlas jamais utilisé de ton esprit ! pourquoi ne penses-tu pas que tu es peut-être le messager de l'évolution future de l'humanité, qu'avoir deux yeux, ce qui est jugé normal, est en réalité très réducteur. pourquoi parles-tu toujours de ta différence comme d'un handicap ? ce que j'agrée le moins chez toi, c'est ton manque d'assurance.

tu te dis privé d'œil. or tu n'as même pas d'orbite du côté gauche.

salis-toi Œildroit ! une personne n'atteint la sagesse qu'à force de voir son innocence maltraitée. les mites la dévorent sans relâche. ton visage vieillit sans savoir quoi que ce soit à propos de ton âme. tu dois avoir un passé qui est responsable de chacun de tes cernes, du blanchiment de tes cheveux, de tes rides qui se creusent de jour en jour, de ta pâleur et de ton déclin. si tu n'as pas de passé, tu ne peux créer qu'une histoire avec ce que les autres racontent. dans ce cas, raconte alors quelle était ta place dans le passé des autres ?

tu racontes ton histoire hors de l'Histoire ; avec l'imagination farouche mais péremptoire d'un "non-pays" qui se révèle dans une portion inconnue du temps… tu utilises le talent d'un autre, mais c'est toi qui écris !

tu penses questionner le fait d'être orphelin de père n'est-ce pas ? si ta force suffit confronte-toi à l'architecte de ce monde orphelin de père et de mère, détrône Dieu, comme les grands poètes qui meurent à un jeune âge.

si cela continue ainsi, jamais tu ne trouveras la rivière. à force d'avancer en direction du son de la rivière, ta route aboutira aux ruisseaux moussus, aux joncheraies ou aux dunes couvertes d'euphorbes, c'est-à-dire aux sales souvenirs qu'elle a laissés, il y a des siècles, en changeant son lit… des moustiques voraces t'attendront dans les lacs artificiels. et des chœurs de grenouilles et des liserons déchaînés. jamais tu ne verras Melifas, celle qui te conduira vers Morsis. Yâşur se transformera jour après jour en tristesse et t'assènera à la figure ton propre vieillissement. quant à la Femmehomme, combien de temps résistera-t-elle à tout cela avec ses poignets si fragiles ? écoute ! y a-t-il réellement une rivière aux alentours ou s'agit-il d'autre chose ? ton oreille n'est-elle pas encore dans le cœur de ton père ?

ah ! j'ai oublié Œildroit ! il est vrai que le monde se trouvait toujours à ta gauche. tu pouvais voir la vie sous un angle étroit limité par ton nez, mais malheureusement pour toi, quoi que je dise, je parle pour rien... quoi que j'explique, je suis sûr que cela attise ta blessure où les vers pullulent. ce que je dis ne s'infiltre pas jusqu'à ton âme ; tu avales, sans la mâcher, chaque phrase entendue et tu la jettes directement au fin fond de toi. et alors, pourquoi t'es-tu muré dans le silence alors que les sens purs des mots dont tu ne pouvais pas lier les syllabes et les suffixes possessifs fermentaient soi-disant dans ta langue ? même ces arbres, qui ne connaissent pas la mort, ni la peur, ni le temps, parviennent à mourir alors qu'ils sont debout et, toi, tu te fâches contre la vieillesse et tu peins de couleurs criardes la tristesse qui t'élèverait ; cela signifie que tu as fini par te taire par peur après avoir vu ton visage se refléter dans l'eau. oublie dans ce cas le poème que tu as fait tomber dans l'eau moisie du ruisseau !

tandis que ton visage rubis ne cesse de vieillir, continue donc à chercher, avec la clairvoyance grossière d'un chercheur débutant, la rivière dans les tourbières où l'on s'embourbe, dans les vergers où l'on épouille les poux ! crois-tu que c'est toi qui la trouveras ? en prêtant un sens relativement important à tout ce que tu entends, à tout ce que tu touches alors que tu perçois un murmure dont tu n'arrives pas à comprendre s'il s'agit ou non d'une hallucination...

naïf Œildroit... adepte dévot de l'étouffement ! dans ce voyage qui débuta avec l'absence d'espoir et qui mène vers l'absence d'après, comment peux-tu suivre une route qui ne t'appartient pas, accroché corps et âme à ta mère alors que ton esprit s'épaissit de jour en jour ?

HUIT

J'étais un voleur, pas un brigand. Tant que je n'y ai pas été obligé, je n'ai pas utilisé d'arme à feu. Je n'ai jamais pris de pierre dans mes mains, ni de bâton, ni de couteau. Il m'est arrivé de tuer un cochon sauvage, certes, mais je suis incapable d'immoler un être humain ou un cerf. Quant aux lapins, ils ne sont constitués que d'un amas de sang : je déteste depuis toujours leur goût puant.

Mon véritable travail consiste à récolter des oignons et des graines et à créer des jardins paradisiaques pour les amateurs passionnés. Les paysans ou les agriculteurs ne donnent pas plus de valeur aux fleurs qu'au chiendent. Plus exactement, ils n'ont pas le temps et ne sont pas suffisamment repus pour aimer les fleurs. Mais moi, cela doit venir de ma léthargie, je suis si rêveur que je peux m'imaginer à quoi ressemblera un banal coquelicot qui fleurit parmi les herbes, une fois planté autour d'une plate-bande circulaire au beau milieu d'un parc immense. Par chance, je sais comment aménager dans un autre endroit les conditions indispensables à leur épanouissement. Je peux créer une oasis dans un désert, un jardin exotique constitué d'épineux de toutes les couleurs dans un climat méditerranéen, une roseraie sur le flanc d'une montagne calcaire. Les plantes peuvent être dupées, il suffit d'instaurer un environnement crédible.

J'étais essentiellement un architecte de l'apparence et la grande majorité des gens ignorait que je commettais des vols. Les riches amateurs de jardins, les jardiniers de palais, les encyclopédistes, les botanistes, les spéculateurs de tulipes, les collectionneurs à l'esprit dérangé m'aimaient beaucoup grâce aux fleurs. A l'arrivée du printemps, ils commençaient à épier ma venue. Parfois je me présentais à eux tel un ensorceleur. Je sortais de ma poche, de façon majestueuse comme s'il s'agissait de rubis, des oignons déformés et des graines noires qui faisaient penser à de petits piments et je promettais à mes clients une fleur qu'ils n'avaient jamais vue. Je décrivais la fleur aussi peu que possible afin qu'elle dépasse leurs espérances le jour où elle allait fleurir. En vérité, il n'était guère facile d'enseigner la patience et la lenteur de la terre tout en se comportant comme un ensorceleur. Certains attendaient quantité d'explications à propos de ces oignons et de ces graines uniques en leur genre qu'ils achetaient pour une grosse poignée d'argent, au point même de me demander parfois de dessiner la fleur. Le plus délicat de cette affaire étant de refuser énergiquement de répondre à leur attente. Nature oblige, les fleurs ne peuvent être décrites qu'avec des mots poétiques. Les couleurs, les feuilles, les pétales qui déchirent leur membrane, les pistils et les étamines ont une poésie qui dépasse l'idée de plante. La plus belle fleur est celle que l'on a rêvée. La description aura beau être aussi exacte que possible, cela n'empêchera pas une déception le jour où la fleur jaillira de la terre et le propriétaire aura le sentiment d'avoir été dupé. Vous aurez alors accompli pour rien ce voyage pénible menant de plaines en montagnes et de déserts en oasis, mais surtout vous aurez perdu votre meilleur client. Imaginons que vous ayez apporté à vos acquéreurs des graines de reine-marguerite dans un petit sachet – ceci est important : quelle qu'en soit la quantité, les graines doivent toujours être offertes dans des paquets attirants –, le propriétaire doit pouvoir se vanter de posséder une rareté. Dire que les graines de reines-marguerites contenues dans le paquet s'ouvriront en formant un assemblage lumineux de pétales rouge flamme, bleu-violet, ou marbrés tirant vers le mauve serait faire preuve de naïveté. Il suffit de préciser que la reine-marguerite est un peu plus colorée et un peu plus sophistiquée que la marguerite et de se sauver au plus vite.

J'avais l'habitude de leur apporter des fleurs que j'avais nommées moi-même, mais ce nom ne dépendait pas des formes en coupole, elliptiques, en crête, étoilées ou encore en spirale, ce qui aurait été trop compliqué. Malheureusement les noms que j'inventais n'avaient cours que localement, dans une région très limitée et il arrivait à certains prétentieux de gâcher l'esprit de la fleur en l'affublant d'un nom long et compliqué appartenant à leur propre langue. Ils ne tenaient pas compte de la relation très spéciale entre la fleur et celui qui la trouve, c'est-à-dire cette métaphore subjective du trouveur qui fait que l'herbe du charpentier ou encore la marjolaine à coquille s'appelle ainsi ; ils négligeaient les liens de la plante avec la mer, les animaux ou les hommes, en bref ils anéantissaient les histoires passées et futures de la plante. Alors qu'il s'avère que certaines fleurs savent notre langue au point de se nommer elles-mêmes, comme le tournesol par exemple, ou encore la violette ou la griffe de sorcière… Celles-là trouvèrent leur nom dans leur apparence, elles sont même nées à l'intérieur de ce nom. Mais la terminologie est une discipline où les gens dénombrent, classent en généralisant, regroupent en dépersonnalisant, nomment sans voir et ne perçoivent pas ce qui leur échappe. Les Indiens, bien malins, en profitèrent largement : ils cousirent une tête de singe sur un chien, une tête de hibou sur un coq, puis, après avoir rempli l'intérieur des monstres qu'ils avaient créés et avoir caché de main de maître les coutures, ils les envoyèrent à un savant grec qui était le plus grand spécialiste des classifications des êtres vivants. Ceci en échange d'or tout brillant. C'était bien fait pour lui. L'histoire est pleine des mystères de créatures étranges dont on suppose la race éteinte. Voilà pourquoi je n'ai pas pu me lier suffisamment aux fleurs. Totalement incapable de leur donner un passé solidement fidèle à la vérité et un avenir attirant, le hasard fit que je devins un voleur. Mais jamais un brigand.

Malheureusement, après les avoir rencontrés, je perdis à la fois ma qualité de voleur et de spécialiste des fleurs. L'automne passé, je m'étais rendu à la rivière, pour trouver des plantes aquatiques. Un de mes clients, qui creusait un lac artificiel dans son jardin, m'avait réclamé différentes fleurs susceptibles de pousser dans un lac. J'étais parti, avant la montée des eaux, afin de chercher des fleurs de lentilles, des ponceaux, des fleurs de courgettes jaunes, des nénuphars et des lis d'eau, mais voilà que je trouvai une chose de bien plus grande valeur.

De l'or...

Si je vois ce jeune homme, je le reconnaîtrai aussitôt. Il avait une particularité étrange sur son visage. Son côté effrayant s'apparentait au mien, au fait que j'étais à la fois fleuriste et voleur. Je le jure, il n'avait qu'un seul œil. Il revendiquait un grand œil et, pour bien le protéger, il marchait en se tordant dans tous les sens avec le cou penché vers la gauche, on aurait dit qu'il portait son œil sur sa tête. Ce jour-là, emporté dans une tirade courroucée, il frappait la surface de l'eau et adressait en délirant une prière en mirigyel. Une longue prière que je n'avais encore jamais entendue, inspirée par je ne sais quelle divinité… Le jeune homme avait aux alentours de seize, dix-sept ans. Pourtant il semblait porter sur ses épaules l'abattement d'un adulte qui aurait largement éprouvé le temps. Il était trempé. Il ne ressemblait pas à un garçon jouant dans la rivière, on aurait plutôt dit qu'il se lavait dans son propre chagrin. Il y avait aussi un homme fluet, de petite taille. Il se démenait pour faire sortir de l'eau le jeune homme en émettant des sons aigus et bredouillants venant d'une langue compliquée. J'observai durant un moment ses tentatives et finis par comprendre que le jeune homme ne l'entendait pas. Pris de folie, il s'était enfermé dans une cloche de verre où personne ne pouvait entrer. Il agitait ses mains de manière désordonnée et lançait des cris de tristesse ou de colère… J'avais beau comprendre les mots, je ne parvenais pas à leur donner du sens : cela venait peut-être de leur étrange alignement, ou bien de l'intensité des sentiments qui allaient au-delà de la phrase. Après s'être agité un bon moment tandis que sa voix, qui ne cessait de s'abaisser, prenait des inflexions très émouvantes, il se tut. Soudainement. Il sortit de la rivière totalement transformé. Il n'était ni un enfant, ni un homme mûr. Il était tout nu. L'homme fluet courut précipitamment vers le cheval. Ce n'est qu'à ce moment-là que je remarquai l'animal. Il était lourdement chargé. Visiblement, ils avaient une longue route devant eux. Ils avaient embarqué tout ce qu'ils possédaient et étaient partis. L'homme sortit un balluchon rappelant ceux confectionnés par les jeunes filles qui préparent leur trousseau. Il fit mettre au jeune homme un caleçon propre qui appartenait probablement à quelqu'un d'autre, à quelqu'un de plus grand. C'est alors que j'aperçus l'or ou, plutôt, je l'aperçus quand l'homme en introduisit des fragments de diverses grandeurs à l'intérieur de la ceinture dont le garçon se ceignait la taille. Au début je n'étais pas certain qu'il s'agissait d'or. Mais il était tout de même sûr qu'ils cachaient quelque chose de précieux. Bien entendu, j'oubliais dès cet instant toutes les racines de fleurs que j'étais censé ramasser. Et j'oubliais aussi les lacs, les prairies, les perce-neige éphémères poussant sur les montagnes enneigées ainsi que les plantes médicinales calmant les douleurs de ventre et les affres de la mort prochaine. Aujourd'hui, je passe les derniers jours qui me restent en maudissant celui où j'ai rencontré ce jeune homme.

Je connais la peur. Je sais combien elle rend l'homme impuissant et de quelle manière elle disperse les pensées dans tous les sens, comme le mercure. A l'heure la plus paisible du jour, au moment où les ombres s'allongent, je surgis devant mes victimes deux fois plus grand que je ne le suis en réalité. La plupart, voyant que je n'ai pas d'arme à la main, pendant un instant nourrissent un certain espoir. Mais ma désinvolture, ma sérénité, mon air revenu de tout troublent mes victimes. Je me saisis d'abord de leur âme. Tous les contes qu'ils ont entendus ayant trait à un quelconque maléfice se transforment alors en une légende effrayante focalisée sur un seul homme, ma propre personne, sur un fleuriste solitaire qui n'a pas d'autres blessures que des griffures d'épines sur les mains. De la même manière que toute personne qui pousserait un rocher géant au sommet d'une montagne endosserait le passé de quelques milliers d'années de Sisyphe, j'accumule dans ma poitrine le souffle de tous les héros effrayants que nous connaissons et qui surgissent dans les coins déserts. Lorsque j'arrive subrepticement près de mes victimes, cela fait longtemps qu'elles sont vaincues. Il s'avère à présent bien plus facile de dépouiller un être apeuré, aux pupilles dilatées et tremblantes, que de trouver des orchidées. Je n'agis pas en utilisant la force, je prends leurs biens en les dupant. Je leur fais croire qu'ils sont tout seuls en compagnie de l'immobilité trompeuse et du sifflement de la nature et je leur fais payer le fait d'être perdus : cela peut aller d'un anneau en laiton souvenir de leur mère – l'objet ayant le plus de valeur – à une boîte à priser, incrustée de nacre… Je crois que vous méprisez ma médiocrité. Imaginez pourtant le sens de tout objet qui permet de prouver que vous êtes en vie, alors que vous vous sentez encore plus faible qu'une herbe en plein désert. Moi je leur prends leurs chances, les preuves les plus solides d'un passé positif. Certains se méprennent au point de me rendre grâce pour avoir épargné leur vie. Ils font preuve d'une fidélité insensée et taisent ce qui s'est passé, ils n'expliquent à personne qu'ils ont été volés. Quant à la raison pour laquelle je fais cela, la réponse est très simple. C'est parce que j'ai peur de me promener tout seul dans la campagne.

Un jour, je rencontrai deux frères siamois collés par la tête qui avaient perdu leur chemin. Je ne peux pas expliquer à quel point je fus déstabilisé en les voyant. Je crus que la fin du monde était arrivée. Si je me laissais gagner par la peur, plus jamais je n'aurais pu vadrouiller dans la campagne. Je m'emparai alors de leurs couteaux en argent. Juste pour vaincre ma frayeur. Ce n'est que de cette manière que je peux justifier le lien entre mon activité de voleur et celle de fleuriste ; ces deux faces de moi-même sont interdépendantes. Les deux frères me supplièrent pour que je ne prenne pas leurs couteaux. Je ne les écoutai pas bien sûr. Peu de temps après, je les rencontrai en ville. Ils participaient à une représentation qui se déroulait dans une tente. Installé au premier rang, je les ovationnai à très haute voix. Ils ne me reconnurent pas tout de suite. Soit parce qu'ils ne voulaient pas se remémorer le voleur qui les avait laissés sans recours soit parce qu'ils ne se rappelaient plus où ils m'avaient vu. C'est alors que l'un des deux siamois sembla se souvenir de moi. Dès qu'il m'identifia, il fut pris de panique. Cela signifiait que, dans la sphère de la peur, je devenais quelqu'un d'autre : un être veule qu'on ne voulait plus jamais croiser. Lorsque ces pauvres personnes s'effondrèrent sur la scène sans terminer leur spectacle, mon aptitude à insuffler la peur avait été triplée. Je crus avoir atteint le sommet dans l'art de l'usurpation. Voilà pourquoi, après avoir harcelé tant de chasseurs, de pêcheurs, de promeneurs égarés, d'acteurs séparés de leur troupe, je n'hésitais pas à poursuivre un homme maigrichon qui racontait n'importe quoi et un garçon nanti d'un seul œil.

Je les suivis trois jours et trois nuits. J'empruntai des routes que je ne connaissais pas, mangeai du lapin par obligation, but de l'eau toxique au goût de cuivre et tremblai la nuit. Par bonheur, leur vieux cheval les ralentissait. Généralement, ils restaient silencieux et d'ailleurs, s'ils avaient parlé, je pense qu'aucun des deux n'aurait compris la langue de l'autre. Ils me firent tourner la tête en empruntant des chemins déserts incroyablement tortueux et obscurs, au lieu de suivre les routes et les sentiers dégagés qui menaient directement à la rivière. Je commençais sérieusement à les soupçonner d'être en fuite si bien que j'étais tenaillé par l'inquiétude en même temps que par la curiosité. L'après-midi du troisième jour, nous atteignîmes une plaine que je connaissais très bien : de loin, ils avaient l'air de trois taches noires parmi les nuances de roux automnales.

Nous étions en plein milieu d'un jeune delta datant de deux mille ans. Eux devant, moi derrière. Je tentais de les suivre tout en me cachant dans ce terrain marécageux qu'une rivière tumultueuse avait élu pour paysage. Par malchance, un peu plus loin, il n'y avait plus que des peupliers. Des peupliers jusqu'à perte de vue, alignés à intervalles réguliers de cinq pas, aussi nombreux qu'une armée de fidèles soldats. C'était l'œuvre de paysans âpres au gain qui commercialisaient ces arbres. Les aulnes blancs, les frênes, les chênes, les hêtres, les vergnes, les saules, les marronniers qui, il y a quelques années encore, façonnaient cette plaine, avaient été abattus en totalité et remplacés par des peupliers plantés les uns à côté des autres de façon géométrique. Il n'y avait même pas un trou où se cacher. Lorsque les voyageurs entrèrent dans ce bois, je les hélai courageusement :

— Hé ! Qui vous a permis de traverser ce bois ?

Ils marquèrent un instant d'hésitation, mais ils ne se retournèrent même pas pour regarder en arrière ; on aurait dit qu'ils s'étaient concertés à ce sujet. Je criai à nouveau à m'en déchirer le gosier :

— Hé ! Je vous parle ! Cet endroit m'appartient, vous m'entendez ? Cet endroit m'appartient !

C'est incroyable ce qu'ils se ressemblaient. Les mêmes traits, le même regard plissé. L'inquiétude se propageait pareillement sur leur visage et la tension qui progressait du menton au front exprimait clairement le lien secret qui existait entre eux. Je parle de quelque chose qui allait au-delà d'une complicité entre un père et un fils, d'une relation qu'un être sans attache comme moi ne peut pas bien expliquer. On avait l'impression qu'il y avait une troisième personne entre eux qu'on ne voyait pas mais dont je ressentais la chaleur sur ma peau. Quelqu'un d'autre, issu de l'empathie entre un père et un fils, qui dépassait la force des deux ; quelqu'un qui était partout, à la fois unique et multiple, comme les peupliers alentour. Cette fois, j'étais vraiment dans le pétrin.

Ce fut d'abord son père qui me tomba dessus. Il brandissait ses bras en l'air en hurlant des mots confus auxquels je ne comprenais rien, il voulait très probablement que je m'écarte de sa route ; l'homme avait une finesse étrange qui ne faisait pas virile. Je n'arrivais pas à savoir si cela venait de ses sourcils incurvés, de ses petites dents ou bien des délicates ondulations de son visage quand il criait, mais je ne tardais pas à comprendre. Cet homme était totalement imberbe. C'est toujours un grand problème d'être imberbe. Cela donne au visage une expression indéfinissable et laisse une impression d'étrangeté dont on ignore l'origine. Cela dut m'apaiser de réaliser que le père était imberbe, car je me détendis spontanément et me mis à contempler cet homme qui était en train de se fatiguer inutilement. C'est à ce moment-là que le jeune homme, qui attendait à côté de son cheval, passa devant son père ; d'une voix instable, qui n'était pas encore posée, il me demanda ce que je voulais. Le fait de défier hypnotise d'abord celui qui défie. Les muscles du cou du jeune homme apparurent peu à peu. Sa pomme d'Adam formait une grosse boule. Réfugié dans le capiton épais de son courage, il se transformait peu à peu en un lutteur, de plus en plus robuste, de plus en plus accompli. Je lui demandai :

— C'est quoi ce qu'il y a dans ta ceinture ?

Les mains sur la taille, il me répondit :

— Pourquoi me poses-tu cette question ?

— Ces fragments d'or, ils ont de la valeur ?

— Oui, beaucoup de valeur, dit-il d'un air orgueilleux.

— Dis à ton père que vous êtes passés par mes terres, vous avez des dettes envers moi.

Le père fit un mouvement pour s'interposer, mais le jeune homme ne bougea pas d'un millimètre et, d'un geste ferme, fit signe à son père d'attendre en arrière. Malheureusement je n'étais qu'un simple voleur. Je n'ai jamais dit que je n'étais pas peureux. Sinon comment aurais-je pu instaurer le climat menaçant de la peur. J'arrivais à mes fins en faisant d'un jour banal un puits sans fond. J'assombrissais les esprits.

Le garçon me dévisagea d'un air inexpressif et dit : "Nous n'avons aucune dette envers toi."

Cette fois, je fus obligé de sortir mon couteau ; le tremblement de ma main et la pitié que je ressentais envers cet enfant qui n'avait qu'un œil étaient grotesques, totalement grotesques ! Je m'approchai de lui et lui demandai durement où il avait trouvé cet or. Indifférent à ma colère, il me parla de la rivière comme s'il s'agissait d'une chose que tout le monde connaissait. D'après lui, c'était une rivière perdue dont on ne connaissait ni la source ni l'embouchure. J'essayai de m'imaginer où elle se trouvait sur la carte imprimée dans mon esprit, mais combien de personnes, quand elles sont perdues, sont capables de décrire le chemin par lequel elles sont passées ? Il parla aussi d'une "forêt sombre", mais je ne tirai rien d'autre de sa bouche. Il n'y avait pas à dire, le couteau était très lourd dans mes mains. Un voleur qui ignorait ses limites n'avait pas de valeur à mes yeux. Je finis par jeter mon couteau parce que j'étais sûr qu'il ne me donnerait pas son or.

D'un air le plus paternel possible, je lui proposais un arrangement. Jugeant le jeune homme inexpérimenté, je lui dis : "Viens, battons-nous." Il allait perdre. Lui vaincu, j'allais lui prendre son or. Dans le cas contraire, j'allais lui donner la graine de fleur la plus précieuse de ma besace.

Il répondit aussitôt qu'il refusait de se battre avec moi. Mais j'eus l'impression que juste après il prononça des paroles méprisantes du genre "Tu es le pire des démons", "Tu es un être vil et indigne". Bien sûr je ne peux pas affirmer que j'entendis vraiment tout cela, mais c'était comme si je l'avais entendu. Parce que ces mots étaient dans son regard. L'homme ne supporte pas d'être abaissé. J'aurais voulu lui arracher la tête ! Je devins fou de colère. Je baissai carrément d'un ton pour qu'il se penche vers moi afin de m'entendre et je parlai très distinctement entre mes dents. En grondant... Mes paroles brûlaient au contact de l'air. D'abord je me moquai de sa laideur, je décrivis longuement sa monstruosité et je lui dis, entre autres, comment allait le perdre cette méchanceté gratuite qui consistait à mépriser quelqu'un et notamment un vieil homme comme moi qui lui proposait un défi. Que seul un être s'inspirant des forces obscures pouvait avoir un aspect comme le sien. "Je comprends maintenant, lui dis-je, pourquoi ta mère t'a privé de ton autre œil !" Puis, gonflant le buste, j'énumérai les raisons qui l'obligeaient à accepter de lutter contre moi. La menace que je proférai s'entendit très loin. Que de paroles je prononçai pour qu'il me donne son or de bon cœur. Je lui dis par exemple que s'il ne luttait pas contre moi, je ne les lâcherais pas. Que de toute façon ils avaient perdu leur chemin et que je les en écarterais encore plus. Qu'ils deviendraient fous tout seuls dans les steppes infertiles où seuls vivaient les criquets, et qu'en arrivant dans le désert la faim les obligerait à manger leur cheval. Je lui dis qu'il comprendrait alors qui était le vrai démon, qui était indigne : il verrait comment un fils pouvait devenir un traître au moment où le désir de vivre se fait lourdement sentir. En plus, qui était-il pour m'abaisser avec son regard alors qu'il n'avait aucune expérience du monde ? Je ne l'oublierais jamais. Je le suivrais en silence comme une ombre, de sorte que jamais il ne pourrait savoir dans quel endroit et à quel moment je surgirais devant lui. Chaque fois qu'il entendrait un bruissement d'herbe ou un craquement de branche, son cœur serait transi de peur. Et le pire, c'est que j'entrerais dans ses rêves et troublerais son sommeil. De sorte qu'il serait lié à moi comme personne ne l'avait jamais été. De toute manière, j'étais en âge de savoir comment un ennemi se transformait de jour en jour en géant. Dis-le ! Pourras-tu supporter de m'emmener partout où tu iras ? Un matin, il se réveillerait sans trouver son maigrichon de père à côté de lui. Il enterrerait sa dépouille morceau par morceau en différents endroits et ne saurait où le pleurer. Sans qu'il s'en rende compte, je lui prendrais son cheval et tout ce qu'il avait… Il goûterait avec moi à la solitude la plus douloureuse, car il ne pourrait même pas trouver refuge auprès de moi. Par la suite, c'est lui qui courrait après moi. Le sentiment de vengeance rongerait petit à petit son âme et il passerait sa vie en rêvant de me massacrer sans jamais pouvoir me trouver.

L'œil du jeune homme s'était agrandi. Sa peur commençait à prendre consistance. A la fin je lui dis en grondant : “N'oublie pas que je suis un voleur : je disparais et réapparais à ma guise et je te jure que tu ne me verras plus jamais !”

Sans que j'eusse le temps de finir ma phrase, il se tendit comme un arc et se jeta sur moi en poussant un cri effrayant. Je crus que mes côtes s'enfonçaient. Bien que sa taille n'atteignît pas mon épaule, il m'enserra le corps de ses bras osseux et me souleva en l'air. J'avais plein de bêtes phosphorescentes dans les yeux. Son corps sec n'offrait pas de chair par où le saisir. Submergé par mon poids lorsqu'il me fit voltiger en l'air, il trébucha. Nous roulâmes un moment l'un sur l'autre. Le cheval se cabra en reculant. Tout était envahi par la poussière. Son père, très agité, ne cessait de tournicoter autour de nous. Je criais sans arrêt et à force de crier je m'étouffais. D'un coup, il se dégagea de mes bras. Pour bien me voir, il ne cessait de tourner son visage vers la gauche et laissait ainsi son cou sans protection. Imaginant aussitôt une ruse, je saisis promptement sa nuque par la droite, mais il saisit aussitôt la mienne d'un mouvement agile. Ses doigts en étau me serrèrent le cou ; je ressentis une douleur insupportable. Je me sentais tel un sac rempli de pierres alors que lui bondissait allègrement sans même poser les talons au sol, sa souplesse incroyable me laissait pantois. On l'aurait dit pris de folie des pieds à la tête. Je vis son œil de très près. Un faisceau lumineux puissant émanait de son regard noir embrumé et me traversait avant de transpercer toute la peupleraie. Il luttait d'instinct dans un état totalement second. Je pensais que cette force ravageuse pourrait s'épuiser et je me disais : "Résiste, allez, résiste." De toute manière, il n'allait pas tarder à s'écrouler. Je résistais autant que possible en employant toutes sortes de tactiques : en le saisissant par en dessous ou en le tirant par les jambes de son pantalon. Nous luttâmes pendant des heures sans interruption. Le ciel avait commencé à s'assombrir et les insectes annonciateurs du soir avaient envahi de leurs chants la peupleraie. Bien évidemment, son père ne restait pas inactif ; chaque fois qu'il en trouvait l'occasion, il me griffait le visage ou me frappait le dos avec un bâton, mais il se retirait aussitôt sous les invectives de son fils. J'étais couvert de sueur et totalement dépenaillé. Nous nous étions mutuellement déplumé la tête et mordus sauvagement. L'obscurité venue, nous parvînmes à nous trouver en tâtonnant et ensuite nous nous empoignâmes pour ne plus jamais nous séparer. Il finit par me réduire en servitude en encerclant mon épaule avec son bras. Ma taille était près de se briser. Pour me libérer, je tentai de le repousser en le saisissant par l'autre côté, mais voilà qu'il enlaça ma jambe avec la sienne et je me retrouvai dans une situation pire que celle d'une souris que viendrait d'avaler un serpent. Deux êtres ne peuvent être aussi proches que lors d'une étreinte. A force de sentir ma sueur se mêler à la sienne, ma bouche toucher la sienne, à force d'avaler sa salive, ma colère fit place à un sentiment d'amitié fruste. L'identité du jeune homme se colla sur moi telle quelle. J'étais prêt à l'enlacer et à l'embrasser sur le front. C'est à ce moment-là que je suis tombé. Peut-être ai-je été vaincu par moi-même, parce que j'étais fleuriste. Le garçon, quant à lui, s'écroula hors d'haleine au pied du peuplier le plus proche. Ses vêtements étaient en lambeaux. Le sang dégoulinait sur ses bras et brillait au clair de lune. Ce n'est qu'une fois allongé sur le sol que je remarquai la pleine lune. Quelle vision extraordinaire, quel réconfort. Avant de plonger dans un profond sommeil, je dressai une dernière fois la tête et regardai le jeune homme. Je ne vis pas la moindre expression de victoire sur son visage. Il ne pouvait pas voir la pleine lune.

Le lendemain matin, au moment le plus doux du sommeil, je sentis une chose lourde me tomber sur la poitrine. Je me réveillai en sursaut. Ma besace était sur moi mais sans avoir été ouverte. Le jeune homme, debout face à moi, me dévisageait d'un air désagréable. Je clignai des yeux. Le cheval et le père étaient en retrait, j'avais d'eux une vision brouillée dans la brume du matin. Je cherchais à me redresser en prenant appui sur le sol, quand j'entendis mes os craquer. Le jeune homme hésita à me tendre la main, une douce tiédeur me parcourut. Sait-on pourquoi, les bons sentiments donnent autant de plaisir que le tabac. Je n'avais pas encore repris mes esprits. Mes habits étaient en piteux état. Je ne fis pas beaucoup d'effort pour faire bonne figure sachant que je n'avais plus rien à perdre. Le jeune homme mit tant d'application à ne pas trahir sa fatigue que je pouvais très nettement distinguer le battement de ses veines sur ses tempes. Il m'examina des pieds à la tête d'un air arrogant. Je ne sais pas comment un être peut regarder d'une manière aussi intense et limpide avec un seul œil. Nous nous observâmes un moment sans dire un mot, je crois qu'il attendait que je dise quelque chose. Devant mon silence, il se mit à parler en premier. Je fus plutôt étonné quand je l'entendis dire que je lui devais quelque chose. Il avait attendu avec patience que je me réveille pour me rappeler ma défaite alors qu'il aurait parfaitement pu s'approcher subrepticement quand je dormais. Je sortis de ma besace les graines qui avaient le moins d'intérêt : un sachet rempli de graines d'une fleur de montagne jaune pâle… une fleur sans majesté dont personne ne voulait car les abeilles tournaient autour. Je tendis le sachet d'un air charmeur et lui dis : "Tiens, mon garçon, prends donc, je tiens parole. Maintenant nous sommes quittes." Il prit le sachet avec une curiosité enfantine et demanda de quel genre de fleur il s'agissait. J'avais désormais assez de force et je lui expliquai :

Cette fleur est telle, mon garçon, qu'elle stupéfie tous ceux qui la regardent et les pétrifie sur place, dis-je pour commencer. C'est une fleur sans égale, d'une beauté dont nul ne peut se rassasier. Seuls les êtres nobles et respectables peuvent la posséder. Tu peux imaginer à présent combien elle doit être chère. Le printemps venant, on trouve un endroit ombragé où l'on creuse un sillon de la profondeur d'un demi-doigt et on sème les graines. Seize jours après, la tige de la fleur grandit et s'évase en forme d'œuf pour constituer l'enveloppe transparente de la fleur ; cette enveloppe se divise en deux et laisse apparaître des pétales recroquevillés en forme d'ellipse. Ils sont rouges, puis violets, puis jaunes… Les pétales groupés deux par deux s'assemblent pour présenter une symétrie incroyable qui fait penser à un octogone. Au milieu de la fleur, entre les organes sexués en forme de cravache, tu pourras voir, en regardant bien, le creux de la tige principale à l'intérieur duquel d'autres tubules se développeront par la suite. En résumé, je te donne une fleur à l'intérieur d'une fleur. Ne me demande pas son nom, ma langue l'ignore. Si tu as suffisamment d'élan créateur, tu lui donneras un nom et tu deviendras le noble propriétaire de la fleur des fleurs.

Mon intention était de le rendre désespérément enthousiaste grâce à mon discours. J'avais dû y parvenir. Il glissa soigneusement le sachet dans sa ceinture et s'éloigna de moi sans penser à autre chose qu'à sa fleur.

Je ne tardai pas à comprendre que j'avais perdu bien plus que ce simple sachet de graines, j'avais tout perdu. J'avais livré à ce jeune homme doté d'un seul œil toute ma nature, mon sens du jeu, ma ruse, mon aptitude à duper, mon art de l'illusion. Pendant quelques jours, je cherchai au milieu de la peupleraie une pensée qui me féconderait comme une graine couverte de petits poils qui se dispersent ici ou là. J'avais totalement oublié ma condition de fleuriste et n'avais rien trouvé pour la remplacer. Je compris ensuite que je n'avais qu'une seule solution, celle de chercher de l'or. Je repartis en direction du ruisseau, là où j'avais vu le père et son fils pour la première fois. Les eaux avaient considérablement monté et les nénuphars paraissaient plus grands sous l'eau, ils avaient commencé à pourrir. Malgré le grand froid et la tourbe, malgré la pluie qui chagrinait le ciel, je me mis aussitôt en route pour ne pas perdre la trace du père et du fils. Je me dirigeais vers les rives de la rivière perdue en passant par où ils étaient venus. J'entendais constamment le babillage d'une rivière ; un bruit à rendre fou qui ressemblait parfois à un fou rire effronté, parfois à un simple gémissement… J'avais l'impression d'être à la poursuite d'une rivière cachottière qui changeait constamment de lit. J'avais beau être toujours près d'elle, je ne parvenais pas à la trouver. Par exemple, j'entendais sa voix s'élever derrière un petit bois, mais après avoir traversé celui-ci la voix se faisait entendre bien au-delà. L'écho ne cessait de m'induire en erreur. J'avais perdu mon sens de l'orientation, mon intelligence de la nature, les fruits de ma longue expérience. En songeant à tout ce que ce fils et son père, soumis à la lenteur de leur vieux cheval, enduraient en parcourant ces routes tortueuses, ma solitude me découragea fortement. Je ne parle pas de leur accompagnateur, mais que n'aurais-je pas donné pour un fils et un cheval.

Depuis que je connais le jeune homme, mes sommeils sont emplis de cauchemars. En luttant contre lui, je n'avais pas seulement avalé sa salive, goûté sa sueur ou encore vécu au rythme de son pouls, je m'étais aussi emparé de tous ses maux. Depuis ce jour-là, je fais toujours le même rêve quand je dors. Une forêt étouffante. Totalement obscure, entourée d'un halo épais de couleur sombre. La nuit tombée, je reçois une pluie de grêlons gros comme des grains de blé. Les ombres se penchent sur moi avec leurs mains froides. Quand je marche, la terre glisse sous mes pieds. Je revois des centaines de fois le même arbre et je suis en permanence sur le point de pleurer. Je mange des écorces, des feuilles, des bébés oiseaux jetés de leurs nids. La faim m'amoindrit dans mon sommeil. Chaque fois que j'essaie un nouveau chemin, je me retrouve au même endroit. Il ne s'agit pas d'une forêt, mais d'une étoile éteinte dérivant dans l'espace. Une impasse géante fermée par les arbres, loin du monde, dans un angle mort de la surface terrestre.

Quand je retournai à la ville, je n'avais plus une aussi bonne santé qu'avant. Mes dents étaient tombées, mes maxillaires commençaient à s'affaisser. J'avais des grains de beauté partout et mes mains étaient couvertes de taches. Les enfants, qui me prenaient pour un mendiant, me lançaient impitoyablement des pierres ; les femmes, transies de peur, se précipitaient vers leurs maisons en poussant des cris. Ce n'était pas un vieillard qu'ils voyaient, ni un bossu, mais quelqu'un qui ne parvenait pas à mourir. Un voleur qui pourrissait sur pied. Personne ne s'intéressa à mon histoire. D'ailleurs, qui ferait attention à un pauvre sénile à l'esprit dérangé ? Pourtant mon histoire n'a rien d'extraordinaire. Elle n'est constituée que de la rencontre entre un jeune homme nanti d'un seul œil et un voleur qui pourrait surgir devant n'importe qui. Je n'arrive pas à faire en sorte qu'ils me croient. Je ne parviens à persuader quiconque de ma défaite. Je n'arrive pas à mourir en raison de ma grande tristesse.

NEUF

C'était un hiver mémorable. Le vent froid s'infiltrait sournoisement par les coutures des vêtements épais et transperçait les entrailles. Le ciel ressemblait à un cauchemar tout blanc d'une beauté satanique. Une beauté aussi fulgurante qu'un cataclysme. La neige… C'était l'infinité de l'hexagone. La Femme-homme, Yâşur et Œildroit étaient sur le point de geler sur une douce plaine rappelant l'albâtre. Les chaînes de montagne derrière le rideau de brouillard ressemblaient à des fantômes immobiles. Les arbres avaient perdu leurs veines. Le nez, les doigts, les oreilles, toutes les proéminences d'Œildroit offertes au danger se muaient en métal. C'était surtout ses ongles, devenus durs comme l'acier, qui lui faisaient mal. Ses lèvres ne cessaient de se crevasser. Les flocons de neige attaquaient son visage couvert de blessures. Plissant fortement les yeux, il ne pouvait regarder devant lui qu'à travers un minuscule interstice. Tout son corps n'était qu'un œdème. Quand il regardait le ciel qui se décomposait en millions de particules, il lui prenait l'envie de participer à cette vision inépuisable au cœur d'une cérémonie voluptueuse où beauté et horreur étaient imbriquées. Il ne voulait pas dormir, non ! S'il dormait, son cœur allait geler et son esprit devenir de glace. Il allait vite oublier qu'il vivait. Bien évidemment cela n'avait aucune importance qu'il oublie, mais c'était cette peur de ne pas se rappeler qui le maintenait éveillé. Sinon il aurait dormi, quelle importance ! Il aurait dormi et serait libéré de sa peur de dormir.

En regardant de l'intérieur, c'est-à-dire depuis son œil droit, l'hiver était l'atlas froid de sa peur de la mort. Il y avait Œildroit, et puis de la neige à en mourir... rien d'autre. De toute manière, les autres aussi allaient geler. Les jambes maigres de Yâşur tremblaient et la Femmehomme était courbée en deux. Pourtant la neige n'était que la mort d'Œildroit. La voie la plus courte pour rendre sa fin plus émouvante et la différencier des autres, c'est accepter à l'avance d'être emporté par les affres de la nature. D'autant qu'il n'est nul besoin de courage. Il suffit d'essayer de rester sur pied, c'est ainsi que l'on tient tête à l'hiver. Cependant, chaque fois qu'un flocon heurtait ses lèvres blessées, il s'avançait vers le néant avec un désir au goût acide. Quel plaisir de ne plus sentir ses pieds, de voir sa chair pourrie devenir dure comme de la pierre et d'éprouver l'humidité et la lourdeur croissante de ses vêtements ; quel plaisir de rouler comme une boule, les os enchevêtrés, dans un grondement sans musique, de considérer la brûlure alors ressentie dans ses veines comme un formidable signe d'amour lié à la vie et de se soumettre dignement au froid de la neige en banalisant toute sorte d'amour comme s'il s'agissait de la supplication d'un pauvre mendiant... De toute manière, sachant que cette fois il ne pourra pas lutter, qu'il ne pourra faire cesser ce déferlement de blanc, il devra se refroidir jusqu'à finir par éclater ou devenir une partie de ce cauchemar qui ne cesse.

je suis un flocon.
mêlé aux autres
devenant aussi gros qu'une noix.
léger comme une plume, je viens vers toi en tournoyant
avec au fond de moi une terrible peur de tomber
– crois-moi, je ne saurai être plus dense que je ne le suis –

moi, l'instant de la volonté suprême transformant le temps en neige…
j'étais bien plus léger avant de quitter mon palais froid du ciel
selon la loi implacable de la glace
j'étais la phase la plus pure de la neige
le balancement informe de la vapeur
jusqu'à ce qu'elle se change en une fleur d'une beauté éblouissante

à cette époque, le vent était le vent
un parent lointain dont je ne connaissais pas bien les habitudes
la vapeur était la vapeur
l'absence de temps d'une longue vie issue de l'eau.
en atteignant le point de rosée, je n'étais ni vapeur, ni eau, ni éclair
dorénavant, je suis tout à la fois
chargé des expériences du passé du présent et du futur

arrivé à maturité à force de tomber
je suis un flocon qui te donne froid.

devenu à présent la particule parfaite d'un éparpillement involontaire
je t'apporte un reproche glacé
les paroles les plus acérées que tu pourrais entendre
où n'apparaissent ni le nom de ton père
ni celui de cet avatar de femme…

Yâşur, les oreilles dressées, m'attend avec impatience
je le promets
je le libérerai de ses peines
sans le faire souffrir, poil après poil.

quant à la Femmehomme, elle ne connaîtra pas une once de pitié
sa passion est une saison aride, qui n'appartient qu'à elle
une saison qui brûle ceux qui l'approchent
bien pire que tous les climats de la terre, un enfer…

je la tirerai de là et l'enverrai vers les frissons infinis.
elle sera obligée d'abandonner ses promesses
ses désirs excessifs, sa ténacité aussi dure que l'acier.
son visage portera le chagrin cristal des statues immobiles.
alors, elle ne contaminera plus personne avec ses sentiments…

pour en venir à toi Œildroit, il ne te reste plus qu'à geler !

Il ne devait pas suer. S'il suait, il gèlerait. Un chagrin qui demeurerait jusqu'au printemps se pétrifierait sur son visage. Au fur et à mesure que les blocs de neige tombaient des branches et s'engouffraient dans ses vêtements au travers de sa nuque, une douleur aiguë se propageait sur son dos. Il avançait péniblement entre les nombreux arbres et s'enfonçait de plus belle dans la couche de neige qui ne cessait de s'épaissir. On ne les voyait plus qu'à moitié. La Femmehomme n'était plus que deux bras qui s'agitaient et Yâşur, une longue queue. Un pas plus loin, c'était la peur et, au-delà, l'inconnu. Il ne cessait de cracher la bile qui remontait dans sa bouche, ainsi que les derniers morceaux de viande séchée. Mâcher le fatiguait. La peur de la faim l'empêchait d'avaler sa bouchée. Il ne fallait pas avaler, s'il avalait, il ne pourrait plus sentir le battement lancinant de l'existence.

La Femmehomme demeurait silencieuse. Elle avait recréé le silence dans sa propre langue. Avec cette langue venue d'un pays lointain, elle menait chaque créature qui possédait des yeux vers la singularité infinie d'une météorite évoluant dans l'espace. Il s'agissait d'une condamnation impitoyable qui en réalité annihilait la singularité. Cette langue, que nul autre ne connaissait, mettait fin de façon radicale à cette complicité que la Femmehomme avait instaurée sur terre. Non seulement cela empêchait ce voyage incertain d'être un récit condensé ou une légende ou une histoire, mais cela réduisait le discours ou, au contraire l'exagérait. Quant à Œildroit, il continuait à mâcher et à délirer. A nouveau, il observait d'en haut ce qui se passait comme s'il était un flocon de neige. Comme s'il s'agissait de l'aventure d'une seule personne. En raison du silence de la Femmehomme, il se sentait obligé de délirer, prononçant des paroles d'un pathétique assez sommaire. Son récit devenait de plus en plus compliqué. Il marmonnait à n'en plus finir des phrases qu'il n'arrivait pas à ponctuer. Toutes les images éveillaient le doute ; la vérité changeante, entre l'espace et le temps, entre le ciel et la terre, disloquait l'identité d'Œildroit.

Pour en venir à la Femmehomme, elle était toujours insécable, toujours entière, malgré tous les changements qu'elle avait vécus. Comment cette langue avait-elle surgi ? D'elle-même, par génération spontanée ? Elle l'avait trouvée en ressuscitant lentement un cocon inerte et tout desséché par manque d'humidité dans un coin retiré du côté gauche de sa mémoire. Cette langue, qui se mouvait avec l'ahurissement d'un papillon fantomatique, était née d'un alphabet nourri de fantasmes, composé de particules minuscules. Avant même qu'elle ne prenne la route, sa voix était déjà devenue rude. Elle s'était rapidement parée d'un timbre blanc, absorbant la lumière. Cette résonance s'était peu à peu assombrie, de sentiers en collines et de collines en ruisseaux asséchés. Peut-être que son palais s'était épaissi et que sa langue avait gonflé. A force de parler, elle s'universalisait, à force de s'universaliser elle parlait d'un autre univers. Œildroit n'avait jamais pu s'habituer à cette voix masculine émanant de cette Femmehomme. Chaque fois qu'elle parlait, il reculait d'un pas, froidement. Sans doute parce qu'il n'avait jamais oublié les cheveux bouclés de sa mère, ni le grain de beauté à trois points qu'elle avait entre les deux seins, ni les boucles en or qui pendaient à ses oreilles ; jamais il n'avait pu accepter sa voix étrange qui ne s'accordait pas avec son visage. En vérité, son visage avait été effacé. Sacrifiant son corps pour un voyage néfaste, au but ignoré, elle avait préféré enfouir sa mémoire au fin fond d'elle-même comme des poupées russes imbriquées les unes dans les autres et transposer ses mots dans une langue étrange qui faisait penser aux heurts d'un marteau. Et Œildroit dans tout ça ? Avec le mirigyel de son père, il se trouvait réduit à n'être presque rien. A n'être plus que poudre.

Peut-on considérer qu'Œildroit avait lutté à mort avec un homme ou pas ? La rancune, pétrifiée en son for intérieur, avait-elle été ébranlée par cet homme qui lui avait offert une poignée de graines, ou pas ? Avait-il atteint la maturité ou était-il entré dans un autre corps ? Etait-il encore "un" ou était-il évaporé depuis longtemps ? La mise à terre du voleur, la défense de l'or qui brillait du sang de son père, la libération de sa mère qu'il avait arrachée des mains d'un être cruel sur le point de la terrasser n'avaient-elles aucune valeur ? Comment se faisait-il que la Femmehomme puisse continuer sa route sans montrer le moindre petit changement, comme si personne n'avait surgi devant eux dans la peupleraie ? Pourtant, toute nouvelle expérience permettait de changer, même si c'était désagréable ? Œildroit avait recommencé à délirer. Cette fois, il était tout rouge tant sa colère était ardente.

Tu es une mère ou quoi ! Alors admire-moi ! Même si je ne connais pas ma faute, pardonne-moi ! Pourquoi est-ce que je ne connais toujours pas mon prénom ? Dis-le-moi, au moins ! Prouve-moi que tu m'as mis au monde !

Tandis qu'Œildroit parlait en délirant, les stalactites de glace accrochées fragilement aux branches multipliaient son inquiétude en la diffractant en mille reflets. Les yeux de Yâşur étaient minuscules. Son souffle chaud qui se durcissait aussitôt au contact du froid restait momentanément accroché en l'air. Œildroit avait grandi avec Yâşur. C'était son frère en quelque sorte. Mais il avait toujours remarqué chez lui ce regard de centenaire. Il était toujours écrasé sous le poids des tiques qui croissaient sur sa croupe, toujours sans espoir, toujours comme si, de ses cils épais, il désignait l'endroit où il allait mourir. Toujours calme face aux ho ! et aux ordres grondants de la Femmehomme. Il finit cependant par s'écrouler. Il s'enfonça complètement dans la neige. Les sacs et les ballots, enveloppés de peaux de bête, se répandirent de tous les côtés. La Femmehomme tournicota autour de Yâşur avec agitation et se mit à marmonner. Il était clair qu'elle maudissait le cheval. Haaa ! C'était bien le moment de mourir !

je me souviens de quand tu étais petit Yâşur.
tu fuyais les violentes pluies de pierres et d'épines des enfants
tu galopais sans relâche vers les prairies
tu ne te résolvais pas à aller plus loin
tu revenais vers ce monde qui te conviait à la domestication.

tu revenais toujours Yâşur.
tu aimais ton joug, tu prenais ta charge à la légère.
ta patience était semblable à celle des humains qui vivent ensemble.
ta tête évoquait celle triste d'un homme aux yeux d'olives
qui allait porter un jour sur son dos la croix où il serait cloué.

quand tu n'étais encore qu'un poulain, j'étais une goutte d'eau,
une goutte de rosée qui n'avait pas encore accompli son temps sur terre.

à l'époque, ton dos couvert de sueur
était tout noir et brillant, semblable à la coque d'un insecte prêt à grandir.
tu tirais ta beauté de l'obscurité,
les nuits d'hiver, tu te parais d'une illusion mystérieuse
qui te rendait invisible.

tu semblais être une créature sacrée, allant vers un autre monde
un lieu qui n'existait pas
puis tu réapparaissais aux premières lueurs du jour.
tu allais toujours vers un pays ayant pour nom la nuit
peut-être une planète ayant pour nom la nuit.

maintenant tu as la couleur de la boue, et tes jambes sont si maigres !
ta crinière pelée est trempée et ton ventre gonflé comme un tambour.
ta croupe est couverte de blessures profondes, pleines de pus…
allez, respire, prends de l'air, tiédis mes mots gelés dans tes poumons.
venu de très loin, je m'approche de toi en tournoyant,
je m'unis à d'autres flocons,
plus âgé que la somme de toutes les vies d'un nuage.
dis-moi ! combien de personnes connaissons-nous
hormis cette Femmehomme
et ce jeune homme ignorant
qui ne sait pas faire son deuil ?

meurs sans eux Yâşur

laisse-les cette fois, qu'ils se tourmentent sur ta mort
au cœur de l'hiver qui se déverse sur terre flocon après flocon
qu'ils restent totalement seuls
dans la mer froide de la désespérance
avec ta noble mort qui ne blâme personne.

qu'ils comprennent combien ton absence est un instant sans valeur
que depuis ta jeunesse tu as obéi à chaque mépris
pour cette belle mort.
assume leurs douleurs, qu'ils se guérissent avec tes blessures.

toi qui es
un ami sans faille

un ravissement rehaussé de tes hennissements joyeux,
du bruit de tes sabots
la première page du plus beau livre qui s'écrira sur les
animaux.
je te le promets, tu pourriras ici sans être envahi par
les vers
tes os attendront dans un silence de pierre.
tu seras un sommeil d'ivoire, ce dont rêve chaque être
souffrant.
je suis un, Yâşur, je suis mille
tout autant unique que toi, tout autant pluriel
je sais ce que signifie fondre, changer, devenir, se trans-
former,
rester toujours dénudé…
toi aussi, tu es ainsi.

quand ton corps, que l'homme imagine nu malgré ton
pelage,
s'allonge de façon touchante dans la neige
et quand apparaissent tes côtes qui tendent ta peau
comme si elles allaient sortir au moindre contact,
n'oublie surtout pas
que cette vision peut apaiser la conscience.

n'oublie pas Yâşur, malgré ton éblouissement,
je suis toujours à tes côtés.
le sens-tu ? Je suis tombé juste sur ta tête.
je me trouve à présent sur ton front couleur cannelle.

tu es tout chaud
d'une chaleur mortelle
de la bave jaune sombre s'écoule de ta bouche
tu es aussi beau qu'est trompeuse l'horreur lisible dans
tes yeux injectés de sang
viens Yâşur, aime-moi.

pour la dernière fois, prononce une phrase pour moi
un cheval peut-il se transformer en tristesse ?
allez, dis-le-moi.

La Femmehomme avait dû se préparer depuis longtemps à la mort de Yâşur car, lorsqu'il s'écroula, elle rassembla en vitesse, avec un sang-froid impitoyable, à soulever le cœur, les affaires éparpillées partout. Elle n'était plus un être humain, mais une pierre ! Regarde un peu comment tremble un être vivant qui dit adieu à la vie, combien il lutte, écumant de bave, pour rééquilibrer son rythme intérieur ? Attends donc… Mais c'était juste le contraire, elle ne s'arrêtait pas. Hors d'haleine, elle extrayait de la neige les ballots qui y étaient enterrés et les entassait les uns sur les autres.

Yâşur mourait, silencieusement, dans un tout petit bruit semblable à celui d'une feuille tombant de la branche. Ses yeux se fermèrent lentement. Œildroit s'allongea et caressa la tête du cheval. Il était tout chaud.

C'est alors que la Femmehomme sortit son couteau.

Ses lèvres étaient closes, une fois encore, ses mains ne tremblaient pas. Elle plongea son couteau dans la croupe de Yâşur et le tira de toutes ses forces vers le bas, sans hésitation. Cela engendra une longue blessure. On pouvait voir trembler ses organes enchevêtrés. La neige se colora rapidement de sang. Un être humain ne devrait pas regarder cet épanchement de sang, ou du moins il devrait cligner des yeux. Pourtant, Œildroit n'arrivait pas à s'en détacher. La tiédeur à défaillir qui émanait du corps fendu de Yâşur le captivait et lui procurait un sentiment étrange, mêlé de stupeur. L'ensorcellement lui donnait du plaisir. Il était proche de l'oubli. Les images s'embrumaient peu à peu jusqu'à se fondre, les arbres couronnés de neige se transformaient en simples traits et les collines blanches lui semblaient des plaines. La surface de la terre était incroyablement pure.

La Femmehomme saisit le bras d'Œildroit d'une main très ferme, autoritaire, à laquelle il était impossible de s'opposer. Il vit l'afflux de sang sur le visage de la Femmehomme, et son regard aussi inflexible que l'acier, mais en même temps étrange et empli de sentiments. Elle le poussait en direction de Yâşur, vers le ventre de Yâşur, vers l'intérieur de Yâşur... Œildroit, telle une marionnette, était comme désarticulé. Il s'étendit dans la blessure encore toute chaude. Le sang lui brûla l'œil, si bien qu'il ne put l'ouvrir. L'instant fut frappé d'un sceau. La chair de Yâşur réchauffait son dos. Ses muscles enveloppaient ses bras, son sang emplissait sa bouche ; il avait mal au cœur, il vomissait tout en poussant des meuglements ; les bouchées, qu'il n'osait pas avaler, glissaient sur son menton puis son cou. Il entendait des bruissements. Sans doute la Femmehomme qui ôtait ses vêtements trempés. Peu après, elle s'étendit à ses côtés. Ils se collèrent l'un contre l'autre, poitrine contre poitrine, bouche contre bouche, l'haleine de la Femmehomme sentait le rance à cause de la faim. Un meuglement de plus. Chut !!! dit la Femmehomme, chut !!... On aurait dit qu'elle cherchait l'apaisement. De ses bras fins, elle serra fortement Œildroit. Mais son dos était à l'extérieur. De cette manière, elle allait geler à moitié. L'autre moitié allait fondre et se mêler à son fils. Œildroit s'engouffra davantage et tenta de tirer sa mère vers lui. Ensemble ils s'enterrèrent dans la profonde blessure. Ressentant les derniers battements d'un gros cœur, ils se modelaient selon Yâşur. Yâşur était-il conscient de leur présence, en était-il heureux ? Œildroit était fatigué à en mourir. Lourd comme un flocon de neige. Dans les bras de qui était-il ? Dans ceux de Yâşur ou dans ceux de sa mère ?

le sommeil est la mer obscure de la vie.
rapide comme l'éclair, à la fois court et trop profond.
allons, éveille-toi Œildroit, il est temps
aie froid et ressens.

Yâşur s'est raidi tandis que tu dormais, cela fait longtemps
même l'odeur de la neige s'est imprégnée de sang.
Cela sent partout Yâşur, jusque derrière les collines.

le corps où tu es entré
hante l'esprit des animaux,
et les esprits ne peuvent trouver la vie que sur terre
même si c'est sauvagement la plupart du temps.
au-delà, il n'y a qu'un vide infini tapissé de rêve
éveille-toi Œildroit, tu es cerné de grognements effrayants.

il n'y a rien de pire, rien qui hante autant que la faim !
ils ne sont pas un, pas trois, mais un troupeau entier !
ces deux pouls qu'émet une charogne de cheval les troublent
qui n'aurait pas peur d'un mort à deux cœurs ?
allez ne reste pas, tous vous attendent.

regarde, la Femmehomme s'est réveillée,
elle écoute un temps l'alentour, sans bouger,
se penchant à ton oreille avec son sang-froid habituel
elle dit d'une voix limpide et, tu ne me croiras pas,

dans une langue que tu connais, cette fois,
elle dit : éveille-toi.
“éveille-toi…”

elle te caresse tranquillement

comment se fait-il que la Femmehomme
parvienne chaque fois à faire attendre le temps ?

comment se fait-il que chaque fois
elle ouvre une voie vers l'instant qu'elle vise
sans que nul ne s'en rende compte ?

si je suis un flocon dans le tourbillon du ciel,
capable de demeurer sans bouger à tout instant,
elle aussi c'est pareil.
à côté d'elle, toute mort est très longue
tout refroidissement très lent
tout sommeil abyssal.

aussi n'a-t-elle pas mérité une once de pitié.

d'énormes gueules prêtes à mordre se glissent à l'intérieur !
le couteau, où est le couteau ?
éveille-toi, mon enfant ! jette-toi dehors !
la Femmehomme sort en poussant un cri effrayant.
“hirheueueuhirhaaaAAAA !”

se mouvant à genoux, elle marche sur le troupeau,
les yeux en flammes, les mains griffues,
sa colonne vertébrale s'étire et se courbe avant l'attaque
la tête en avant, le menton, les pommettes,
et son front si étroit déterminé à cogner
elle est prête à saisir par le cou le premier qui s'approche.

elle est maintenant aussi affamée qu'une louve, agressive et téméraire…

face à elle une horde sauvage, couleur de cendre,
des animaux gigantesques aux fourrures resplendissantes
où commencent leurs yeux, et où finissent-ils ?
allongeant leurs têtes d'un air menaçant,
ils montrent leurs dents aiguisées.
est-ce ainsi qu'un animal regarde sa proie,

avec passion et avec colère ?

je te vois Œildroit.
toujours derrière la Femmehomme,
effondré sur tes genoux
la tête enfoncée dans les épaules.
le visage enduit du sang figé de Yâşur.
te croyant dans un rêve effrayant
tu regardes la horde d'un air misérable
ton esprit est confus, ton visage atone.
tu es si étonné que tu n'as même pas peur.

La horde dessine un cercle obscur
vous êtes cernés par des dents aiguisées.

il n'y a rien à faire, diras-tu, pourvu que cela ne dure pas trop longtemps
je le sais.
tu aimerais que ta mort, semblable à celle de Yâşur,
se passe comme si tu parlais avec un flocon adulte,
n'est-ce pas
après tout ça
te voilà toujours en quête de rêves impossibles,
allons, Œildroit, dis quelque chose !

il ne s'agit pas d'un rêve, crois-moi.
te voilà en plein cœur
d'un cercle dessiné lentement, prudemment.
à tes côtés un cadavre de cheval, un peu plus loin une femme qui gronde
il suffit maintenant, éveille-toi !

tu es toujours vivant.
une explosion !

son écho se répercute encore et encore…
nous, flocons par milliers, nous précipitons dans une autre direction
ensuite un sifflement de balle
un hurlement d'horreur !
un pleur animal bouleversant chacun de ceux qui ont un cœur…

une blessure profonde est ouverte
une forte odeur de poudre envahit l'atmosphère.
le cercle se disloque…
tous s'enfuient, laissant derrière eux la femelle blessée.
les queues couleur cendre seules se dispersent.
la neige amassée sur les arbres s'effondre au sol.

au loin, un homme…
quelqu'un qui a déchiffré la langue de la neige, qui connaît les lois du froid.
un filet de fumée s'échappe de son fusil.
ses yeux ont une couleur que tu n'as jamais vue.

éveille-toi Œildroit,
un chasseur te regarde.

DIX

Lorsqu'un être en train de geler dans une tempête de neige est sauvé *in extremis*, il paraît que son cœur grandit et que son corps se liquéfie au moment où il se réchauffe... Aussi, quand il se réveilla une nuit dans une chambre toute chaude, il n'était pas un homme mais un fluide qui ne sentait rien hormis son cœur. Le flocon de neige, qui l'angoissait en murmurant sans arrêt au fond de son oreille, avait disparu. Un moment plus tard, sentant la réalité de l'air tiède sur son visage et de l'odeur de bois, il réintégra son corps. Etre vivant était bien plus crédible.

Il était tout nu. Sans la texture irritante de la couverture en poil de chèvre posée sur lui, il aurait totalement oublié sa peau. Il n'était plus qu'un pouls ; un grand cœur qui oscillait chaque fois qu'il bougeait. Aussitôt réveillé, il se souvint de Yâşur, puis de sa mère qui marchait en hurlant vers la horde de loups ; ensuite une explosion et un homme au teint mat qui le regardait avec ses yeux verts sous sa toque en fourrure... Au-delà, le néant. Cet instant était la seule portion de temps encore limpide dans son esprit. Le feu rougeoyant du poêle en tôle situé au pied du lit était près de s'éteindre, il éclairait à peine la pioche, les marteaux et les scies de toutes tailles accrochés au mur enduit à la chaux. Il se trouvait dans un atelier. Des cages en bois en forme de coupole, visiblement sorties des mains d'un spécialiste, étaient suspendues à des gros crochets cloués au plafond. Le reste était sombre. L'obscurité était telle, que la moitié de la pièce ouvrait vers une nuit infinie. Il se pencha difficilement sur le côté et rejeta sa couverture. Le lit était rempli de briques en terre cuite noires de suie. Quelqu'un avait dû se donner beaucoup de mal pour les chauffer. Quand il fut debout, sa tête se mit à tourner. Il commença à évoluer dans l'atelier, centimètre par centimètre, craignant, même si c'était absurde, de tomber par terre et de se transformer en vapeur. Les persiennes intérieures de la fenêtre juste à côté du lit étaient solidement fermées, les ballots soigneusement empaquetés par la Femmehomme étaient entassés sous cette même fenêtre. Il avait peur d'aller dans la partie sombre, si bien qu'il alla jusqu'au poêle à reculons, en titubant. Quand il vit ses habits mis à sécher sur un haut établi tout à côté du poêle, il eut envie de se débarrasser au plus vite de ces guenilles froissées lavées avec le sang de Yâşur. Les fragments d'or qui étaient dans sa ceinture, sans doute jugés sans valeur, avaient été jetés négligemment. Il y avait aussi un bol rempli de yaourt crémeux qu'il saisit avec les doigts et engouffra d'un coup. La fraîcheur qui se répandit dans son corps expulsa aussitôt le terrible sentiment d'effroi, la solitude ravageuse et les doutes à rendre fou qui avaient empoisonné son esprit tout au long du voyage. Quand ses intestins se remirent à fonctionner, il eut un peu froid ; il ressentait un tremblement fébrile puisant sa force dans la culpabilité d'avoir éprouvé le plaisir du goût et de l'assouvissement. Prenant sa couverture, il s'en enveloppa solidement. Il jeta sans hésiter ses vêtements transformés en guenilles et passa un bon moment à les regarder brûler. Tandis qu'il observait avec attention les ondoiements rouge, bleu et jaune des flammes, les cendres gémissantes du poêle lui rappelèrent que les deux morts qu'il avait vus jusqu'à présent, à savoir Yâşur et son père, étaient volatiles malgré leurs grands corps inanimés, ils étaient aussi légers que ces cendres minuscules. Le vide qu'avait créé leur mort se combla aussitôt. En se nourrissant et en se réchauffant, le temps devenait moins pesant, plus tranquille. La capacité qu'avait sa mère de diviser un seul instant en plusieurs ne lui semblait plus un don à présent mais tout simplement un leurre. Juste à ce moment-là, tandis qu'il se détendait, ravi, sous l'emprise de l'odeur de brûlé qui s'élevait du poêle, il sentit le désir monter ; peut-être d'avoir touché son bras nu sur son ventre nu ou en raison de la texture caressante de la couverture en poil de chèvre. Il venait de perdre conscience de ses organes, de l'odeur âcre de ses aisselles, de son pubis qui se couvrait de poils, de ses fantasmes grandissants. En outre, pour la première fois depuis bien longtemps, il se retrouvait en tête à tête avec son corps nu. Sans ressentir la nécessité d'une autre vision imaginaire, se contentant de sa propre nudité, il commença à se caresser. Sans qu'il ait eu le temps de se plonger dans ce brasier fantasmatique où la flamme n'était pas flamme et la cendre n'était pas cendre, tout fut fichu en l'air par un gémissement discontinu venant de la partie la plus obscure de l'atelier ; la fumée qui s'élevait du poêle se mit alors à lui brûler la gorge. Il alluma un tison assez long qu'il avait trouvé sur le tas de bois et avança vers l'obscurité. Cette partie de l'atelier, assez éloignée de l'établi, allait en s'élargissant. Elle était utilisée comme entrepôt où était stocké de façon désordonnée tout un bric-à-brac. Alors qu'il s'éloignait du poêle, un courant d'air s'imposa, il comprit qu'il s'approchait de la sortie de l'atelier. La porte coulissante ne cessait de bouger en raison de la tempête qui sévissait au-dehors. Des flocons de neige, soufflés par le vent, s'étaient peu à peu amassés au bas de la porte. Il finit par trouver sa mère enfouie dans un matelas de laine qui lui-même était posé sur des malles plutôt basses, alignées côte à côte. Il n'eut pas de peine à comprendre pourquoi elle avait choisi de dormir près de la porte. Elle devait monter la garde. Pourtant elle n'était pas en état d'entendre le moindre murmure : revêtue de ses habits mouillés, elle dormait, dans ce lit sentant l'humidité, d'un sommeil de malade, les genoux repliés sur sa poitrine. Le jeune homme se pencha lentement sur son visage. Ses lèvres étaient couleur de plomb et elle tremblait, elle était parcourue de sueurs froides. Le jeune homme jeta sur-le-champ le tison qu'il avait dans la main et embrassa sa mère. La femme ne parvint même pas à s'agripper à son fils. Sa petite tête s'affaissa comme la tête d'un faisan mort. Le jeune homme l'amena aussitôt dans son propre lit et se mit à la déshabiller. La femme avait dû reconnaître les mains qui s'occupaient d'elle car elle n'émit aucune résistance, hormis un gémissement. La couverture dont s'était recouvert le jeune homme glissait régulièrement, le laissant à plusieurs reprises totalement nu. La chevelure de la femme n'était plus qu'un amas de nœuds. Même s'il savait que c'était stupide, il ne put s'empêcher de tenter de l'arranger. En déshabillant sa mère, il se retrouva devant un être rachitique, au ventre creux et aux côtes apparentes. Elle était dans un état bien plus pitoyable qu'il ne se l'imaginait. Ses seins virant au violet étaient totalement affaissés, on aurait dit qu'ils s'étaient allongés. Son ventre, ses fesses, ses jambes étaient gelés. Le jeune homme tenta de la réchauffer en la frottant vigoureusement avec ses mains. Mais au fur et à mesure que ces parties se réchauffaient, d'autres se refroidissaient : la femme était engloutie au cœur d'un rêve sombre rempli d'hallucinations. Il la massa autant qu'il put pendant un long moment. Un instant, la femme émit un bruit faisant penser à un pleur douloureux. Une chose comme "Arrête", comme "Laisse", ou comme "Ça suffit"... Le jeune homme se mit alors à entendre à nouveau les chuchotements démoniaques du flocon de neige qui s'était installé dans son cœur lors de la tempête de neige. Il ne l'écouta pas. Après avoir vu sa mère ainsi nue, si menue, il avait enterré la Femme-homme, cause implacable de sa colère ; demeurée figée dans la neige, elle était morte depuis longtemps. D'ailleurs, pour penser comme "un flocon", il fallait être tout près de la mort. Aussi doucement que possible, il s'étendit sur la femme. Ils étaient ventre contre ventre, face contre face, entourés d'un silence intense qui bifurquait vers de longs couloirs à force de descendre vers les profondeurs. Les os de sa mère s'enfonçaient dans sa chair, il ressentait son pouls jusque dans ses entrailles. L'odeur épicée de leur maison d'antan s'était réfugiée sur sa peau. Il avait l'impression d'être tout près de chez lui ; il se retrouvait plongé dans cette odeur spécifique à son pays, qui annulait l'odeur de boue, de sang, ou de suie des lointains. Involontairement, il posa de petits baisers sur le cou de la femme. Même s'il l'avait voulu, il était incapable de rester immobile, il sentait qu'il se développait cellule après cellule. Le flocon installé dans son cœur fondit aussitôt. Après cette nuit-là, plus jamais il ne l'entendit. Il ne se posait désormais plus aucune de ces questions insolubles qui faisaient penser à un serpent à deux têtes. Il était à présent un être aussi pur que possible entre les bras de celle qui le réconciliait avec l'écorce terrestre, une toute petite maman.

Mais le matin de cette nuit où il avait éprouvé ce sentiment de paix fondamental, il se réveilla tout seul dans le lit. Il avait l'œil si collé qu'à force d'essayer de l'ouvrir il s'arrachait les cils. Il avait mal partout. Jusque dans ses entrailles. Il n'arrivait même pas à avaler, tant sa gorge était gonflée. Ses poumons étaient tellement encombrés, qu'il émettait un sifflement aigu lorsqu'il respirait. Il brûlait de fièvre. Les objets, qu'il avait pu nettement reconnaître en pleine nuit malgré l'obscurité, s'étaient transformés en lettres illisibles, au petit matin. Derrière ce rideau brumeux, il aperçut, dans la mesure où il pouvait voir quelque chose, la Femmehomme revêtue d'habits tout neufs qui se tenait tristement debout au pied de son lit ; elle le dévisageait de ses yeux lumineux qui respiraient la santé. Elle ne dit pas adieu. Peut-être avait-elle oublié comment dire adieu en mirigyel. Elle endossa ses charges puis, sans rien dire, tourna le dos et sortit de l'atelier, à petits pas.

Elle était donc terriblement malveillante, cette affection qui se déversait sur le jeune homme.

Il dormit durant des semaines. Personne ne le toucha si ce n'est pour crever les abcès qui apparaissaient sur son dos, appliquer des cataplasmes brûlants sur sa poitrine ou encore pour le nourrir. Il ne pouvait rien faire d'autre qu'attraper la gale à cause de la saleté et se tordre dans son lit, tel un ver, incapable de se gratter là où il en avait envie. Ne venant pas à bout de ces démangeaisons douloureuses et à force de penser que la gale s'incrustait au plus profond de son corps, il finit par déclencher un sifflement d'oreille continu : une voix de sirène qui le rendait fou résonnait sans arrêt dans sa cochlée. Durant sa maladie, ses pensées avaient cessé d'être ce magma de mots incompréhensibles, courts et entrecoupés d'alors ; elles s'étaient transformées en grosses gouttes qui frappaient son front, toujours avec la même force, toujours au même rythme. Grâce à ces gouttes, d'instant en instant, se purifiaient dans son esprit les eaux troubles des ruisseaux bordés de roseaux où il s'était lavé au cours de son voyage ou encore les eaux d'une rivière qui renfermait de l'or et qui creusait son lit. Qui sait combien de fois il supplia toutes les divinités qu'il connaissait d'être précipité dans un torrent de lumière. Il avait beau souhaiter le vide infini pour accéder à un sommeil silencieux et sans démangeaisons, il ne réussit pas à mourir. De temps en temps, une main le saisissait par la nuque et le maintenait solidement assis en attendant qu'il avale les bouillies qui se coinçaient dans sa bouche. Lorsque l'emprise de cette main le faisait souffrir comme s'il était coincé par un étau, il vivait la joie acerbe de se sentir vivant. Malgré tant de souffrances, la perception de ses ressentis augmentait son espoir de combler les vides de son histoire.

Le jour où il se réveilla, porteur d'une mémoire effacée et pure, ses souvenirs s'étaient opacifiés. Il était difficile de dire qu'il se rappelait exactement tout ce qu'il avait vécu. Il s'était réveillé en ignorant ce qu'il savait de la même manière que les secrets qui circulaient dans ses vaisseaux ignoraient la présence de molécules d'or. De cette façon, ce qui ne guérissait pas avait fini par guérir dans son esprit.

La lumière du jour qui pénétrait à l'intérieur éclairait la saleté de l'atelier. La charpente était couverte de trous de termites. Les cages vides, accrochées aux poutres, se balançaient à cause du vent froid qui s'engouffrait par la fenêtre ouverte. Alors, il se sentit envahi par un désespoir profond, empreint d'une tristesse ancestrale, lié au fait que tous les oiseaux de la surface de la terre étaient morts depuis longtemps. La première fois qu'il s'était réveillé dans cet atelier, il n'avait pas remarqué qu'il y avait autant de cages. Il observa pendant un long moment leur balancement qui semait de la mélancolie. Il entendit au loin des petits coups à peine perceptibles. Il cria de toutes ses forces, en prononçant des sons incompréhensibles. Il ne reconnut pas la voix étrange qui sortait de son gosier. C'était le grognement fourchu, inadapté au monde, d'une émanation étrangère insufflée sur terre. C'était la voix d'une créature qui avait emprunté son corps. Un grondement étrange, incapable de former correctement un mot, et qui se répandait dans l'air par vagues... Il fit de grands efforts pour retrousser ses lèvres qui avaient perdu leur élasticité, il courba la langue, l'appuya derrière ses dents et, contractant le cou, émit un minuscule son *l*. Je suis llllll-à ! Personne ne l'entendit. La force de ces trois seuls mots éclata dans sa poitrine. Les larmes qui s'écoulaient de son œil remplissaient son oreille. Non, il n'avait pas de chagrin... Ses larmes étaient la façon qu'avait son corps de résister. Il mit de longues minutes à se lever du lit de coton où il était enfoncé. Il puait atrocement. A force de bouger, il fit fuir toutes les bestioles qui lui tenaient compagnie ; elles disparurent, en émettant un dernier scintillement, dans le rai de lumière qui s'était infiltré par la fenêtre. Il n'avait sur lui qu'un caleçon. Pour une raison qu'il ignorait, ses bras et ses poignets étaient tout violets et lui faisaient mal. Dès qu'il touchait ces traces violettes, il sentait des élancements dans ses veines. Il passa un moment à tester ce qu'il éprouvait en se plaçant en plein milieu du courant d'air créé entre la fenêtre jouxtant le lit et la porte de l'atelier. Un frisson d'une beauté extraordinaire lécha son dos couvert de blessures putréfiées. Il pouvait totalement sentir à présent la tension fibre par fibre de ses muscles ainsi que le flux du sang dans ses veines. Il y avait dehors une luminosité éblouissante. Lentement, il était parvenu à se redresser. Il se dirigea vers la porte en s'accrochant aux malles, au tas de bois et aux vieux meubles alignés le long du mur de l'atelier. Les petits bruits venaient de là.

Dès qu'il vit le chasseur, il le reconnut. Juste à côté de la porte de l'atelier, assis sur un tabouret, à l'aide de ses grandes mains qui suscitaient l'admiration, il sculptait des grilles en bois. Il connaissait ces mains. Elles commandaient à l'homme dont elles étaient la prolongation. Chacune était une créature habile bien au-delà du regard significatif d'un œil, ou de la pensée formulée par une bouche. Une créature qui mourait mille fois d'avoir empoigné et pétri et qui ressuscitait chaque fois. Tandis que l'une saisissait fermement une branche, l'autre agitait le ciseau avec un savoir-faire maîtrisé. Elles étaient plus adultes que leur propriétaire. Après avoir tant de fois saigné, s'être si souvent cassées, avoir eu grand nombre de panaris, le temps les avait rendues plus musclées, plus épaisses, plus impitoyables, elles s'étaient endurcies. Il savait comment ces mains touchaient ; comment elles avaient crevé les abcès de ses hanches, comment elles avaient cautérisé avec une détermination infaillible les blessures de son dos, avec quelle célérité elles lui enfilaient son caleçon ; il connaissait parfaitement les modulations tout particulièrement opiniâtres de ces paumes qui massaient sa poitrine avec des huiles parfumées. Lorsque ses mains s'arrêtèrent, il se tourna spontanément vers le visage du chasseur. Tu vas avoir froid, dit l'homme. Ses yeux verts étaient pensifs, sa voix éraillée. Quand il parlait, des micro-organismes sortaient de sa bouche et se propageaient dans l'air. Il connaissait aussi cette voix. Il se rappela soudain les mots pour lesquels cette voix devenait parfois emphatique parfois chevrotante. Une fois, par exemple, il avait dit "Résiste", puis "Raconte" et ensuite il s'était tu, patiemment, toute une longue nuit. Des bribes d'images lui revenaient à l'esprit : une ombre énorme qui se promenait autour de son lit... Quand il réfléchissait, il se grattait l'oreille, quand il s'ennuyait, il aiguisait ses couteaux. Et il avait un de ces rires ! Il connaissait même l'air niais de son visage quand ses sourcils se penchaient avec affection alors qu'il le recouvrait de l'édredon. Il savait aussi, bien qu'il portât une toque en fourrure, que ses cheveux étaient poivre et sel... Tout en se tenant à la porte, il fit lentement un pas vers l'extérieur. Les herbes mouillées effleurèrent ses pieds. Le chasseur lui dit d'un air las : "Rentre mon enfant, tu vas prendre froid." Soudain, la fièvre grimpa. Les images commencèrent à se troubler. Juste au moment où il allait tomber, le chasseur l'attrapa sous les bras d'un geste agile. Tandis qu'il se faisait porter sur l'épaule droite du chasseur, il réalisa que cela faisait plusieurs fois qu'il avait été ramené au lit de cette manière et que chaque fois une cage supplémentaire avait été ajoutée au plafond de l'atelier. Il se demanda combien de fois il s'était évanoui, combien de fois il avait pris froid.

Qui sait combien de temps plus tard, il ouvrit à nouveau l'œil et aperçut tout d'abord les cages. Le plafond de l'atelier était recouvert de long en large par des cages de toutes les tailles. Des graines duveteuses, venues des arbres, s'infiltraient par la fenêtre avant de se poser lentement sur les cages qui dodelinaient en chœur, pour être ensuite précipitées vers le bas au moindre souffle. Dehors, un concert d'oiseaux… Cette fois, il ne se releva pas du lit sans avoir la certitude de ne pas s'évanouir. Jusqu'à ce que le soleil de l'après-midi se retire, il observa le mouvement incessant qui agitait les murs silencieux de l'atelier. Les toiles d'araignée prenaient une couleur argentée sous la lumière. Il observa, sans un battement de cils, les mouvements individuels ou collectifs des molécules qui tournoyaient à l'intérieur des rais de lumière ; il fit taire le rêveur enthousiaste qui siégeait dans son esprit et jamais ne franchissait la frontière des murs en brique séchée de l'atelier en aiguillant ces molécules vers son monde imaginaire. Cela l'apaisait de voir l'image dans sa réalité, de ne penser à rien en se concentrant sur un seul point. Lorsque les couloirs de lumière qui subdivisaient l'atelier commencèrent à rétrécir, il se leva de son lit avec la lenteur d'une molécule de poussière.

Dehors, il y avait çà et là des amas de neige boueuse avec des plaques encore toutes dures au pied des pins. Il remarqua la fumée noire qui traversait le toit. Elle venait d'ailleurs. En faisant le tour des murs en briques séchées, il aboutit à la porte d'une maison contiguë à l'arrière de l'atelier et dont les murs étaient constitués de pierres minuscules. La surface de ce parallélépipède parfait avait été décorée de pierres, grises et marron, alignées de façon symétrique. La progression anarchique de la nature avait été interrompue comme si on avait coupé au couteau tout ce qui se trouvait autour de la maison. Il vit là, à l'œil nu, le désir secret de la demeure construite avec patience et intelligence. Même l'expérience pluricentenaire du meilleur maçon de la région était lacunaire par rapport à celle qu'il avait fallu pour construire cette maison. Les gouttières, les bordures de fenêtres, les marteaux de portes, les briques de la cheminée, c'est-à-dire tous les détails, s'emboîtaient parfaitement les uns dans les autres, l'un sur l'autre ou côte à côte, de façon géométrique, formant un grand contraste avec la vie tourbillonnante de la nature. En la regardant de loin, on aurait dit un cube menaçant la surface terrestre. De près, la combinaison de triangles isocèles, de prismes et de minuscules pyramides s'apparentait à l'âme d'un chasseur.

Un chien vieillissant, allongé de tout son long, se prélassait au soleil au milieu d'une piscine de lumière qui se formait sur la terrasse en bois. En voyant le jeune homme, il s'étira en bâillant comme s'il s'agissait de quelqu'un auquel il était habitué et il s'approcha de lui à petits pas, ce qui affinait son corps massif. Puis il adossa sa tête à ses genoux. On aurait dit que le jeune homme était de retour chez lui. Ce dernier grimpa deux marches et se retrouva sur la terrasse. Les montagnes enneigées qui l'entouraient étaient à hauteur des yeux. La forêt qui avait fait son nid entre les montagnes se densifiait au fond de la vallée. Il pouvait regarder vers le bas du point de vue d'une montagne. Il venait de réaliser qu'il était en assez haute altitude. Sans doute en raison de l'emplacement en diagonale de la maison, les rayons du soleil se divisaient en deux au sud-est et diffusaient un éclat, couleur or, sur les vitres. Tandis qu'il observait sous ce torrent de lumière la nature vert foncé tout juste sortie de l'hiver, il devint à son tour un éblouissement aveuglant : il n'était plus que lumière de la tête aux pieds.

En ouvrant la porte, en plus de l'odeur de résine qui l'assaillit, il sentit une odeur désagréable exprimant combien était trompeuse la sensation de bien-être qu'il avait perçue en entrant ; un mélange de fer oxydé et d'urine… Il avait l'impression de connaître depuis très longtemps cette odeur écœurante qui démentait l'aspect policé et sans défaut de la pièce, aussi chercha-t-il la Femmehomme, mais sans succès. Pas le moindre de ses cheveux, ni quelconque objet lui appartenant… La partie secrète à droite de l'entrée où l'odeur était plus dense avait été fermée par un rideau en perles qu'il n'avait pas eu le courage d'entrouvrir. Juste à côté de la cheminée en brique parfaitement symétrique, étaient entassées de façon à former une pyramide impeccable des bûches de la même épaisseur coupées à la même longueur avec une patience à rendre fou. Il y avait, sur les étagères, des pots en terre rangés par ordre de taille, un divan aux pieds en bois, et sur le mur sans fenêtre, contigu à un bas-relief mi-divin mi-humain, trois fusils accrochés n'importe comment. L'un avait une crosse en bois et les deux autres, une crosse en argent… Et il y avait aussi des cornes, des ongles, des dents, des têtes, des griffes, des queues et des os ayant appartenu à un animal dont on ne savait guère d'où il était sorti, ni de quand il datait…

Le chasseur, assis à une table en bois face au mur où étaient accrochés les ustensiles de cuisine, était en train de travailler minutieusement un anneau en or à l'aide de ses énormes mains. Cette fois il ne portait pas sa toque en fourrure. Il avait beau ne pas faire très chaud, ses cheveux, coiffés en brosse, étaient trempés. Il ne restait aucune trace de la souplesse et du sang-froid dont il faisait preuve en fabriquant les cages. On aurait dit que la ductilité du métal facile à travailler représentait la docilité du chasseur et qu'il devait y résister et s'affairer à faire un anneau à sa propre image en pliant avec rage l'or qui de toute manière abritait déjà un anneau. Concentré totalement sur celui-ci, le regard légèrement en biais, il en avait oublié sa langue entortillée au coin des lèvres. Lorsqu'il aperçut le jeune homme face à lui, il sourit de manière imperceptible. Un sourire très court comme si le fait qu'il puisse sortir de l'atelier et marcher jusqu'à la maison était une situation très banale… Tandis qu'il continuait à travailler son anneau, il lui dit, juste histoire de parler, qu'il était heureux qu'il aille mieux. Le jeune homme ne parvint pas à répondre quoi que ce soit. Il ne savait pas comment entamer la discussion. Devait-il s'asseoir, rester debout, ou bien se servir un thé depuis la théière qui bouillonnait sur la grille de la cheminée ? Devait-il, sinon, faire comme lui et vivre tel qu'il était cet après-midi banal de n'importe quel jour ? D'une démarche lourde et incertaine, il s'approcha et regarda attentivement l'anneau. Le chasseur, utilisant un ciseau rougi sur le feu, était en train d'y sculpter une figure de cheval et ce, avec un talent impressionnant. Le jeune homme attendit patiemment. Heureusement les doigts du chasseur commençaient à gagner en rapidité.

Le jeune homme rassembla son courage et lui posa quelques petites questions qui réclamaient une réponse courte et incisive. Le chasseur, prenant chaque fois une inspiration profonde, se contentait de répondre à contrecœur : “Je te l'ai déjà dit.” Ce qui signifiait qu'ils avaient parlé auparavant.

Les minutes passant, l'ordre qui régnait dans la pièce devenait de plus en plus étouffant. Sous les cages pleines d'araignées de l'atelier envahi de poussière, le jeune homme nourrissait davantage d'espoir bien qu'il fût sous l'emprise de l'esprit un peu fou du chasseur. A chaque réveil, il pouvait voir clairement que le temps s'écoulait différemment et il espérait qu'il s'achèverait par une diversion. Le désordre de l'atelier lui avait donné un peu confiance en lui signifiant que tout pouvait changer à chaque instant… Mais maintenant qu'il se trouvait à l'intérieur de l'ordre implacable de la maison du chasseur, il s'attendait à être immobilisé dans un coin tel un bibelot en plâtre.

Il demanda d'abord depuis combien de temps il était malade. Le chasseur lui répondit qu'il était couché depuis qu'il avait commencé à faire l'anneau. Le jeune homme posa des questions à propos des cages. Le chasseur se frotta la tête, puis lui dit qu'il ne savait pas les fabriquer. Seules ses mains en étaient capables. Si on lui demandait comment les faire, il ne pouvait pas répondre. Le jeune homme aurait su le nombre de jours nécessaires à la fabrication d'une cage, il lui aurait suffi de compter les cages de l'atelier pour évaluer le temps qu'il avait passé au lit. Malheureusement le chasseur ne le lui dit pas. Ainsi le jeune homme ne parvint pas à savoir combien de temps il était resté couché. Ni d'ailleurs si la Femmehomme était encore en vie…

Il lui demanda si la fabrication de l'anneau avait duré longtemps ; le chasseur eut l'air très étonné et lui dit : "C'est très étrange, tu devrais le savoir…"

Mais il ne le savait pas ! Avec les mots les plus percutants dont il avait gardé la mémoire, il expliqua que la perte de la notion de temps était équivalente à l'absence de patrie. Il lui parla de la solitude et de la peur, il lui parla des voyages incertains. Plus il s'exprimait, plus, il se sentait oppressé. Il expliqua qu'une seule seconde obscure entravait sa sensation d'unité intérieure, que cette partie obscure avait fait qu'il était né privé de la moitié du large champ de vision dont la nature avait fait cadeau à l'humanité, il expliqua la tristesse d'un Œildroit qui ne pouvait regarder le monde que partiellement. Il expliqua en hurlant que le chasseur avait beau le regarder comme s'il avait deux yeux, cela n'empêchait pas qu'un Œildroit devait apprendre à se consoler d'un seul œil ; que lui, le chasseur, luttait pour dessiner avec ses grands regards verts, deux yeux sur son visage, mais que de cette manière il négligeait la sublimité de son œil droit, l'unique consolation de sa vie. Le chasseur l'écouta jusqu'au bout. Puis, il arrêta de travailler à son anneau et lui dit qu'il l'avait déjà entendu dire tout ça, les mêmes mots, les mêmes phrases. Il se contenta de répéter avec insistance qu'ils savaient tout l'un de l'autre.

En colère, le jeune homme commença à tournicoter dans la pièce. Il oscillait entre la gratitude et la fureur. Certes, le chasseur l'avait sauvé, mais en laissant une partie de sa vie dans l'obscurité. Il voulait lui faire comprendre qu'il avait tout oublié, quand il remarqua le comptoir en marbre derrière le rideau de perles : il resta muet de stupeur. Les perles qui voilaient son œil s'évaporèrent peu à peu et il put apercevoir avec netteté tout ce qui se trouvait derrière : des ballons et des tubes en verre fin, des bocaux pleins de sang coincés dans des blocs de glace, des verres mesureurs, des entonnoirs, des instruments de distillation, des pincettes, des mortiers de toutes tailles, des plaques en laiton, une balance miniature... Il lui demanda à quoi servaient ces instruments. Le chasseur ne cessait pas d'être étonné. Pourquoi cet imbécile de garçon paraissait-il ignorer ce qu'il faisait ? Il le regardait maintenant comme si celui qu'il soignait depuis des mois était un étranger inquiétant. Pendant un long moment, il le dévisagea d'un air suspicieux. Il était un peu las. Il semblait avoir subi une grande déception. Sans rien dire, il se mit à limer les impuretés de l'anneau et à le faire briller avec un morceau de cuir. Le jeune homme attendit, il hésitait à s'approcher du chasseur. Sans tarder, ce dernier, après avoir tenu à la lumière et examiné soigneusement l'anneau qu'il travaillait, le tendit au jeune homme et dit : "C'est pour toi."

Le jeune homme possédait pour la première fois quelque chose de valeur. Il ne cacha pas son émotion. Son esprit était très confus. Il tendit aussitôt ses doigts. La nacre de ses ongles se mit à briller. Ainsi, cette portion de temps où il s'était détaché de la surface terrestre s'était transformée en un anneau sans défaut. Tandis qu'il voyait en rêve un poulain en train de courir jusqu'à son doigt, il murmura tout naturellement : "Yâşur."

Le chasseur caressa d'un air paternel l'épaule du jeune homme et lui dit : "Au moins tu connais ton propre nom."

Le jeune homme ne répondit pas à l'approche du chasseur... Il ne savait plus s'il avait parlé ou non de la beauté noir corbeau de Yâşur. Désormais, même s'il le voulait, il n'allait plus pouvoir expliquer quel esclavage atroce était l'absence de nom. En passant l'anneau à son doigt, il était près de devenir un Yâşur à deux yeux.

ONZE

Yâşur ne parvint jamais à se rappeler à quel moment son œil gauche s'était ouvert. Au cours de l'un de ces milliers d'instants de distraction datant du temps où il ne se connaissait pas – peut-être en dormant, peut-être tandis qu'il comptait les cages, peut-être alors qu'il réchauffait sa mère contre sa poitrine, peut-être bien avant – le côté gauche de son visage s'était élargi et son œil gauche était né, subrepticement, en silence. Il était apparu sans connaître l'agitation de la gentiane qui brise sa membrane, ni la douleur qu'engendre une blessure. Son œil droit était candide, celui-ci était très brillant et asymétrique. Cependant, l'espace de vision de Yâşur, loin de s'approfondir, était devenu plus superficiel. Si bien qu'il n'avait pas pu remarquer le changement advenu du côté gauche. Il n'avait pas perçu le moment où son œil s'était ouvert et il se trouvait désormais privé du passage obscur susceptible de le mener à sa propre essence. Longtemps après avoir remarqué son œil gauche, il fut triste d'avoir perdu sa vision monoculaire du monde, ce qui équivalait à voir un autre univers. Il s'agissait en quelque sorte du chagrin de grandir, du chagrin de mourir avant de ressusciter.

Un matin, rassemblant tout son courage, il se confronta au chasseur. Ecoute Manouche, dit-il, assis sur le tabouret devant l'atelier, je regarde, comme toi, les sapins sur les coteaux. Mais je ne vois rien. Les envies de se venger, de régler ses comptes, ne changent pas, comme tu le prétends, en regardant les arbres, ils ne se transforment pas en feuilles. Tout au contraire, ma rage s'exaspère de jour en jour, elle me pétrifie le cœur. D'autant que ces arbres se ressemblent tous. Crois-moi, il n'y a pas la moindre différence entre le genévrier de mon pays et celui d'ici. Peut-être n'y a-t-il que toi d'unique, Manouche. Ce sont ta voix et ton regard qui engendrent l'exception…

Tu es mon sauveur, Manouche, mais nous n'avons rien à nous donner. Ce qui s'est passé entre nous est resté au fond des nuits englouties dans le sommeil. Tes paroles précieuses sont enterrées dans une pièce obscure. Je n'en ai entendu aucune depuis que j'ai perdu mon côté gauche. Je te le jure, je ne me rappelle pas la moindre de tes explications. Je ne cesse de regarder tes mains, en espérant les voir raconter au moins une infime partie de ton passé impressionnant. Tu as sur toi des traces d'abcès, des verrues, des brûlures… Tes mains auraient pu réduire la distance qui nous sépare. Malheureusement, elles ne parlent pas, Manouche ! Mes yeux ne parviennent pas à atteindre l'harmonie que tes doigts ont acquise. Chaque jour qui passe, de nouvelles cages se balancent au-dessus de ma tête. Je n'arrive pas à savoir dans laquelle je vais m'asseoir.

Je ne dois pas être ingrat, j'ai appris beaucoup de choses grâce à toi. Par exemple, à déceler le silence au milieu du bruit et à m'en envelopper, à imaginer une silhouette qui s'approche au loin dans le brouillard et, surtout, à m'arrêter. Mais, je t'en supplie, cesse dorénavant de m'expliquer que s'arrêter est du ressort de la noblesse, que la maîtrise de soi rend l'homme digne. Je n'arrive pas à t'écouter. Le grondement de ma colère étouffe tout. Tu as vu mon père. En réalité, il ne s'agit pas de mon père mais tout bonnement de son fantôme. Sans son chapeau, sa chemise et ses souliers, il est invisible. Un truc tout décharné, fin comme un roseau… Et ses poignets, tu ne peux pas t'imaginer. Si j'avais voulu, j'aurais pu lui briser les os, juste en le touchant. Il n'était même pas utile de se battre contre lui. Il suffisait de le déshabiller, il aurait aussitôt disparu. Quand j'étais avec lui, c'étaient toujours des questions ambiguës qui me venaient à l'esprit. Imagine combien elles m'ont épuisé. Quand tu as deux possibilités, tu ne peux jamais savoir laquelle des deux est sûre. Pourtant je ne lui ai jamais assombri le cœur en lui demandant : "Dis-moi, papa, qu'est-ce qui est le plus important pour toi ? Une abeille ou bien un fils ?" Je ne le lui ai pas demandé et lui, qu'a-t-il fait ? Qu'a-t-il fait Manouche ? Il m'a transmis sa fièvre et il est parti ! Il m'a laissé tout seul avec ma propre mort. Exalté par un voyage dont je méconnais l'issue, il avance sans relâche. Aussi, chaque fois que je regarde, comme tu le fais, la réfraction de la lumière, l'horrible fantôme de mon père, dont j'ignore la tombe, se met à vivre devant mes yeux. Il traîne vers les roches graniteuses sa charge puant la charogne. Je dois le trouver. Je dois devenir géant et me confronter à lui ! Je dois endosser sa charge et l'apporter là où il veut aller. Comprends-moi. L'abandonner ainsi, c'est encore très tôt pour quelqu'un de mon âge.

D'autant que je grandis vite, ne le vois-tu pas ? Ma voix éraillée s'éclaircit de jour en jour. Même si ce n'est pas avec autant de raffinement que toi, je veux pouvoir utiliser mon corps au profit de l'autre. Toutefois, il n'est pas question de cage, ni même de cuillère en bois. Toi, avant d'être Manouche, n'étais-tu donc pas un chasseur ? Quelqu'un habitué à tuer ? Moi je dois m'en aller d'ici tel que j'étais avant d'être Yâşur. Disons que tu ne m'as jamais connu.

Je t'offre ces graines de fleurs en cadeau. Même si elles ont moins de valeur que l'anneau que tu m'as donné, accepte s'il te plaît le bien le plus précieux que je possède. Dis-moi adieu d'un cœur léger, Manouche. C'est mieux ainsi.

Tandis que Manouche regardait d'un air inexpressif le sachet en lin qu'il tenait entre ses mains, Yâşur fit un pas en avant pour l'embrasser. Mais lorsque Manouche releva la tête, il se trouva face à quelqu'un qu'il ne connaissait pas du tout. L'homme paternel, qui l'avait aimé comme on aime un enfant, avait pris l'apparence d'un ennemi sans pitié qui n'allait pas le lâcher sa vie durant. Au départ, il serra les dents et prononça calmement des paroles flatteuses à l'égard de Yâşur. Il évoqua par exemple sa force inépuisable. Il semblerait qu'il l'eût observé attentivement quand il portait le bois, maniait la hache et soulevait les rochers. Ainsi avait-il remarqué sa force innée. Il lui dit que nul autre que lui ne pourrait domestiquer le secret sauvage de son corps. Puis, soi-disant pour que ses paroles rentrent bien dans la tête de Yâşur, il s'avança vers lui en vue de se battre tout en lui expliquant qu'il devait endurer une violence terrible jusqu'à ce qu'il obtienne la liberté suprême. Il serrait les poings et s'enfonçait les ongles dans les paumes comme s'il blâmait sa propre jeunesse. A l'ombre de l'auvent, il expliqua une fois encore la force foudroyante de la beauté en montrant les rayons rougeoyants qui palpitaient au loin. Peut-être était-ce la millième fois qu'il répétait la même chose. Tandis qu'il parlait, des postillons s'échappaient de sa bouche et ses cheveux en brosse se dressaient au niveau de ses tempes : ce calme Manouche tremblait de colère. Il ajouta, presque en criant, qu'il y avait d'autres routes pour atteindre l'enivrement intense du temps. Mais que pour atteindre on devait démolir, pour franchir on devait incendier, pour se réunir on devait se séparer. Cependant, avant de démolir, d'incendier, d'être détruit, l'homme devait se libérer de sa force dominante, il devait vivre en esprit la douleur de feu.

Sans que Yâşur, ému, ait eu le temps de couper la parole à Manouche pour lui dire qu'il pensait la même chose, Manouche le saisit par le cou et commença à serrer lentement ses doigts. Yâşur, saisi d'étonnement, flageolait sur ses jambes. Il lutta en vain pour tenter de se libérer de cette emprise. Il n'avait plus d'air. Les images se troublaient. Manouche l'admonesta avec haine en lui demandant s'il était prêt ou non à lutter. Il n'y en avait pas seulement un ou deux, il y avait trois chasseurs qui saisissaient Yâşur. Aussi ne parvint-il pas à savoir auquel il devait répondre. Il ne put qu'émettre un grognement servile et cligner des yeux. Non, dit-il avec ses cils ; non !

Il est à présent trop tard, hurla Manouche. Maintenant qu'il était devenu Yâşur, il ne pouvait pas se comporter comme s'il ne l'était pas. Parce qu'il y avait de l'innocence au cœur d'une volonté farouche. L'innocence de l'émergence soudaine. Chaque instant vécu sans s'étonner, sans se catastropher, sans atteindre le plaisir signifiait être à moitié mort. Yâşur avait perdu depuis longtemps sa naïveté. Manouche voulait de Yâşur qu'il retire la saveur de cette seconde où il avait été étouffé en souvenir de ces jours anciens où il revoyait dans toute leur nudité les images qu'il avait refoulées dans sa propre obscurité. Voilà, il était innocent maintenant, il était, au sens exact du mot, un "rien" installé solidement en lui-même !

Manouche appuya la tête de Yâşur contre la vitre. Sous la domination de ses mains, il ne restait plus rien de la volonté de Yâşur. Regarde, hurla-t-il, ne vois-tu pas ce qu'il y a de trop en toi ? Le souffle de Yâşur embua la transparence. Il ne vit rien. Manouche le tira violemment en arrière et lui ordonna de regarder à nouveau la vitre. Yâşur y aperçut un jeune homme ; très robuste, à la pomme d'Adam très visible. Il regarda longuement ses yeux exorbités de peur. Il n'était plus un Œildroit à présent. Il était passé par toutes les phases de la violence jusqu'à devenir Yâşur, il avait sacrifié l'obscurité de son orbite tronquée. Selon Manouche, il avait assez perdu. Désormais il devait apprendre à rester devant le vide jusqu'à ce que s'ébauche un dessin propre à ce vide.

Yâşur, aussitôt libéré des mains de Manouche, dit : "Je ne peux pas rester, Manouche, c'est impossible ! Tant que j'ai deux yeux, deux côtés équilibrés entre eux, ma colère irrépressible, une Femmehomme qui me brise le cœur, je ne peux pas rester près de toi. De toute manière avant que je ne sois Yâşur, il y avait déjà un Yâşur et ce, depuis toujours. Tant que je l'imaginerai, il sera là… Laisse-moi aller à ses côtés afin que je le maîtrise. Je t'en supplie Manouche, accepte la vérité qui se trouve entre toi et moi ! Tu ne peux pas être mon maître."

Manouche était fâché. Il examina Yâşur des pieds à la tête. Il retroussa ses lèvres avec dédain, comme jamais. Puis il dit : "Disparais de ma vue ! Que plus jamais je ne te voie !"

DOUZE

Il était arrivé à une route très large, elle longeait un champ de tournesols qui s'étendait à l'infini. Il lui suffisait d'examiner les traces irrégulières de sabots et de roues pour connaître le nombre de véhicules qui empruntaient cette chaussée chaque jour. A force d'avoir parcouru tant de distances, il se disait capable de déchiffrer la langue spécifique des landes, des joncheraies, des sentiers et même des marécages, il estimait avoir acquis une intelligence originale. Pour l'instant, il avait suffisamment de volonté et d'énergie pour pouvoir faire presque le tour du monde. Il s'orientait en regardant les étoiles et, quand cela s'avérait nécessaire, il pouvait trouver sa route en observant le degré de moisissure des arbres. Son intelligence fonctionnait comme une boussole infaillible et lui garantissait de la rapidité sans que cela soit pour autant de la précipitation. Malgré tout, surtout quand il tremblait de froid aux premières lueurs de l'aube, il lui arrivait de se demander si Manouche n'avait pas raison et s'il ne devait pas rebrousser chemin. Heureusement le jour colorait ses sombres pensées. Depuis qu'il avait quitté les versants pleins de gratitude, jamais il ne fut ensorcelé. Jamais il ne fut médusé par ces fleurs aux couleurs de flamme qu'il voyait pour la première fois, jamais il ne sentit de divinité à ses côtés ou autre présence menaçante. Tout était banal, normal. La seule chose extraordinaire était sa force qui réduisait les collines et les précipices à un simple tableau pastoral franchissable en un seul pas. Il maîtrisait dans son imaginaire le soleil, la pluie ou le grand froid. Si l'on ne compte pas les quelques griffures de branches, il parvint indemne à la grand-route qui allait le mener au centre. Le centre ! C'est-à-dire le lieu où l'attendait le Yâşur de ses rêves.

Au bout de la grand-route qui dessinait un arc vers la droite, il vit une foule multicolore en train de s'approcher. Des chariots ornés de pompons et de guirlandes, des enfants qui, à peine échappés, se voyaient obligés de rejoindre le cortège sous les réprimandes de leurs mères et des chiens bigarrés à la langue pendante... Les perruques, les costumes chatoyants, les chapeaux argentés étincelaient sous le soleil de midi. Une musique rythmée commença à égayer le champ de tournesols. La foule s'approchait en sautillant, accompagnée par la mélodie dansante qui s'élevait des instruments à cordes frappés par les plectres. Cette foule frénétique, qui manifestait une joie démesurée, avait transformé la chaussée en un univers festif. Les chevaux qui tiraient les carrioles passèrent au trot, engendrant un effet des plus comiques avec leurs rubans phosphorescents accrochés aux rênes. Les femmes à demi nues, entassées dans les chars à pompons, dansaient serrées les unes contre les autres avec une joie manifeste. Hormis quelques vieillards qui voyageaient sur les mules, la presque totalité des hommes avait préféré marcher. Le convoi se prolongeait très loin avec les jongleurs, les magiciens, les cracheurs de feu, les acrobates, et, tout au bout, les musiciens. Yâşur resta sur le bord de la chaussée pour les regarder passer. Du haut de leurs carrioles, les femmes lui lâchaient des grivoiseries et les hommes le saluaient en faisant des révérences exagérées. Ensuite, ils empruntèrent le chemin de terre qui longeait le champ de tournesols. C'est alors que Yâşur remarqua la bâtisse entourée de murs élevés qui se trouvait au bout de ce chemin. Il avait faim. Et surtout, il se sentait très seul. Il était prêt à participer à toute sorte de débauche, de bouffonnerie et d'enivrement.

C'était la première fois qu'il voyait un lieu d'une telle grandeur. Derrière les remparts élevés qui dataient visiblement de plusieurs siècles, se trouvait une place pentagonale dont le sol était recouvert de pierres parfaitement posées. Les habitants du lieu, le visage souriant, tournicotaient autour des nouveaux venus. Un médecin itinérant qui, comme Yâşur, avait rallié le convoi tardivement, ouvrit aussitôt un comptoir dans un coin et commença ses boniments en vantant tel sirop qui ouvrait l'appétit, telle teinture élaborée à partir de plantes médicinales, ou tel onguent qui augmentait la puissance sexuelle. Les avaleurs de feu se dirigèrent d'un côté, les équilibristes de l'autre. Ils étaient à peine arrivés sur le lieu que rémouleurs, chaudronniers et ferblantiers avaient déjà monté leurs étals. Un barbier faisant en même temps profession de dentiste arrachait la dent de l'un puis tondait les cheveux d'un autre. Le pourtour de la place pentagonale était envahi par les marchands ambulants et la foule, au centre, était divisée en deux par une procession de mariage qui déferlait depuis les rues étroites ; l'endroit devenait surpeuplé. On aurait dit que tous ces gens qui se bécotaient ou se promenaient enlacés en émettant de doux gémissements, que ces chanteurs à la voix tapageuse et ces soûlards qui faisaient résonner le ciel de leurs cris déversaient là une douleur ancestrale qui s'était figée à travers les siècles. L'enivrement et le désir se répandaient, telle une maladie contagieuse et s'étaient emparés de chacun. Yâşur ne pouvait bouger ni vers la droite, ni vers la gauche. Il traînait d'un point à un autre, dans un espace étroit devenu glissant avec l'accumulation des humeurs corporelles. Sur la plus large des quatre rues, qui débouchaient sur la place, sept ou huit femmes facilement repérables avec leurs vêtements sombres et leur tête couverte commencèrent à installer quantité de plats, de marmites et de corbeilles de fruits sur des tables en bois alignées. Yâşur essaya de fendre la foule pour aller vers ces tables. Mais, juste au moment où il s'en approchait, il fut entraîné ailleurs en même temps qu'un groupe de femmes qui gloussaient avec des rires coquins. Quelqu'un lui donna de force un verre de bière et tous ensemble ils se mirent à crier : "Bois, bois, bois." Il fut bien obligé de boire. Il se trouvait en plein milieu d'une assemblée de soûlards qui débitaient des blagues grossières. La bière lui brûla l'estomac car il avait le ventre creux. Il fallait absolument qu'il grignote quelque chose avant d'aller s'assoupir quelque part. Lors de sa deuxième tentative d'approche en direction des tables, il se retrouva au milieu d'un groupe qui dansait avec exaltation. Pour sortir du bal, il devait faire quelques pas de danse. Il exécuta quelques mouvements grotesques en frappant ses genoux à terre et en jouant des épaules. Mais, il avait eu beau réussir à leur échapper, il se retrouva de nouveau à l'autre bout de la place.

Comprenant qu'il n'arriverait pas à traverser la foule en furie, il s'engouffra dans une rue qui conduisait à l'arrière du domaine. Il s'imaginait qu'il allait accéder aux mets en empruntant une rue intérieure parallèle à la place. Mais au fur et à mesure qu'il progressait sur les routes pavées très étroites que bordaient des maisons en tuf toutes semblables, il ne faisait que s'éloigner de la place au lieu d'y arriver. Le bruit s'estompait. Il était perdu au fin fond de ce labyrinthe. Il était épuisé. Il s'assit sur les marches d'une maison et, empli d'un sentiment d'impuissance, contempla le ciel sans nuage. Les gouttes de sueur accumulées sur son front lui brûlaient les yeux. Une douleur insupportable lui transperça le ventre. Il vomit la totalité des bières qu'il avait bues. Le goût acide de la bile lui brûlait le gosier. Il fut ensuite parcouru de sueurs froides. C'est alors qu'une douce fraîcheur l'enveloppa. L'engourdissement qui s'empara de lui des talons aux cuisses lui procura un plaisir étrange. Comme cela lui arrivait souvent lorsqu'il était sur les versants de la montagne, ses membres se paralysèrent peu à peu. Mais sans l'empêcher de percevoir ce qui se passait à l'extérieur. Au bout d'un moment, il entendit des instruments à cordes auxquels s'ajouta une mélodie légère et caressante, chantée par une voix féminine incomparable qui s'étendait sur quatre octaves. Yâşur trembla de plaisir. Ses poils se hérissèrent. La voix transparente et soyeuse lui donnait la chair de poule. Les maisons de tuf, sans faire le moindre bruit, comme lui, se mirent à avancer en direction de la voix : toutes les fenêtres avaient le regard tourné vers elle. Yâşur se remit en route dans l'espoir de trouver d'où elle venait.

Le lieu n'était pas aussi grand qu'il le croyait. A force de se balader dans les tournants, les impasses et dans les rues étroites où l'on ne pouvait passer qu'à deux, il était totalement désorienté, quand apparut devant lui une autre place pentagonale. Elle était presque identique à la première, constituée des mêmes pierres… Cependant, il s'y trouvait non pas des gens éméchés, mais des centaines de pigeons en train de roucouler. A la différence de l'autre place, il y avait là une construction avec un haut mur telle qu'il n'en avait jamais vu et, juste au milieu du mur, une porte en bois à deux battants, peinte en bleu indigo, à la différence de toutes les autres portes de l'endroit. La voix venait de là. Alors, il traversa rapidement la place. Au même instant, tous les pigeons prirent leur envol : une vague couleur gris plomb ombragea le visage de Yâşur. Les portes de la bâtisse étaient sans verrou. Il se faufila à l'intérieur et parvint à une large cour en terrasses centrée sur une fontaine. Des femmes vêtues de bleu, ressemblant à celles qu'il avait vues sur la place, s'affairaient en silence en préparant des *gözleme*, en faisant griller du cochon et du bœuf sur le feu de bois, et en plongeant des *lokma* dans de l'huile brûlante. Aucune ne s'intéressa à Yâşur. Il avait oublié qu'il avait faim et il ne lui vint pas à l'esprit de réclamer quoi que ce soit. Il longea la fontaine et passa sous une arcade pour rejoindre une cour intérieure. Au bout de cette cour, il y avait un escalier raide en marbre qui conduisait à une terrasse. La voix était tout près. Il ne comprenait pas les paroles de la chanson, mais elles le frappaient à la poitrine et le poussaient au bas des marches. Ces bafouillages, ces lettres mâchées avant d'être émises, ce son *è* qui s'allongeait au contact des autres lettres et qui se transformait en *a*, étaient d'une beauté extraordinaire. Il n'arrivait pas à croire que les muscles de la gorge puissent combiner dans un équilibre aussi parfait des sons si mélangés, à tel point qu'il n'arrivait pas à faire vivre devant ses yeux la personne qui chantait. Elle n'était ni brune, ni de la rougeur du rubis. Quoi qu'il en soit il s'agissait d'un instrument vivant à la forme incomparable. Au haut de l'escalier, il rencontra un groupe de gens distingués, fort bien habillés. Ils étaient rassemblés autour de la chanteuse et l'écoutaient avec un grand intérêt. Yâşur, malgré tous ses efforts, ne parvint pas à la voir et, par malchance, à l'instant où il osa pénétrer à l'intérieur du groupe, le chant avait pris fin.

Le silence était attristant. Austère au point d'anéantir le plaisir... Pas un seul bruit ne venait de la foule. Personne n'osa applaudir. Les gens ne voulaient pas dissiper l'impression créée par le chant. Yâşur se faufila à l'intérieur du groupe qui parlait en chuchotant. Les gardiens l'arrêtèrent gentiment. Il semblait que sa tenue ne fût pas appropriée pour la cérémonie. Il leur dit d'un air suppliant qu'il voulait voir la chanteuse. Toujours aussi gentiment, ils lui répondirent qu'elle était partie. Il leur demanda à quoi elle ressemblait. Ils répondirent qu'ils ne s'en rappelaient plus.

— Vous avez oublié aussi vite que cela son visage ?

— Elle n'avait rien sur son visage, vraiment rien...

Les gardiens, au visage plaisant, le firent descendre par un autre escalier jusqu'à un étage intermédiaire, puis le menèrent à travers un long couloir à l'air libre qui débouchait sur une grande pièce. Il y avait là quelques hommes assis sur des divans. Deux d'entre eux portaient des uniformes bleus et deux autres étaient des hommes d'apparence aisée dotés d'une solide carrure... Il y avait aussi un vieillard vêtu d'une longue robe, il était assis et passait son temps à se balancer. La doublure de son caftan brodé de perles était en velours rouge. En guise de salut, Yâşur fit un imperceptible signe de la tête aux occupants et s'assit sur le divan à côté du vieillard. Les murs étaient couverts de mosaïques représentant je ne sais quels récits religieux ou légendes, on y voyait des scènes de chasse ou de purification, des hommes tenant une lance à la main debout devant une biche étendue au sol, une femme en train de lutter avec un serpent, des tournesols en adoration devant le soleil. Au milieu, se trouvait une table en marbre avec des pieds en bronze. La fenêtre grillagée ouvrait sur des champs de tournesols qui s'étendaient à l'infini. Il n'y avait donc que des champs tout autour. La route toute droite en basalte qui traversait le milieu du champ était reliée à la grand-route. En réalité, l'entrée principale était de ce côté-là. Yâşur, par une succession de hasards, était arrivé là par la façade arrière, par la porte arrière et par la cour arrière. Les deux hommes dotés d'une solide carrure murmurèrent quelque chose entre eux à propos de Yâşur et l'un des deux ne quittait pas des yeux son anneau en or. Celui qui était chauve demanda à Yâşur d'un ton agressif s'il comptait ou non aller au pré. Il ne comprit pas ce qu'il voulait dire. L'éclat provocateur qui brillait dans les yeux de l'homme ne lui avait pas du tout plu. Il ne souhaitait qu'une seule chose pour l'instant, c'était rester dans le vague. Il lui donna la réponse la plus courte possible : "Peut-être."

Peu après, arrivèrent les servantes vêtues de bleu. Leurs visages crayeux ressortaient davantage sous leurs foulards. Elles dressèrent en vitesse les mets sur la table en marbre. Yâşur n'avait encore jamais mangé dans des assiettes en porcelaine. Une fois Manouche lui avait expliqué la différence entre un récipient en terre et un autre en porcelaine, il avait parlé du monstrueux gâchis de terre en vue d'obtenir le kaolin nécessaire à la fabrication de la porcelaine, il avait parlé aussi de la différence des feux pour les cuire. Il n'avait pas très bien compris alors le nombre de sortes de feux qu'il fallait. Il prit une assiette entre les mains et, à force de toucher sa surface si lisse, il finit par percevoir le tremblement de la flamme. Le passé pouvait se lire à travers la texture des objets. En réalité, il n'était guère difficile d'acquérir le savoir qui gisait dans la succession des durcissements, liquéfactions, cuissons et évaporations. Quand tout à coup une envie vit le jour. Ce n'était pas le désir de comprendre, mais le désir de nommer. Il se jura intérieurement d'annexer à sa souveraineté mentale chaque surface qu'il touchait ou sur laquelle il avançait. En bref, après avoir eu faim pendant des semaines, il ne fit pas une prière d'action de grâce devant cette table richement dressée, mais il renonça à l'aveuglement.

Dès que les femmes quittèrent la pièce, ils se mirent tous à manger, excepté les deux hommes bien bâtis. Yâşur était assis entre les personnes en uniforme et le vieillard en robe se trouvait juste en face de lui. Yâşur était fort étonné de voir que les deux hommes costauds ne s'installaient pas à table. Pourtant leurs regards laissaient largement entendre qu'ils avaient faim. Yâşur ne toucha pas à la bière avant d'avoir le ventre plein. Après le riz aux raisins, la viande de porc et les tripes braisées, on servit des fruits étranges. Des fruits d'un rouge bordeaux, acidulés. Il allait apprendre, bien plus tard, qu'il s'agissait de griottes. Les deux hommes en uniforme, qui se connaissaient très bien, plaisantaient entre eux, ils s'efforçaient de temps en temps d'inclure Yâşur dans leur conversation. Il se comporta de façon aussi posée que possible pour ne pas prononcer une parole malvenue. Chacun levant son verre pour trinquer, il fit de même : "Au cinquième mari de Kessali !"

L'homme en uniforme assis à sa droite avait un visage rond et une bonne bedaine. Ses tout petits yeux, enterrés sous ses joues pleines, roulaient tandis qu'il faisait vivre avec les mains ce qu'il racontait, et des perles de sueur se formaient sur son visage. Heureusement qu'il n'était pas curieux. Son bavardage ininterrompu l'empêchant d'écouter quiconque, il laissa à Yâşur l'occasion de réfléchir aux réponses qu'il pourrait apporter aux questions qui lui seraient éventuellement adressées. Mais, il eut beau tenter secrètement de se créer une histoire personnelle riche en sensations, ce flot ininterrompu ne lui permit pas de s'entendre. L'homme en uniforme parlait constamment du cœur insatiable de Kessali. L'écoute intéressée de Yâşur avait sérieusement aiguisé l'appétit de cet homme bavard du nom de Vatraş.

Kessali était le nom de la femme qui gouvernait l'ensemble du domaine. S'appuyant sur l'histoire émouvante de la famille modeste dont il faisait partie, Vatraş résuma en quelques propos décousus, à allure de ragots, l'époque s'étendant de Kessali Ier à Kessali V, tout en faisant tomber dans le creux de ses mains les noyaux de griottes qu'il repoussait au coin de ses lèvres. Il débitait les faits et les différentes étapes à toute vitesse, à la vitesse où il accumulait les noyaux dans sa paume ; il ne pouvait s'empêcher de décrire les Kessali comme des êtres passifs, enchaînés à leur destin.

Sous Kessali III dont le règne fut celui de l'immoralité, de la débauche, de la prodigalité et des intrigues, les Vatraş menèrent une vie peu glorieuse en endossant des emplois de serviteur, de nourrice ou d'intendant. Par contre, elle atteignit un épanouissement inespéré sous Kessali IV. Promus, ils quittèrent les emplois de service et acquirent le respect et sans aucun doute la malédiction en devenant les policiers, les gardiens, les bourreaux, ou encore les officiers de sécurité ou les employés des impôts de Kessali IV, qui faisait payer au peuple le prix de la pauvreté. Il revenait aux Vatraş, aptes par nature, de véhiculer l'esprit néfaste de Kessali IV dans les quartiers pauvres où débordaient les fosses septiques. Cependant le fait que Kessali IV devienne paralysé à la suite d'un attentat changea totalement le destin des Vatraş. Kessali V, cousine au troisième degré et un des éléments les plus sensibles des Kessali, dont la lignée était sur le point de s'épuiser après de nombreux fratricides, devint gouverneur. Elle avait obtenu le soutien du peuple grâce à une idée très intéressante et très simple : les tournesols ! Kessali V enseigna à son peuple, incapable de quoi que ce soit, même de planter un clou, comment faire pousser des tournesols. Ils produisaient de l'huile et des friandises à partir des graines, de l'engrais avec les tiges, et des tourteaux pour le bétail avec le calice des fleurs. Le tout était vendu aux villages alentour et aux grandes villes. Ces jours faciles furent bien sûr à l'origine de la perdition des Vatraş qui n'avaient plus rien à faire. Le nouveau gouvernement, qui avait horreur des uniformes, se débarrassa de ces Vatraş nuisibles pour le peuple, en les obligeant à s'exiler. Il finit par n'en rester que quatre. Ils faisaient partie de la force de police temporaire chargée de parer aux problèmes éventuels lors des mariages et autres fêtes et, les autres jours, ils emballaient les tourteaux.

Selon maître Vatraş, ce rêve de tournesol allait prendre fin dès la première sécheresse ou dès le premier grand froid. D'ailleurs, les affaires avaient commencé à décliner en raison du veuvage interminable de Mme Kessali. C'était toujours une immense déception. Chaque mari appréhendé se voyait écrasé sous son âme trop douce et tôt ou tard se tournait vers d'autres femmes susceptibles de le revaloriser ; si bien que toutes les femmes au service de Kessali prenaient son mari dans leur lit. Pourtant, la lassitude qui se lisait sur leurs visages ne trahissait en rien leurs forfaits. Kessali, qui était une femme joyeuse et bien en chair, mais qui n'arrivait pas à retenir ses maris malgré ses larges effusions – on disait même qu'elle dansait pour eux –, avait commencé à nourrir des croyances erronées. Par exemple le vieillard en robe qui se trouvait assis à table ce jour-là avait été amené là tout spécialement, malgré une longue route de quatre jours : cet homme de religion était réputé pour célébrer des mariages heureux et durables. Avant la cérémonie, il s'abîmait dans un silence profond et jeûnait durant trois jours. Le jour du mariage, il prononçait des prières à l'intention des futurs mariés et c'est avec une âme pure de toute noirceur qu'il apparaissait devant le couple. Le vieil homme sembla acquiescer aux paroles de Vatraş car il porta fièrement sa main à la poitrine. Quoiqu'il eût tout à fait raison d'être fier, il ne réalisait pas qu'il était le jouet de la moralité ambiguë de Kessali qui offrait à son peuple un divertissement plein d'extase et de volupté. Dans l'espace limité du domaine aux tournesols, si puissantes que fussent les paroles sacrées contre le mauvais œil, elles ne l'étaient pas plus que la troupe composée, entre autres, de danseuses prostituées. Sur une des places, on était en présence d'une force guérissant les âmes tandis que sur une autre se déroulait une étrange cérémonie où les corps avides étaient livrés à une sensualité ignoble. C'était Kessali qui avait émis l'ordre que soient bien accueillis les étrangers, qu'ils soient vagabonds, déserteurs ou fripons. Un arrangement transitoire avec le mal… D'après

Vatraş, Yâşur était le seul étranger à participer au mariage sans y avoir été invité. Si la mariée n'avait pas été assaillie par des peurs étranges, jamais il n'aurait pu entrer ici et participer au banquet dans la résidence d'été de Kessali. La mariée croyait pouvoir interrompre la malédiction en soûlant, en comblant de mets succulents ou en envoûtant de sa voix incomparable quiconque maudirait le mariage à l'intérieur de ses frontières. Yâşur ne put s'empêcher de penser que la malédiction qui entourait ce mariage à l'avenir sombre allait le contaminer. C'est alors qu'entra dans la pièce un jeune homme au beau visage qui s'inclina avec respect devant le vieil homme et lui fit savoir que les futurs mariés étaient prêts. Le mariage ne pouvait être célébré qu'en sa présence, dans une pièce éloignée des regards. Lorsque l'homme se leva de table, Vatraş fut bien obligé d'interrompre un instant son bavardage. Les deux hommes bien bâtis qui ne participaient pas au repas en profitèrent pour poser à Yâşur toute une série de questions. Qui était-il ? Que faisait-il ? D'où venait-il ? Où allait-il ?

Yâşur, sans dissiper le halo secret qu'il avait inconsciemment créé, leur dit en utilisant le moins possible de mots qu'il était venu écouter la chanteuse, mais qu'il n'avait pas réussi à voir son visage. Celui des deux hommes baraqués qui était chauve ricana d'un air méprisant devant son émerveillement à l'égard de la chanteuse et dit : "Il s'agit de Hünsa. Tu ne peux rien voir en regardant son visage !" Yâşur avait l'air troublé. Il ne savait pas alors que *hünsa* signifiait "hermaphrodite".

Quiconque écoutait la musique joyeuse qui avait débuté avec les trompettes et les sonnettes et qui allait en s'amplifiant avec les battements de tambour croyait qu'il y avait là un orchestre composé de mille exécutants. Lorsque Yâşur ouvrit les yeux avec un goût amer de bière sur la langue et une douce torpeur liée au fait d'être pleinement rassasié, ciel et terre gémissaient. Il s'était assoupi comme s'il était chez lui et se retrouvait étendu de tout son long sur le divan, offert à tous les dangers. Après sa longue marche de plusieurs jours et l'effet assoupissant de la bière, il n'avait pas pu résister davantage à la fatigue et au manque de sommeil. Lorsqu'il se réveilla, tout le monde était parti. On avait ôté la table en marbre et installé à sa place un barbecue en cuivre frappé qui fumait. Il tenta de se rappeler ce qui avait été dit avant qu'il ne s'assoupisse. Il ne lui restait en mémoire qu'une odeur de café, des bruits de succion, des rires étouffés et des histoires estompées, en petites lettres, transformées en murmures… Tandis qu'il se frottait les yeux, il se dit qu'il fallait qu'il parte au plus vite. Il y avait ici une force secrète qui ralentissait le cœur, qui émoussait l'âme ou plutôt les désirs ardents qui la rendaient vivante. S'il passait la nuit ici, il allait ressentir un sentiment de vacuité et se ramollir dans les sommeils d'après-midi en s'étendant au milieu des champs de tournesol. Cependant, les tambours résonnaient tant et tant qu'il se réveilla sans difficulté.

Aussitôt levé, il se dirigea vers la fenêtre. Le soleil déclinant voyait se pencher toutes les têtes de tournesol. La grand-route qui croisait la route en basalte était vide, il n'y avait pas le moindre mouvement. Yâşur ne parvenait pas à discerner d'où venaient les bruits de tambour. A peine était-il sorti de la pièce, qu'une fraîcheur aquatique lui caressa le visage. Le corridor par lequel il était arrivé avait été nettoyé et dégageait des vagues de vapeurs. Il franchit quelques marches et parvint à la terrasse où se trouvait alors la chanteuse. Les pierres avaient été mouillées puis balayées, il ne restait plus aucun des serviteurs auparavant présents. Il se sentit un peu inquiet. Il prêta l'oreille aux rires susceptibles de venir de l'autre place. Il n'y en avait pas ! Les sons de trompettes et de sonnettes, les roulements de tambour venaient d'ailleurs. Il se retrouvait tout seul dans la résidence d'été de Kessali qui lui apparaissait soudainement caverneuse et complexe avec ses courettes, ses étages suspendus et ses balcons clos. Il quitta la terrasse et se dirigea vers la cour arrière par le chemin qu'il connaissait. Les pigeons, assoupis, se tenaient sur la place tels des sénateurs tous alignés sur le même rang. Yâşur craignait d'avancer davantage à l'intérieur du domaine. Le mieux était de trouver les murs d'enceinte et de chercher une porte qui le conduirait jusqu'aux sons des tambours. Malgré tous ses efforts, il se perdit quand même. La carte qu'il avait dessinée dans son esprit s'effaça au milieu des maisons en tuf toutes semblables. Il avançait dans les rues sombres et étroites en tournant toujours à gauche et rejoignait sans arrêt la même place. Sans le vouloir, il n'avait cessé de dessiner des cercles. Il était tout en sueur. Tandis qu'il regardait d'un air perplexe les maisons qu'il pensait inhabitées, il se rappela que l'homme chauve lui avait demandé s'il comptait aller au pré. Un pré ! Il y avait donc un pré dans les environs. Tout le monde devait être là-bas. Il repartit aussitôt en prenant pour repère la route en basalte et, dessinant un cercle plus large, finit par trouver la porte de sortie. Les tambours grondaient dans sa poitrine.

Ce ne fut pas facile de distinguer, à l'œil nu, le pré qui se trouvait au-delà des immenses tournesols de la taille d'un homme. Toutefois le bruit était tel qu'il se repéra aisément et parvint sans problème au pré autour duquel était rassemblée la foule. Les dignitaires de haut rang, qu'il reconnaissait à leur tenue de couleur claire, étaient assis en arc de cercle, l'air très sérieux. Juste au milieu du pré, se trouvaient une vingtaine de tambours qui allaient d'avant en arrière et frappaient avec leurs baguettes comme s'ils appelaient les gens à la guerre. Et tandis que la troupe d'acteurs, abrutie par l'alcool, était vautrée sur le pré en attendant les yeux mi-clos que le spectacle commence, les habitants, qui n'avaient rien perdu de leur vivacité, criaient de toutes leurs forces en ondulant de joie. Yâşur avança en direction des comédiens et trouva un endroit d'où il pouvait voir toute la place. La jeune mariée Kessali, dont Vatraş avait parlé, était enfoncée dans le fauteuil en bois ciselé, une main sur le ventre et l'autre sur le genou de son époux au visage osseux. Elle observait la foule d'un air grave. Juste à côté d'elle, un homme âgé, totalement paralysé – cela devait être Kessali IV victime d'un attentat –, était allongé sur un divan. Ses aides, qui supportaient patiemment ses aboiements revêches, passaient leur temps à le faire boire, à arranger ses oreillers et à masser ses jambes. Un petit signe de Kessali et les tambours se turent aussitôt. Les deux hommes bien bâtis, qui n'avaient pas participé au repas, apparurent alors au milieu du pré vêtus d'un drôle de pantalon solidement attaché. Leurs corps huilés, qui brillaient sous le soleil du soir, avaient l'apparence du bronze. Les murmures de la foule laissaient entendre que ces deux hommes n'allaient pas lutter l'un contre l'autre car ils s'étaient proclamé mutuellement "leur fraternité". Ils partirent l'un et l'autre dans des directions différentes en vociférant d'une voix grave et en frappant leurs mains sur leurs genoux. Yâşur comprit à ce moment-là ce que signifiait aller au pré.

Le premier lutteur à se trouver un adversaire fut Zanko, un brun aux cheveux bouclés. La foule éprouvait beaucoup de sympathie pour lui et les jeunes filles l'acclamaient en poussant des cris. Face à Zanko, un homme blond, jeune, un peu plus grand que lui, vêtu d'une tenue beige. Cet homme qui appartenait à une famille de haut rang fit taire avec dignité les applaudissements enthousiastes du peuple et s'inclina respectueusement devant Zanko. Mais, quand apparut sa peau blanche après qu'il eut retiré ses vêtements, tous, y compris les hauts dignitaires, sombrèrent dans un silence désespéré. Il avait beau avoir une silhouette sportive, il était clair qu'il ne pourrait mettre à terre la stature musclée de Zanko. Celui-ci, pris de pitié, lui fit une clé au cou très atténuée. Dès que le jeune homme sentit sur sa nuque les doigts de fer de son adversaire, l'éclat de son regard s'éteignit. Il s'efforça ensuite de résister avec orgueil et fit durer le combat. Zanko aussi. Le jeune homme savait comment calmer le jeu. Faisant tous ses efforts pour ne pas se retrouver en dessous, il tenta de casser le rythme en pratiquant l'évitement et promena son rival d'un bout à l'autre du pré. Cela excita Zanko le compatissant qui avait eu pitié de son adversaire au début. Il était très agacé par le jeu trop rusé de son rival et hurlait de colère. Chaque fois qu'il mettait la main sur son adversaire, celui-ci lui échappait et allait fanfaronner un peu plus loin. Fou d'impatience, il avança à grands pas d'un air victorieux et, de façon totalement inattendue, se jeta sur son ennemi la tête la première. Le jeune homme profita de cette attaque aveugle pour saisir son adversaire par la nuque et tenter de le mettre à terre. Celui-ci, habitué à toutes sortes de prises, bloqua aussitôt avec ses jambes les pieds du jeune homme et l'immobilisa. Tous les deux enlacés au milieu du pré verdoyant faisaient tout pour se détruire. Le jeune homme blond crut déjouer son adversaire en pratiquant un crochet intérieur, mais juste au moment où il s'apprêtait à attraper Zanko à la cheville, ce dernier lui décocha un coup avec le bras et le jeune homme vacilla comme une quille, mais en réussissant tout de même à saisir son rival par la jambe de son pantalon et à le mettre à terre, avant de le bloquer avec sa jambe droite. La force du jeune homme commençait lentement à s'exprimer et il réussissait à dominer avec son intelligence un homme plus fort que lui. Zanko, furieux de se retrouver face contre terre, fit une rapide volte-face pour se libérer et écrasa en partie l'épaule du blondinet. Des femmes se mirent à lancer des cris d'effroi. Cependant le jeune homme qui avait prouvé depuis longtemps qu'il était un lutteur de talent s'échappa de la clé de tête faite entre-temps par son adversaire et se retrouva soudain debout. Le combat était revenu à son point de départ. Zanko n'arrivait pas à cerner son ennemi, il ne trouvait pas son point faible. Quand, soudain, il serra les poings et poussa un cri si puissant que la foule qui encerclait les lutteurs recula de deux pas. Ensuite, il courut à toute vitesse et heurta violemment la poitrine du jeune homme. Profitant alors du fait que son ennemi, déséquilibré, vacillait sur le côté, il lui bloqua les pieds et appuya sa main sur son menton. Le jeune homme ne résista pas davantage face à la carrure avantageuse de Zanko et tomba à terre, sur le dos. C'était une belle défaite, une défaite qui libérait le corps. Personne ne s'en chagrina. En luttant de façon si sincère, le jeune homme avait envoûté la foule. Zanko l'aida à se relever et l'enlaça tendrement. Un immense respect avait remplacé la haine qu'il ressentait juste avant. La foule éclata en applaudissements. Le jeune homme, devant une telle ovation, s'inclina à son tour face à Zanko et le félicita une fois de plus. Puis, ils parcoururent ensemble le pré de long en large et saluèrent les spectateurs. Le jeune homme resta avec Zanko même quand celui-ci récolta ses récompenses. Pendant ce temps-là, Yâşur s'impatientait. Il sentait son pouls battre dans ses tempes. Il était en train de réaliser que la lutte, qui s'appuyait non seulement sur la force et l'expérience, mais aussi sur la ruse et surtout la vivacité, était certainement la seule chose susceptible de remettre de l'ordre dans tous ses sentiments confus. Il constatait que la haine pouvait disparaître et qu'être vu par les autres était la meilleure solution. Il mesurait aussi jusqu'où pouvait mener la passion. Quand les tambours commencèrent à gronder, il était dévêtu depuis bien longtemps.

Alors qu'Azap, le lutteur chauve, s'avançait sur le pré sans avoir encore fait appel à un adversaire, il trouva devant lui Yâşur, à demi nu, couvert d'huile de la tête aux pieds. Il le salua de la tête signifiant clairement qu'au moment où Yâşur lui avait dit "peut-être" il savait qu'il s'agissait d'un mot sans tabou, ouvert à toutes les possibilités et que de ce fait il allait certainement un jour lutter contre lui. Mais, sans que les spectateurs s'en rendent compte, comme le voulait l'usage, il se pencha à l'oreille de Yâşur et lui dit qu'il avait trop mangé et qu'il ne pouvait pas lutter le ventre plein. Yâşur ignorait bien sûr qu'il fallait avoir le ventre vide pour pratiquer la lutte. Toutefois, il était là, face à Azap et les regards captivés du peuple aux tournesols lui mettaient du baume à l'âme. "Tant pis, se dit-il, je résisterai tant que je pourrai."

Azap au lieu de se jeter aussitôt sur lui et de prendre le dessus lui laissa du temps en effectuant pendant un bon moment des mouvements pour s'échauffer au beau milieu du pré. Yâşur répétait tout ce que faisait Azap. D'abord celui-ci évolua sur l'herbe, devenue glissante à la suite du combat précédent, en avançant à pas amples et mesurés. Ensuite, il fit des mouvements d'assouplissement en frappant des mains ses chevilles et ses genoux. Les spectateurs trépignaient d'impatience. Azap et Yâşur se regardèrent dans les yeux quand la lutte commença de façon soudaine. Vu la violence de la première prise, tous les deux comprirent que le jeu allait être terrible. Afin de casser la forte résistance de son adversaire, Azap enlaça sa jambe droite autour de la jambe gauche de Yâşur et employa toutes ses forces pour lui faire un crochet. Yâşur fut rivé à terre comme un piquet. Ils avaient tous les deux la même taille, mais Azap était plus lourd et Yâşur dépensait deux fois plus d'énergie pour résister. Azap relâcha un court instant le crochet et perdit l'équilibre en se penchant de toutes ses forces sur Yâşur. Celui-ci s'apprêtait alors à le prendre par la taille quand Azap, en un clin d'œil, le saisit au cou. Les images se voilaient comme si elles se transformaient en vapeur et s'allongeaient vers le ciel. Yâşur empêcha que les mains de son rival ne lui enserrent totalement la nuque et, se tordant sur place, le prit sur son dos et le renversa face contre terre. Azap resta un instant hébété. Yâşur en profita pour se coucher sur lui et appuyer de toutes ses forces sur ses omoplates. La seule façon de bloquer totalement le corps glissant de son ennemi était de passer une main sous ses aisselles et de bloquer la nuque de l'autre main. Azap qui se collait fermement contre terre pour ne pas lui en laisser l'occasion tenta d'éjecter Yâşur de son dos. Yâşur réussit à attraper le bras droit d'Azap quand celui-ci s'appuya sur son épaule gauche restée libre et se libéra d'un coup. De façon imagée, on peut dire que le lierre qui enserrait son dos se brisa. Yâşur avait du mal à respirer à cause de son ventre plein. Quand soudain Azap gonfla tous ses muscles et de façon totalement inattendue se mit à hurler. Son cri avait glacé le sang de Yâşur. Son ennemi voulait renverser non pas un débutant venu là pour parader, mais un terrible adversaire. Il commença à vomir. Il vomit volontairement, consciemment, il vomit en hoquetant. Et d'un coup, il se libéra de ce poids qui le ralentissait. Sur un signe d'Azap, deux femmes s'approchèrent et lui nettoyèrent le visage. Azap en profita pour aller jusqu'au tonneau d'huile et s'en remettre une couche. Les spectateurs avaient resserré le cercle pour voir le jeu de plus près. Lorsque les participants se retrouvèrent de nouveau au milieu du pré, les tambours avaient recommencé à gronder. Les deux lutteurs étaient à égalité, et tous les deux admiratifs l'un de l'autre.

Lors de la deuxième prise de cou mutuelle, Yâşur agit avant Azap et lui fit un crochet de jambe. Une joie violente se lisait dans les yeux de ce dernier... Comme s'il en voulait plus, il se libéra d'un mouvement leste et enserra Yâşur en passant ses bras sous ses aisselles et en croisant ses bras sur sa poitrine. Soit il allait pousser Yâşur en avant, soit Yâşur allait le faire tomber en arrière... Tandis que Yâşur, le corps prisonnier, peinait à se dégager, il aperçut trois pas plus loin une souche d'arbre nouvellement coupé. Le dos courbé en deux, il tira Azap dans cette direction tandis que celui-ci s'efforçait de se maintenir sur place. Yâşur n'était plus qu'à un pas de la souche quand il fit un brusque pas en arrière. Azap, vacillant sur ses pieds, plia les genoux pour ne pas tomber sur le dos et finit par tomber sur le côté. Mais il gardait les bras cramponnés à la poitrine de Yâşur et parvint à le tourner face contre terre en coinçant sa jambe entre celles de son adversaire. La tête de Yâşur disparut entre les herbes. Il était cloué sur place. Pour prendre sa respiration, il mangeait de la terre. Profitant de l'occasion, il frotta son visage contre terre afin d'essuyer l'huile qui lui brûlait les yeux. A présent tout était beaucoup plus net. Il tenta de soulever Azap en oblique afin de le renverser. Il trouva le moyen d'attraper son pied droit qui serpentait autour de la jambe d'Azap et de le tirer vers son ventre ce qui lui permit de se redresser sur son genou gauche. Les bras d'Azap commençaient à se relâcher. Ce fut ainsi une suite interminable d'enlacements puis de dégagements. Au coucher du soleil, on alluma des flambeaux aux quatre coins du pré. Les lutteurs ne reprirent jamais leur souffle. Azap maintenant était couché sur le dos de Yâşur. Il avait passé ses bras sous les aisselles de son adversaire et appuyait fortement ses mains sur sa nuque. L'herbe était complètement noire à présent. Ils luttaient non seulement entre eux mais aussi contre les ombres grandissantes sous l'éclairage des flammes. Finalement Yâşur dans un élan fou passa son bras entre les jambes d'Azap et lui bloqua le bassin. Pour garantir son équilibre, ce dernier devait se libérer de cette emprise, mais alors qu'il s'apprêtait à se pencher de toutes ses forces sur Yâşur, celui-ci le repoussa sur la souche. Personne hormis eux deux n'entendit le bruit d'os. Azap avait la tête en sang. Il appuya avec animosité sur la poitrine de Yâşur. Mais il était blessé, il n'arrivait pas à ouvrir les yeux. Yâşur usa alors de toute son énergie pour le renverser sur le dos. Le nombril d'Azap s'ouvrit telle une étoile. Azap était à la fois stupéfait et furieux. Il n'arrivait pas à croire que celui qui était à terre c'était lui, il se sentait étranger à son corps.

Yâşur était si fatigué qu'il ne parvenait même pas à se réjouir. La foule hurlait d'enthousiasme. Azap se releva avec difficulté et s'avança vers Yâşur comme s'il allait le frapper. Il lui empoigna la tête des deux mains et l'embrassa sur le front. Ils s'enlacèrent. Yâşur caressait le dos de son ennemi. Durant un long moment, Azap ne le lâcha pas. Quand Yâşur voulait se dégager, Azap le serrait, quand Yâşur résistait, Azap lui bloquait les bras. Voyant qu'il n'y avait rien à faire, Yâşur attendit patiemment qu'il le lâche.

Azap marmonna entre ses dents :

— Dis-moi au moins ton nom.

— Yâşur.

Ensuite ils décrochèrent l'un de l'autre et Azap marcha en direction de l'obscurité jusqu'à disparaître. Yâşur ressentit un manque au fond de lui, peut-être aussi de la honte... D'un autre côté, sa victoire était grande, aussi grande qu'Azap.

De manière étrange, il avait eu honte des ovations, des regards pleins d'admiration qui s'illuminaient sous la lumière vacillante des flambeaux. Parmi les spectateurs qui célébraient sa victoire à travers les sifflets et les applaudissements, une vieille femme, au risque de se faire écraser, s'était avancée au premier rang et lui avait fourré dans les mains un tablier blanc avec une poche sur le devant. Pour ramasser les récompenses... Et quelles récompenses ! De l'argent, des colliers de plumes, des boutons en argent, des mouchoirs en lin, des petits poignards. Des objets intransportables... La foule rassemblée autour du pré était composée de mains qui luttaient pour fourrer quelque chose dans le tablier. Tandis que Yâşur s'avançait vers l'endroit où étaient assis les membres officiels, un des séduisants serviteurs se pencha à son oreille pour lui dire que Vali Kessali allait le recevoir dans sa résidence d'été. Mais d'abord il devait se laver.

Après avoir été fortement malmené entre les bras musclés des domestiques du bain public qui passaient sa peau à l'émeri et après avoir été enduit de parfums ambrés par les femmes qui gloussaient d'un air méprisant en disant : “C'est ça le lutteur dont il est question !”, il tomba entre les mains du barbier chirurgien à la langue bien pendue. Il eut du mal à sauver ses molaires des mains du bonhomme, on aurait dit que cela ne lui suffisait pas de lui raser la barbe et les cheveux. Après être entré par la porte de devant dans la résidence d'été et avoir traversé le salon principal où résonnaient musique et éclats de rire, il grimpa quatre étages et entra dans une vaste pièce où le vent faisait voleter les rideaux de tulle. Ses guides fermèrent la porte derrière lui et le laissèrent totalement seul face à l'agression oppressante du rose. Tout était rose, les bibelots, le service de table, les rideaux, les meubles… Même les encadrements de tableaux ! La pièce rectangulaire avait été divisée en deux par un rideau de tulle. D'un côté, le coin repos avec des coussins et une moustiquaire, de l'autre le coin séjour. Il était dans la chambre nuptiale de Kessali. Dans le séjour avaient été installés sur une table basse des viandes grillées nouvellement cuites, une corbeille de raisin, des coupes emplies de vins et quantité de légumes inconnus. Le tout formait le plus harmonieux des tableaux. L'endroit où était dressée la table était éclairé par de grandes bougies et le coin repos l'était par des chandeliers dont les volutes de fumée traçaient des S dans l'air. Il attendit debout sans rien faire. L'odeur de mélasse qui envahissait chaque mètre carré de la pièce lui faisait tourner la tête.

Kessali entra par la porte qui donnait dans la chambre en marchant sur la pointe des pieds et en faisant tressauter sa poitrine généreuse. Elle avait changé de tenue et portait cette fois une tenue vert bouteille, pleine de plis, qui semblait encore plus ample en raison du châle en soie qu'elle avait sur les épaules. Kessali vint à côté de Yâşur, et s'approcha plus que nécessaire. Elle manifestait une émotion qu'elle ne parvenait pas à cacher. Le regard rempli de curiosité, elle passa en revue les bras, les épaules tombantes et les genoux tremblant de fatigue de Yâşur. Elle tenait dans ses mains un collier qu'elle ne cessait de faire cliqueter. Elle demanda à Yâşur d'où il venait. Yâşur n'avait pas la force de lui raconter son histoire depuis le début. Il lui dit qu'il s'était perdu en cherchant son père. Kessali lui demanda à quoi il ressemblait. Yâşur lui répondit qu'il était maigre, vêtu de lambeaux, hargneux, sauvage, muet et têtu pour couronner le tout. Kessali le regarda avec suspicion. Elle s'installa sur l'un des fauteuils roses du coin séjour et lui fit signe de s'asseoir à son tour. Yâşur se posa au bout du canapé. D'après ce qu'avait entendu Kessali, il serait venu là pour voir la chanteuse ! Yâşur répondit sans réfléchir. Il ne pouvait pas savoir que cela allait se transformer en un grand mensonge dans la bouche de Kessali. Alors qu'il disait vrai, c'était comme s'il niait. Non il n'était pas à la poursuite de la chanteuse, il avait été seulement curieux de voir son visage parce qu'il n'avait jamais vu de Hünsa auparavant, c'était tout ! En fait son véritable but, c'était de trouver son père. Kessali porta ses mains à son giron et commença à faire tournicoter son collier en rubis.

Tout en soupirant régulièrement, elle parla à Yâşur de l'influence néfaste d'un passé qui n'était pas vrai et, de ce fait, ombrageait l'avenir. Par exemple être une Kessali signifiait étouffer jour après jour sous le joug de la plus ancienne des Kessali qui appartenait à une légende écrite avec des mots sans encre et dont les lettres s'envolaient au moindre tressaillement. Ce qui chagrinait la Kessali d'aujourd'hui, c'était de se retrouver obligée de retourner en permanence à la vie douloureuse de la plus ancienne des Kessali, "la fille des brumes", pour changer son destin. Il lui fallait subir l'injustice de vivre avec un passé qui ne s'était jamais réalisé. "Peux-tu imaginer, dit-elle avec un étonnement qui semblait ne s'être jamais estompé depuis sa naissance, que la Kessali fille des brumes de la légende gouverne la Vali Kessali d'aujourd'hui !"

Tout son peuple se moquait de ses mariages désespérés et tous les hommes à marier se tournaient vers d'autres femmes par peur de mourir. Comme si cela ne suffisait pas que les maris de la plus ancienne Kessali, qui n'avait rien d'autre à faire que de couvrir de brume les plaines et les vallées en laissant pendre ses cheveux du haut des rochers, non seulement n'eussent jamais pu entrer dans la chambre nuptiale au cours d'une vie de quatre-vingt-dix ans enchaînée au célibat, mais aussi mourussent un à un et que cela apportât la malédiction sur la vie de la Kessali d'aujourd'hui. Se laissant tromper par la force sanguinaire de la croyance, ils la laissaient toute seule au-delà du brouillard. Malgré le tableau sombre qu'elle dressait de façon inattendue, les yeux chargés de tristesse de Vali Kessali subitement s'animèrent. Elle raconta à Yâşur combien le brouillard était une chose ensorcelante. Le murmure pleurnichard s'était transformé en un discours de plus en plus passionné. Elle parla de la manière dont il descendait des montagnes et mouillait lentement la surface de la terre, elle parla du froid cinglant de cette humidité qui affectait les poumons des gens. Yâşur était très étonné. Cette femme geignarde un instant auparavant devenait une héroïne de conte. Il avait été surtout frappé par la façon mutine dont elle parlait des femmes qui la regardaient avec effroi derrière les rideaux de tulle et des hommes qui cherchaient un trou par où s'enfuir quand, les matins brumeux, elle traversait les ruelles du domaine. Sa duplicité toute ronde et plantureuse se tenait intégralement devant lui dans cette chambre rose. De la même manière qu'elle avait eu un regard soupçonneux, Kessali devint subitement sérieuse. Parce qu'elle avait été dévoilée dans sa pensée divisée. Il y eut un silence de glace.

Kessali se leva de son fauteuil et se dressa devant Yâşur. Elle le regarda de haut et lui demanda si la ruse qu'il avait employée en luttant contre Azap avait entaché ou non sa victoire. Yâşur secoua ses épaules. Non elle ne l'entachait pas. Pourquoi ? demanda-t-elle. Si je ne l'avais pas fait, Azap l'aurait fait, dit-il. Seul Azap pouvait dire s'il y avait eu ruse ou non. Kessali sourit gentiment. Après avoir mis au cou de Yâşur le collier de rubis qu'elle tenait dans ses mains, elle lui prit les paumes comme pour le saluer avant son départ. Yâşur s'apaisa. Heureux de pouvoir échapper d'ici peu au pouvoir anesthésiant du rose... Mais Kessali avait une autre question à lui poser. Avant de quitter la pièce elle lui demanda qui il voyait quand il la regardait. Kessali fille des brumes ou Vali Kessali ? Pour répondre il ne fallait pas qu'il réfléchisse, il était obligé de mentir : "Je vois Vali Kessali", dit-il. Kessali posa une dernière question avec une expression boudeuse. "Dans ce cas, lorsque tu sortiras d'ici, tu vas partir à la poursuite de qui ? A la poursuite de ton père maigre, déguenillé, hargneux, sauvage, muet et têtu ou bien à la poursuite de Hünsa dont tu es follement curieux de voir le visage ?" Cette fois Yâşur dit la première chose qui lui vint à l'esprit : Quoi qu'il arrive, il allait d'abord rechercher Hünsa. Tandis qu'il parlait, ses lèvres avaient tremblé. Parce qu'il ne pouvait savoir qui il retrouverait au bout de la route.

TREIZE

Il passa l'été d'un combat de lutte à l'autre, à l'occasion de mariages, de banquets, de vendanges, de fêtes de fin d'année qui se déroulaient là où sa route le menait. Chaque fois, Hünsa lui échappait, de peu. Mais en même temps il existait davantage. Finis les sommeils agités passés dans les grottes, les creux d'arbre ou dans des lits sentant le moisi. Désormais, il dormait d'une traite dans des auberges fréquentées par des notables, ou dans les demeures des nantis, où il participait aux riches tablées en mangeant jusqu'à s'en faire éclater la panse avant de partir. La renommée de Hünsa avait beau précéder sa venue quelque part, elle quittait l'endroit aussitôt après avoir chanté, si bien qu'il n'avait encore rien appris d'utile à son sujet. Ceux qui l'avaient vue de près n'arrivaient même pas à se souvenir de son visage, ils avaient des difficultés à expliquer à quoi elle ressemblait.

De temps en temps, le fait d'être très éloigné de chez lui ravivait sa peur. Il avait beau ne pas se l'avouer, il savait qu'il était perdu. A force de penser à Melifas partie en quête de la fleur de la montagne de Morsis, à Ecmel partie à la recherche de Melifas, à la Femmehomme à la voix grave qui recouvrait le corps d'Ecmel, il regrettait de ne pas participer à cette poursuite pleine d'énergie et de passion, mais il se consolait avec les victoires qu'il remportait sur les terrains de lutte. Tous le connaissaient comme un être taciturne. Peut-être parce qu'il ne savait pas être autrement que silencieux... Le mystère que son silence induisait ne servait à rien d'autre qu'à enluminer sa tête comme l'aurait fait une toque de fourrure. Alors que le mystère était une éminence rocheuse inaccessible. Il avait beau lutter, il ne parvenait pas à la vie d'ermite de Manouche, à la voix de Hünsa qui provoquait des tourbillons dans l'air, à la force de la Femmehomme qui enveloppait sa mère. Le mystère des autres l'écrasait. Certes, la fierté que lui conférait la lutte lui faisait oublier un moment ses soucis. C'est vrai ! Il était un Yâşur lui. Quelqu'un de beaucoup plus dangereux qu'il n'y paraissait...

Durant tout l'été, il ne rencontra personne du genre d'Azap. Il lui arrivait parfois de regretter de lutter avec ces gros tas de viande qui faisaient résonner l'espace de leurs cris en présence d'un public qui suivait le spectacle en grignotant des graines de tournesol. Il ne s'agissait pas de lutte mais de bagarres poussives. Plus les lieux où il allait étaient grands, plus les spectateurs étaient abjects et se transformaient en une foule enragée qui sifflait, conspuait et criait comme si elle voulait exciter une bête de somme. A ces clameurs s'ajoutaient celles de parieurs aux regards d'araignée qui se trouvaient mêlés à la foule. Il se sentait alors très isolé dans sa passion pour la lutte. Il lui arrivait de quitter très vite le pré sans même récolter ses récompenses, laissant derrière lui la foule avide qui ne se nourrissait que de haine et de partialité. Il valait mieux se donner en spectacle dans un endroit connu. Un lieu où Hünsa pourrait le remarquer...

Il fit la connaissance de Phuvus au milieu d'un enfer. Dans une grande ville, un lieu fréquenté par les étrangers et où les gens étaient avides de toutes sortes de spectacles... La suie qui s'échappait des poêles, des fours de boulanger et des cheminées d'usines avait tout noirci. Après avoir attaqué les immeubles, elle avait commencé à barbouiller les habitants. Les tas de cendres qui recouvraient les rues se soulevaient à chaque pas. Yâşur se retrouva plongé au milieux d'êtres courbés en deux par la toux. La ville se composait de larges boulevards éclairés des deux côtés par des boutiques avec, à chaque coin de rue, des missionnaires venus de nulle part qui enseignaient la bonne parole aux pauvres gens usés par la maladie. Entre les boulevards et les faubourgs, dans les rues ou les impasses sordides, sommeillaient des groupes de mendiants écrasés par la chaleur. Le centre de la ville était traversé par une rivière fatiguée qui, après avoir quitté le glacier et s'être écoulée avec majesté au profit des jardiniers, apiculteurs et meuniers, était tombée entre les mains des chercheurs d'or qui avaient creusé son lit. Ensuite, après avoir subi les cris déchirants des bûcherons, elle avait porté en son giron boueux les bateaux chargés de ballots de coton pour finalement aboutir à la ville enfumée qui y déversait ses égouts. Indolente, elle continuait sa route vers la mer. Cette rivière couverte d'une mousse jaune était en même temps une frontière qui séparait la ville en deux. Alors qu'une des rives était très animée avec ses ravissants quartiers commerçants et ses marchés foisonnants où étaient exposées toutes sortes de marchandises, l'autre rive était enterrée dans un silence total avec ses maisons basses qui faisaient penser à des pierres tombales. En comparaison des habitants sauvages et farouches, les murs s'avéraient plus bavards avec les tracts, les affiches et les petites annonces écrites à la main où l'on pouvait lire le passé récent de la ville. Il s'y était constitué une carte chaotique, totalement en lambeaux, où de nouvelles affiches recouvraient les anciennes usées par le vent et décolorées par le soleil et où s'entremêlaient des lettres imprimées aussi bien que manuscrites : On ReCHErchE Un CUisINieR sUppORTaNt Les LonGs VOy… LeS jUMeaUX ProDIGieUx… POUR Le marCHé dES TIsSuS On… UmeAUx DaNs LA TenTe dE PhU-VUs… LonGs VOyAges ! TroiS jOUrs tROis NuiTS DaNs LA TenTe !

Le seul moyen de retrouver la trace de Hünsa était de trouver d'abord Phuvus. Un homme chargé de vendre des billets pour des spectacles savait forcément le lieu où devait se produire une bonne chanteuse. Yâşur passa du côté de la rivière occupée par les vendeurs et, fendant la foule, parvint à la tente de Phuvus. Deux jongleurs qui attendaient à l'entrée lui indiquèrent une pergola qui dominait la ville. Il devait avancer jusqu'au bâtiment en briques rouges où se déroulaient des batailles de chien, tourner à gauche, entrer dans le marché couvert et, juste après le passage où se tenaient les parfumeurs, grimper l'escalier escarpé qu'il trouverait devant lui.

Quand Yâşur arriva à la pergola, il y trouva quelques hommes au regard languissant étendus sur des sofas sous des treilles de chèvrefeuille qui écoutaient Phuvus tout en buvant du thé. Phuvus était un bel homme. Vraiment beau. Quand il parlait, il utilisait ses mains et il jetait lentement ses mots en l'air, un à un. Sa façon de s'exprimer révélait un homme cultivé et distingué. Yâşur n'hésita pas à s'asseoir au milieu d'eux. Il était essoufflé d'avoir gravi les marches qui serpentaient jusqu'aux quartiers du haut et menaient vers la pergola. Personne ne lui demanda quoi que ce soit. A un moment où Phuvus se tut, il s'apprêtait à dire qu'il cherchait Hünsa, quand Phuvus reprit la parole et commença à raconter une histoire en regardant Yâşur droit dans les yeux et sans jamais relâcher son regard. C'était une histoire empreinte de la sagesse troublante d'un divinateur qui discréditait les joyaux de Yâşur, et surtout transformait en mutisme son simple silence. Yâşur tentera par la suite d'oublier ces phrases qui le firent frémir mais qu'il écouta avec grand intérêt. Une fois qu'il les aura oubliées, il s'en souviendra probablement comme d'un récit religieux parlant de l'adaptation au monde. Peut-être comme une longue prière, récitée par cœur, issue du livre d'un prophète… L'amertume du thé qu'il buvait se mêlait aux mots évocateurs de Phuvus. A force de l'écouter, le désespoir s'abattit sur lui. Tous les combats de lutte qu'il avait entrepris, tous les pardons mutuels, tous les abandons n'avaient désormais plus d'importance. Il fut envahi par le flot d'un pleur, nourri de la tristesse profonde de ne pas pouvoir éclaircir le passé.

L'histoire terminée, Yâşur donna à Phuvus la bague faite par Manouche. Sans la moindre hésitation, il posa sur sa paume ce qu'il possédait de plus précieux.

Au cours de ce beau jour d'été, il avait fait tomber une des lettres de son alphabet.

QUATORZE

Sachez mon ami que je n'ai jamais vu Yâşur. Cette personne dont vous avez parlé avec l'œil droit ouvert et le côté gauche tout plat n'est jamais venue par ici. A dire vrai, je ne crois absolument pas à l'existence de quelqu'un de ce genre. Cette ville foisonne de monstres qui se sont raccrochés aux vendeurs de tissus, d'épices ou de tapis, aux menuisiers et chaudronniers, venus là après avoir franchi des déserts et des montagnes abruptes. Si l'homme que vous appelez Yâşur était passé par ici, il aurait à peine franchi les portes de la ville qu'il aurait acquis une triste renommée qui ne l'aurait pas quitté. Il serait en ce moment dans ma tente en train d'exhiber son seul œil avec un ricanement de plaisir à l'intention des quelques curieux venus l'observer. Est-il nécessaire d'expliquer que les monstres rapportent bien plus d'argent qu'une jeune vierge de quatorze ans ?

Sachez aussi, mon ami, que si ce Yâşur dont vous parlez n'avait vraiment qu'un seul œil, il n'aurait pas pu s'appeler Yâşur ! Parce que personne ne se préoccupe du nom d'un être de ce genre. Tout au plus, il se serait appelé Œildroit, Seulœil, ou encore Borgne, ou Cyclope. Tant que personne n'aurait écouté son cœur, ou bien encore, tant qu'il n'aurait pas été aimé par une femme ou qu'il n'aurait pas connu l'amitié d'un homme, il serait condamné à pourrir sous l'un de ces noms jusqu'à la fin de ses jours dans les cirques connus des grandes villes commerçantes. J'aurais aimé que vous voyiez combien les anomalies physiques inhabituelles excitent les plaisirs impudiques qui se cachent dans les replis sombres de l'âme. Par exemple, il est impressionnant de voir les ovations que reçoit une jeune acrobate dont les os ont été éduqués depuis l'enfance quand elle avance en tournant sur une main tout en touchant ses fesses avec sa tête qu'elle a passée entre ses jambes ! Peut-être que l'habileté dont elle fait preuve est la seule invraisemblance que les spectateurs peuvent voir. Cependant, mon ami, personne ne viendra la voir une deuxième fois. Parce que le prodige qu'elle montre est en même temps le fruit d'un travail qui rappelle au commun des mortels quelles sont leurs limites. Pour que les gens puissent apprécier ses mérites, il faut leur expliquer que, pour obtenir cette souplesse de serpent, sa colonne vertébrale a été cassée en plusieurs endroits, il faut leur dire que, pour pouvoir faire ces mouvements impossibles, cette toute jeune fille n'a été nourrie que de lait et de bouillie de riz, c'est-à-dire qu'il faut leur inculquer un sentiment de pitié sirupeux au lieu du respect qui leur écrasera le cœur et les fera souffrir. La plupart des sentiments qui unissent les gens les uns aux autres sont des sentiments à l'alchimie douteuse.

En vérité, je n'ai jamais cessé d'attribuer de la valeur à la gloire obscure. Je préfère l'effet violent et vil de la gloire aux sentiments qui mènent l'homme à la sagesse. Vous savez mieux que moi combien de nobles valeurs, telles que l'honneur, l'héroïsme, la bonté, la patience et la simplicité sont vaincues face à la sombre gloire. Vous avez parcouru le monde, mais ne croyez surtout pas que je sois le dernier des imbéciles et que je pense être le centre du monde sous prétexte que je n'ai pas fait un pas hors de cette ville de cendres. Parce que, moi, j'ai des monstres à demeure. Chacun d'entre eux est un prophète. Grâce à eux, je perçois l'image du monde.

Jusqu'à il y a quelques années, je n'ai pas cessé de mener ma barque avec des bossus, des nains, des femmes à barbe, des hommes à six doigts ou à gros seins. J'ai beau avoir entendu parler une fois de créatures mi-ours mi-hommes, je n'y ai jamais cru. Grâce aux salopards qui profitent de votre inexpérience pour diffuser de fausses nouvelles, je suis désormais plus ou moins capable de faire la part des choses entre charlatanisme et surréalisme. Il y a environ trois ans, un fleuriste qui vendait des oignons d'orchidées m'a raconté quelque chose de difficile à croire. Il m'a parlé de l'existence dans le Sud de deux frères siamois collés par la tête qui se produisaient tout seuls dans les grands cirques ou dans les foires. Ils étaient nés ainsi, tête contre tête. Pendant longtemps, je ne réussis pas à visualiser l'aspect étrange qu'ils pouvaient avoir. Parce que ce qui était original pour moi, c'était une souplesse dépassant la normale ou la capacité de rester aussi immobile qu'une pierre. Je ne pouvais pas imaginer que les mouvements sommaires et poussifs de deux frères collés par la tête puissent donner lieu à un spectacle. Pourtant, d'après le fleuriste, les siamois créaient l'événement dans chacune des villes qu'ils traversaient et ils enrichissaient chaque cirque où ils entraient. C'est ainsi que le feu me gagna. J'aime la renommée ainsi que l'argent, mais j'aime surtout être différent…

Au début, je doutais du fait que les deux jumeaux fussent vraiment collés, je me disais qu'il y avait certainement une supercherie. Certes, je ne suis pas du genre à avoir de grands principes, mais je sais quel risque commercial peut représenter une supercherie. Des gens du monde entier viennent dans des villes comme la nôtre : des commerçants, des apothicaires, des voyageurs qui ne se cantonnent pas à leur pays, des historiens, des géographes et, ce qui est pire, des poètes sans talent qui, au moindre attroupement, déclament avec force mimiques leurs vers insignifiants. Ce sont eux que je supporte le moins. Parce qu'ils promènent leur poème à côté d'eux comme un animal domestique ! Vous comprenez donc qu'il n'y a guère de place dans notre ville enfumée pour les mensonges, les racontars ou les plaisanteries. Voilà pourquoi j'oubliai cette histoire de siamois aussitôt après que le fleuriste eut quitté la ville. Et ce jusqu'à un soir d'automne où, installé dans un bar de la place du marché, en train d'observer la foule embrumée, un jeune poète demanda poliment à l'assemblée de poivrots l'autorisation de lire son dernier poème.

Un de ces poèmes stupides que l'on entend toujours… Un de ceux qui regorgent de sang, de cœur, de temps, de douleur, de frisson… Si tu aimes, tu donnes deux pièces, sinon une ; si tu aimes beaucoup tu salues respectueusement le poète et tu l'invites à boire du vin ; cela arrive une fois sur cent. Mais quand le jeune poète évoqua dans un vers *deux frères avec un seul squelette*, mon cœur se mit à tressaillir. Un doux frisson me parcourut. Alors que je n'arrivais pas à les visualiser, les siamois se mirent lentement à se dessiner dans ma tête. Probablement lassé par ces poètes bouffons, jamais je n'avais réussi à devenir un grand amateur d'art ; cela ne signifie pas pour autant que j'étais ignorant de la puissance de l'art. Je veux parler ici de possible. Une œuvre d'art prend sa force sur terre à partir d'un possible. Et pour atteindre le possible, il faut forcément de la beauté. Une belle phrase est celle qui se réalisera dans le temps, ou celle dont le présage intrinsèque se réalisera. Ce que je veux dire c'est que, si je n'avais pas trouvé de la beauté dans ce vers, j'aurais eu du mal à croire à l'existence de deux frères collés par la tête. Ce soir-là, lorsque j'offris du vin au jeune poète, vous auriez dû voir l'éclat de son visage. Il me remercia dignement et, ne boudant pas sa soif, but le vin d'un trait. Nous parlâmes un peu de l'air du temps sans évoquer ni le poème, ni la vie, ni les siamois…

Les jours qui suivirent, je fis savoir à tout marin, vendeur, aubergiste, sportif, caravanier, cartographe que je croisais, à tous ceux qui quittaient la ville et qui de toute façon allaient y revenir un jour, que s'ils voyaient des frères siamois, il fallait qu'ils me les ramènent aussitôt et qu'en échange je leur donnerais beaucoup d'argent. Je leur signifiai qu'ils pouvaient marchander en mon nom s'il s'agissait de les convaincre. A dire vrai, je ne m'attendais pas à ce qu'ils arrivent aussi vite… Dès l'automne suivant, j'appris qu'ils avaient embarqué d'outre-mer à bord d'un bateau chargé de soie. Les pauvres en virent de toutes les couleurs au cours de ce voyage. Alors qu'une épidémie se propageait à grande vitesse à bord, ils furent agressés par des voleurs, des ivrognes et autres bravaches. Une fois qu'ils furent arrivés au port, une foule encore plus sauvage leur tomba dessus. Dès qu'ils parvinrent à quitter la ville portuaire – vous pouvez imaginer les mauvais traitements qu'ils y subirent – ils prirent la route sans jamais s'arrêter, passant par des chemins que nul n'empruntait. Un trajet d'un jour en dura cinq, bien entendu. Le visage dévoré par les mouches des sables alors qu'ils traversaient les joncheraies bordant la rivière, tout en sang, couverts de pus et gagnés par le choléra, ils tombèrent entre mes mains, mourant de soif et de faim, juste au moment où ils pouvaient avoir besoin de moi. Ils regrettèrent terriblement d'être venus. Je savais qu'ils allaient mourir dans les trois jours, mais j'étais sûr que l'argent que j'allais récupérer allait être un million de fois plus important que celui engagé pour les faire venir.

Vous auriez dû voir l'intérieur de la tente mon ami ! Quantité de gens défilèrent. Le lieu se transforma vite en enfer, certains se faisaient écraser, d'autres s'évanouissaient, des vieux roulaient par terre, des enfants se perdaient, des femmes avec leur bébé au sein… Au bout de trois jours, on avait enterré des dizaines de personnes. Imaginez un instant que chacune des têtes de cette foule populeuse n'était qu'un grand œil, rien d'autre ! Sans main, sans pied, sans épaule ! Ils n'étaient constitués que de regards effrayants qui se rassemblaient en un seul œil. Cet œil géant qui voyait pour la première fois de sa vie des siamois déboula devant la scène en poussant des cris voluptueux. Ces grondements lubriques faisaient trembler la toile de tente et étouffaient les cris déchirants de ceux qui se faisaient écraser.

La vision des deux frères, mon ami, était vraiment exceptionnelle. Dans cette tente, se déroula le spectacle le plus remarquable du siècle. Imagine ces deux jeunes hommes, à la fois minces et costauds, revêtus d'une chemise de marin et d'une ceinture d'un noir brillant, en train d'exhiber le bouton d'Alep qui poussait sur leur visage crayeux. Malgré leur état lamentable, on ne décelait pas la moindre trace de douleur sur leur visage qui faisait penser à un masque. On les croyait là, retirés dans un coin, appuyés l'un contre l'autre, en train de discuter de tout et de rien. Quand vous les regardiez, vous aviez l'impression qu'un homme parlait avec son esprit – ou peut-être avec son ombre – sans parvenir à savoir lequel des deux constituait le fondement… La lenteur exaspérante de ce doublon étrange, la perfection de leur jeu finissaient par vous porter sur les nerfs jusqu'au moment où, quelques minutes plus tard, ils se mettent à se disputer, pour de faux. Quelques petites pichenettes accompagnées de musique. Mais quelle maîtrise, et quelle performance théâtrale dans l'harmonie de ces empoignades, de ces pas d'avant en arrière, travaillés à l'avance. L'épaisse couche de peau entre les deux têtes éveillait un sentiment de trop qui soulevait le cœur. Ce n'était que plus tard que l'on comprenait qu'ils ne pouvaient pas se détacher ! Qu'ils étaient collés (!). Toutes les personnes présentes savaient à l'avance qu'ils allaient voir des siamois. Mais cela ne suffisait pas ! Il fallait regarder jusqu'à plus soif, jusqu'à répugnance, jusqu'à exécrer, jusqu'à en crever ! Plus les jumeaux tentaient de se séparer l'un de l'autre pour amuser l'œil géant qui déboulait sur eux, plus les éclats de rire, les hurlements et les râles s'élevaient dans la tente.

Tous ceux, du plus noble au plus simple, qui avaient entendu parler des siamois, étaient présents. Si vous aviez été dans la ville, je suis sûr que vous seriez venu aussi. Personne ne dormit cette nuit-là. Ceux qui se trouvaient sur le devant de la scène étaient repoussés vers l'arrière et ceux de derrière luttaient pour prendre une place aux premiers rangs. C'était un privilège considérable de pouvoir voir de près ce qui se passait, du plus près possible. Tout détail, qui réveillait la force imaginative, était une clé magique pour capter l'auditeur. Puis vint le jour où, à votre tour, vous expliquez à un étranger ce que vous avez vu, et où lui aussi vous écoute avec intérêt. Produire cet éclat mirifique qui scintille en ce moment dans vos pupilles et surtout être écouté par quelqu'un d'aussi respectable que vous m'honore. Comme si un regard de plus s'ajoutait à l'œil immense qui se trouvait dans la tente… Savez-vous que raconter une histoire est l'occupation la plus jubilatoire au monde ! Quand je raconte une histoire, je trouve le désir face à moi : le brusque éclat de folie qui le révèle comble le vide entre mes phrases.

La séance du jour suivant ne fut pas aussi exaltante que celle du premier jour. Les jumeaux avaient du mal à tenir debout. Pour y parvenir, ils se tenaient l'un à l'autre et dessinaient des figures insensées sur la scène. Leurs pas chancelants, décalés par rapport à la musique, ajoutaient un aspect émouvant au spectacle. Cependant personne ne proféra la moindre insulte. Le dernier jour, la tente fut de nouveau archipleine… Dès le début du spectacle, le siamois de gauche fut pris d'une mauvaise fièvre. Le coup mortel du choléra finissait par se manifester. Vous auriez dû voir les convulsions du pauvre homme et la façon dont s'agrandit l'œil géant qui l'observait ! La foule était survoltée. L'un des deux siamois semblait près de s'écrouler tandis que l'autre faisait tout pour le maintenir sur pied. Mais le frère de gauche, tout en sueur, était trop lourd et ils tombèrent tous les deux à la renverse. La fin inéluctable de deux hommes prisonniers d'un seul corps s'était transformée en un spectacle époustouflant que je n'avais même pas imaginé. Ce n'était que cris, applaudissements, et poings dressés.

Le frère de gauche était totalement inerte, tandis que le frère de droite, profondément abattu de voir son propre effondrement, embrassait son frère comme sa propre mort. L'œil géant applaudissait à tout rompre en hurlant "Bravo", certainement persuadé que le spectacle qu'il contemplait était un montage théâtral relatif à la façon dont pourrait se terminer la vie de deux siamois. Et quand deux illusionnistes apparurent sur scène en faisant une révérence des plus respectueuses avant d'emmener dans les coulisses les jumeaux qu'ils tiraient par les bras et par les jambes, cette mort invraisemblable se transforma en un tour de magie. Une sorte d'opportunisme. Ainsi l'œil géant ne crut pas à la véracité de la mort. Quand un profond silence envahit la tente. Au point de pouvoir entendre une oreille siffler. La foule attendit un long moment que les siamois reviennent sur scène et saluent. Puis, l'œil géant ne supporta plus d'attendre davantage et se fractionna en personnes, têtes, bras et jambes transis de peur. Le spectacle était fini. Seulement, je tiens à attirer votre attention sur quelque chose. Il n'était pas terminé parce que les siamois étaient morts, mais parce que la scène était vide. La foule quitta le lieu en restant perplexe. Certes, ils s'étaient amusés, mais avec le goût âcre de ne pas avoir trouvé ce qu'ils attendaient et tout en cherchant ce qui manquait au spectacle. Le lendemain matin, dès les premières lueurs du jour, on couvrit de chaux et on brûla en vitesse les deux frères ainsi que toutes leurs affaires personnelles. Je ne vais pas dissimuler ma cupidité : si j'avais estimé n'avoir pas gagné assez d'argent, j'aurais pu embaumer ces pauvres hommes et exhiber leurs dépouilles jusqu'à la fin de mes jours. Il m'arrive de regretter de ne pas l'avoir fait. Parce que je suis quelqu'un qui ne met jamais l'honnêteté en doute, mon ami. Malgré mon âge, je n'en ai jamais eu besoin.

Attention ne comparez surtout pas les illusionnistes, trapézistes, acrobates, jongleurs, bouffons ou dompteurs avec les monstres qui se donnent en spectacle. La plupart d'entre eux sont des êtres voués dès le berceau à leur destin. Ils ont appris les limites extrêmes du courage avec leur mère dont la tête a été fracassée, avec leurs frères qui se sont brisé le dos. Dès la naissance, ils sont prédestinés à changer. Alors qu'ils ne sont qu'une ombre à l'extérieur, ils s'accomplissent sur scène. Leur identité est étayée non pas par leur propre squelette, mais par la tente où vit toute une famille fardée qui porte des costumes à plumes et à pompons. Vous ne pouvez trouver aucun lieu hors de la tente où une telle volonté s'exerce. Mais ils peuvent aussi s'en aller un jour. Il suffit d'un peu de temps, de courage, de rêve et peut-être de lassitude. Vous ne pouvez jamais faire un acrobate d'un homme qui n'a pas le sens du risque. Un acrobate, qui est sur le point de tomber à chaque pas, en sait moins que ses pieds à qui l'on a fait mémoriser les lois inviolables de l'équilibre, du bout des orteils à l'extrémité du talon. C'est une étrange jouissance. Au début du spectacle, vous laissez votre mémoire de côté, pour la reprendre à la fin à l'endroit où vous l'avez laissée. En fait, ce métier comporte une part de folie. Voilà peut-être la raison pour laquelle je déteste les monstres. Parce qu'ils ont taillé leur âme à l'image de leur corps. Le pire, mon ami, c'est quand toute la dignité est entachée par la monstruosité. Soulève la peau et c'est encore la même chose. Par en dessous, le monstre est encore prêt au spectacle. Partout, à tout moment, il est en train d'attendre avec ce ricanement que nous connaissons et qui vous rend étranger à vous-même. En fait, ils n'ont pas besoin de la tente.

Bien sûr qu'il existe des bossus, des nains, des géants qui ne cessent de grandir, des gens à bec-de-lièvre au-dedans desquels ne se cache ni bossu, ni nain, ni géant, ni bec-de-lièvre. Ils ne possèdent aucune trace de laideur dans le regard. Mais vous pouvez voir un jour surgir devant vous quelqu'un d'une grande beauté et d'une grande prestance qui est en réalité un monstre au fond de lui. Plus il parle, plus il se dévoile et plus il s'incarne ; et, vous, vous n'en croyez pas vos yeux.

L'été dernier, nous étions rassemblés sous une tonnelle qui dominait la ville et nous buvions du thé en présence de quelques amis fort respectables, venus là pour quelques jours. A vrai dire, je n'arrive pas très bien à comprendre pourquoi ces gens apprécient ma compagnie. Moi, l'unique patron de cirque au milieu de tous ces riches, ces mathématiciens, ces commerçants, ces historiens, je raconte ce qui me vient à l'esprit. En fait, je me sacrifie. Malheureusement j'ai la faiblesse de ne pas être capable d'écouter. Sans doute à cause de ma volubilité sans limites, tout le monde sait qui est mon père, à quoi ressemblait ma mère, pourquoi je suis avide d'argent, combien j'ai de ventricules, si j'ai ou n'ai pas tué mon seul fils. Vous pouvez questionner n'importe qui à mon sujet, il vous racontera toute ma vie dans une chronologie sans faille. A les écouter, ils sont en train de parler de quelqu'un de très important ; je m'aperçois que je deviens subitement le héros d'une histoire évoquant une vie tout à fait médiocre. La raison en est toute simple mon ami, c'est que je n'ai pas de côté obscur ! Si je ne m'enfuis pas quand l'occasion se présente, c'est parce qu'ils savent très bien que je ne pourrais jamais le faire. A force de parler, j'ai fini par me retrouver emprisonné ici. L'homme doit être un tantinet secret, il doit surprendre un peu son entourage. Même si je ne pars jamais, je dois faire croire que je vais le faire. C'est sans doute pour cette raison que j'aime les voyageurs. Parce qu'ils me voient pour la première fois. Et je fais tout ce que je peux pour qu'ils ne m'oublient pas. Mais si tu me demandes de qui il s'agissait, je suis incapable de te dire leur nom ou leur fonction…

Cependant, je ne peux jamais oublier le jeune homme qui est venu sans hésiter s'asseoir à nos côtés alors que nous bavardions sous la tonnelle dont je viens juste de te parler. Il nous fit un salut de la tête et se servit un thé bien noir. Tandis qu'il avalait son thé sans sucre avec une dépendance rare pour son âge, il se mit à observer mes lèvres avec un grand intérêt. Il était clair qu'il ne voulait pas manquer une seule de mes paroles. Je ne me rappelle pas avoir jamais vu un auditeur aussi attentif. Il avala tous mes mots, même piquants ou acidulés. Ensuite, il me fit cadeau de quelque chose qui m'avait toujours manqué. Depuis qu'il est parti, j'ai une partie secrète. Grâce à Dieu, je suis en possession d'une question qui me concerne et à laquelle je ne peux pas répondre. Maintenant à toi de décider, mon ami, ce que je dois raconter. Dois-je raconter combien était précieux mon secret ou bien ce que ce jeune homme m'a fait ?

Il portait un lourd collier au cou avec un rubis de la grosseur d'un œil et il était couvert de la tête aux pieds d'armoiries en argent ou de broches appartenant à des familles de renom. Il avait une ceinture en bronze avec une boucle incrustée de nacre, des bagues à chaque doigt et une bourse remplie de pièces qui cliquetaient au moindre de ses mouvements. Il n'était que tintement. On n'entendait rien d'autre que le son des métaux précieux qui s'entrechoquaient. Il était terré dans un silence dense et sauvage. Cependant, l'os pointu de sa clavicule, que l'on voyait apparaître sous sa chemise entrouverte, montrait qu'il n'avait pas grandi dans de bonnes conditions. On distinguait sous sa peau crayeuse les bifurcations de ses veines et ses lèvres étaient violettes en raison de l'anémie. Je crus d'abord, en voyant ce qu'il étala sur le comptoir, qu'il s'agissait d'un bijoutier ambulant. Mais après avoir regardé attentivement sa ceinture, je compris qu'il s'agissait d'un lutteur talentueux qui mettait à terre tous ses adversaires. Il avait beau ne pas avoir la carrure, les bras musclés et la nuque épaisse spécifiques aux lutteurs, il avait un menton nerveux qui trahissait sa fermeté et sa hargne. Il ne bougeait pas tant que cela ne s'avérait pas nécessaire… Bien qu'il attirât l'attention, nul n'osa briser son mutisme et demander son nom ou à quelle famille il appartenait. A force de boire en silence son thé, gorgée après gorgée, on finit par faire oublier sa présence. Quant à moi, je ne pouvais m'empêcher de le regarder. Je n'avais qu'une envie c'était de lui raconter toute ma vie. Et voilà que je me mis à romancer.

L'inspiration est vraiment une chose étrange. Je ne croyais pas, bien sûr, à la réalité de ces muses inspiratrices dont parlent les poètes. Cependant il arrive des moments où l'on pourrait jurer qu'elles existent. C'est un peu comme si vous commenciez à penser avec le cœur. Des sentiments indéfinissables comme l'instinct, la prémonition ou la conscience se transforment en vous en organes qui se nourrissent de sang. Ou bien encore en animal… Pégase sortit bien de la tête de la Méduse ! Eh bien dans la mienne, hulula un hibou devin. Cette fois, mon ami, j'ai cessé de parler sans m'arrêter. Je me suis tu et j'ai écouté les voix venues d'ailleurs. Et avec le temps, se constitua peu à peu une histoire que j'ignorais auparavant et qui se poursuivait à l'infini. Je ne cessais alors de regarder la tête du jeune lutteur tournée vers moi.

C'était une histoire incroyable. J'ai moi-même été ensorcelé en la racontant mais, comme je l'ai dit, ce n'était pas moi qui parlais, mais quelqu'un d'autre. Vous n'ignorez pas, bien sûr, que tout homme a une essence particulière difficile à transmettre à qui que ce soit. Quelque chose de minuscule, savoureux comme un grain de sel. Ainsi cette histoire peut être la preuve infime de l'existence sur terre d'un être qui ne devient plus rien à force de raconter. Vous pouvez appeler cela orgueil ou acquiescement, comme vous le souhaitez. Le jeune lutteur écouta mon histoire jusqu'au bout avec un immense étonnement et, vous aurez beau formuler mille belles phrases sur cette histoire, jamais vous ne pourrez m'encenser autant que ce lutteur. Il a tant et tant pleuré, c'en est inénarrable ! Il se noya dans ses larmes au sens propre du mot. Ce ne fut qu'une suite de pleurs désespérés, de sanglots et de profonds soupirs… J'attendis longtemps avant qu'il ne s'arrête. J'avoue que j'en tirai un plaisir secret. Mon histoire n'avait sans doute rien de poignant, mais, vu ses effets, elle devait avoir un côté touchant et inquiétant. C'est ainsi que les autres auditeurs, qui voyaient le lutteur pleurer si fort, nourrirent l'espoir d'entendre une autre histoire.

Malheureusement, il ne raconta rien. Dès qu'il fut calmé, tel un enfant, il essuya ses larmes avec la manche de sa chemise et s'approcha de moi. Je crus d'abord qu'il allait me prendre dans ses bras pour m'embrasser. Aussi, peu habitué à la chaleur humaine, je me penchai involontairement en arrière. Mais telles n'étaient pas ses intentions. En réalité, il retira un anneau qu'il portait à son doigt et il m'en fit cadeau. Regardez cet anneau en or sur lequel figure un cheval. Je ne sais pas ce que j'ai fait pour mériter cela et je crois que c'est le plus simple des bijoux. Depuis que je l'ai, je possède une chose dont je ne perce pas le secret. Il brille en permanence, nuit et jour…

QUINZE

Il y avait deux hommes. L'un était jeune, sur le point de mourir. L'autre avait plusieurs fois ressuscité. Il avait côtoyé la mort... Quand ils se trouvèrent, aucun des deux n'avait de nom. Mémorise ce que je te raconte mon ami ! Un jour peut-être tu l'écriras et, chaque fois que tu ajouteras une phrase qui viendra de toi, tu auras le sentiment d'être l'unique détenteur de cette histoire. Je fais preuve de générosité me diras-tu. Absolument pas. C'est de l'abnégation et jamais plus dans ta vie tu n'en verras de telle.

Un terrible jour d'hiver, un chasseur trouva un garçon complètement gelé. Il le réchauffa en lui donnant sa gourde d'où provint un mince filet d'eau tiède. Il était à la fois médecin et menuisier. Et tous les problèmes mathématiques ayant trait aux distances ou aux formes se résolvaient entre ses doigts. Il s'agissait en quelque sorte d'un talent héréditaire. Il comprenait le monde à travers ses mains épaisses, mais il souffrait ne n'avoir pas réussi à être un homme aussi exceptionnel que ses mains. Pourtant chacun se jugeait incapable face à lui. Et se plaindre de son incapacité devant lui était bien le plus grand compliment que l'on puisse lui faire. En réalité, cet homme, libre par ses mains, était prisonnier de sa chasse.

Car un chasseur ne doit jamais blesser.

Il doit tuer ou affranchir l'ours !

Il s'agissait d'une femelle. Couleur cannelle… Elle regardait l'homme comme elle regardait son enfant. Elle aurait pu le prendre et tendrement l'allaiter. Le chasseur tira sur elle. Mais la balle s'enfonça dans un muscle épais. La blessure n'était pas mortelle. Or, le chasseur a une morale. Il n'a pas le droit de laisser derrière lui un animal hurlant de douleur.

L'ourse, par instinct, s'enfuit et se réfugia dans une forêt obscure. Tant qu'elle vivra, la forêt restera à son image. Le pistil de chaque fleur sera plume cramoisie, les ombres seront griffues et les arbres auront des dents aiguisées. Tu entendras sous tes pieds le souffle haletant de la terre.

Le chasseur se retrouva seul. Seul avec sa faute qu'il ne pouvait raconter à personne. Craignant de ne plus pouvoir sortir de la forêt s'il y entrait, il se mit à attendre l'ourse à l'endroit où il l'avait blessée. Il était une fois une forêt, mon fils, qui rendait vieux. A chaque pas une ourse surgit devant toi, elle attend son chasseur… Elle ne peut offrir son poitrail à personne si ce n'est à lui. Et il était une fois un chasseur. Lié par un serment. Pour rentrer dans son pays, il devait présenter la dépouille de l'ourse blessée !

Il existe des prisonniers… Ils fabriquent des amulettes avec des graines de sorgho. Consumant le temps graine après graine, ils apprennent la patience. Maintenant dis-moi mon fils ! Si, sur le versant d'une montagne, un chasseur devient prisonnier de sa proie, si, sur les rochers bleus de cette même montagne de lapis, la lumière se réfracte en sept couleurs, si partout poussent les buis… Que fait-il ?

Des cages, des cages et des cages…

Comment un homme, se trouvant en plein milieu de l'âme de la terre, au centre de son profond magma, ayant oublié son nom avec le temps, à force de solitude, peut-il fabriquer des cages qui ressemblent à des palais miniatures ? Tout comme la fille qui brode tour à tour des fils de soie violet et vert ne pense ni à l'origine du violet ni à l'harmonie du vert. Tout comme la fille qui ne connaît que la juxtaposition de ces deux couleurs. C'est tout. C'est une connaissance simple, issue du cœur, improvisée. Un capillaire hérité de son arrière-arrière-grand-mère qui se développe en elle ; il prend racine, son extrémité est imprécise et mobile… Eh bien notre chasseur, à force de regarder les montagnes, commença lui aussi à tailler le bois avec l'habileté de son arrière-arrière-grand-père. Il perpétua la tradition et travailla sans relâche. Parce qu'à force de contempler les montagnes il finit par voir la sacralité de la coquille qui recouvre la surface de la terre. Il parvint à saisir les secrets de l'harmonie avec le désir tourmenté d'un prisonnier qui redécouvre le jour en regardant par une fenêtre étroite. Il comprit alors que les montagnes ne sont que des puits profonds.

Il passa ses journées à observer les aunées enfoncées dans la terre et les pins sylvestres d'une tristesse sans nom. Le temps était immobile quelque part parmi les paysages escarpés et sauvages, au milieu des ravines aux eaux débordantes, sur les sommets brumeux ou dans les coins reculés. Ce qui chamboulait la surface de la terre, ce qui la rendait mate, et même plus touffue, ce n'était pas le temps comme on le croyait, mon fils, c'étaient les ombres. Le secret gisait dans les obscurités passagères créées par la lumière. Après ces heures uniques où il s'était enveloppé de son propre silence, le chasseur espéra domestiquer le secret. Il avait beau ressentir le désir irrépressible de fabriquer des cages, il attendit patiemment. Il avait compris depuis bien longtemps que pour atteindre le secret il fallait prendre son temps.

D'abord, il ramassa des pierres habitées par l'âme des collines. Des prismes ayant subi l'érosion du temps, des sphères battues par le vent. Pour assurer l'équilibre entre les pierres, il dressa un mur en laissant de petits vides pour permettre à l'air de passer. Il prit alors conscience de la force incisive de la lumière qui filtrait par ces petits trous. Ces rayons, qui bouleversaient les apparences, lui permettaient d'appréhender l'invisible au-delà du visible. Il bâtit ensuite les autres murs, puis le toit, la terrasse et les pièces intérieures… Il avait désormais matérialisé le lien qui l'unissait au flanc de la montagne. Sous la lumière sacrée de l'aurore et du crépuscule, sur chaque fenêtre de la maison, se dessinait une *mimèsis*. Des reflets incroyables qu'il n'aurait pu trouver s'il les avait cherchés. Désormais il ne restait plus qu'une seule condition pour fabriquer une belle cage, il fallait atteindre l'immobilisme.

Le chasseur, qui attendait d'être en paix avec l'ourse, devait faire cette cage avec une exigence despotique en résistant au sommeil dans les étroits défilés des nuits. Cette exigence pouvait aussi être un dérivatif pour échapper à la douleur insupportable de l'attente. La cage qu'il voulait confectionner n'était pas une prison, mais une paroi intérieure semblable à celle de tous les chasseurs qui ont sombré dans la honte. Sache-le, mon fils, l'homme façonne toujours lui-même son propre inconnu ! Tant qu'il ne s'identifiera pas avec ses peurs profondes, jamais le chasseur ne pourra fabriquer la véritable cage. Il devait d'abord déchiffrer le secret de la lumière. Il regarda pendant des mois les dessins de la nature. Mais, pour comprendre un motif, il lui fallait avant tout résoudre sa géométrie secrète.

Un jour, il se sentit prêt et il coupa des branches d'arbres. Des branches de buis, toutes de même taille, de même courbure... Son métier fit le reste ! Il tailla les branches en forme d'arc, les transforma en grillage tout fin en les limant avec des pierres ponces, il les nettoya soigneusement à l'aide d'une térébenthine extraite des conifères, puis acheva sa cage en utilisant de la caséine. Tu vois, un artisan maîtrise le temps avec ses mains. Tu ne peux pas te contenter de savoir tailler un arbre, de la même manière que tu ne deviendras jamais un artisan sans faire saigner le silence. Lorsque tu prends un ciseau dans ta main, ton seul but doit être de pénétrer le bois.

La main ! Fidèle et complaisant serviteur !

Elle, celle qui montre le chemin de la beauté à ne pas manquer, mena le chasseur à la cage après de nombreuses années de souffrance. Vivre sur le versant lui avait permis de retrouver son propre temps, de le conquérir, de le dominer. Mettant à profit la genèse de l'art, c'est-à-dire l'aptitude inquiétante et douloureuse à s'arrêter, il créa finalement dans chacune des cages une forme mobile, qui gagnait du volume grâce à ses angles. Mais il savait aussi qu'avant de devenir cage une cage existait déjà dans le cœur du buis.

Pour en revenir à l'enfant que le chasseur trouva perdu dans la montagne... il est occupé maintenant à payer le prix de la lumière. Nous ne pouvons pas dire grand-chose tant qu'il n'est pas devenu artisan. Nous devons attendre, mon garçon, nous devons attendre l'immobilisme qu'il trouvera au cœur du silence qui rend fou.

SEIZE

Les meilleurs lutteurs, dont les corps huilés luisaient sous le soleil, avançaient jusqu'au milieu du pré, vêtus de leur pantalon de cuir. Leurs pas lourds s'enfonçaient dans le sol. Yâşur, confiant en sa résistance comme s'il n'avait plus rien à perdre, attendait que le jeu commence. Il ignorait que ce jour-là il allait rejoindre les bras de Hünsa. Il avait presque perdu l'espoir de la retrouver. Mais elle allait trouver Yâşur au seuil de la mort. Juste au moment où la violence à l'état pur allait déferler sur lui... Auparavant, quand il n'avait encore qu'un œil, il croyait que la méchanceté était une chose si ample qu'elle ne pouvait se loger dans le cœur d'un homme. Mais l'homme pouvait tailler la méchanceté à sa mesure ; à la mesure de ses mains.

Un appel ! Aussitôt après avoir entendu ce cri perçant qui couvrit le tumulte, les hommes, baguenaudant au milieu de la foire, qui se déroulait sur l'immense terrain situé au nord de la ville enfumée, se précipitèrent vers les tribunes installées dans le pré. Mais quelle course ! L'exclamation aiguë du crieur public qui annonçait le début des combats incitait à s'identifier à l'un des lutteurs. Une fois que les arbitres, crieurs publics, tambours et spectateurs eurent formé un cercle invisible tout autour de la place de couleur morne, Yâşur devint le vertige d'une plume ne sachant pas où elle allait tomber. Il n'avait qu'un seul souhait, résister. Pour ne pas se rappeler encore et encore et encore ce qu'avait dit Phuvus au beau visage.

Il se retrouvait au milieu d'une fête dont on célébrait le centième anniversaire. Les us et coutumes, qui s'étaient fossilisés à travers toutes sortes de cérémonies traditionnelles, étaient pour Yâşur difficiles à accepter. Face à ce jeu secret de l'âge adulte auquel il ne savait pas comment participer, il se retira dans un coin et s'assit, solitaire. Une enclave, toute proche, juste faite pour un individu, que ce soit pour regarder ou lutter.

Cela chuchotait de tous les côtés, certains faisaient des paris. Hormis Yâşur, tout le monde murmurait.

Les lutteurs payés à la journée, qui se donnaient en spectacle dans les jardins des résidences de luxe, étaient en sueur avant même de commencer à combattre. Leurs regards furtifs scrutaient les autres lutteurs. Nombreux étaient ceux qui venaient de contrées lointaines… Il y avait aussi Mulo qui depuis vingt-six ans ne s'était jamais fait détrôner ! Des murmures entrecoupés, incompréhensibles. Qui étaient ennemis mortels, qui et qui étaient frères ? L'un d'entre eux surtout ne pardonnait rien… Et là, celui qui s'approchait, n'était-ce pas Mulo justement, celui qui s'était juré de ne jamais perdre ! Chacun y allait de son commentaire… Des rumeurs, des mensonges extravagants, qui n'en finissaient pas. Dans une telle cacophonie, Yâşur ne distingua pas plus Mulo qu'un autre. Vus de côté, ils se ressemblaient tous, au point que chacun était peut-être la copie exacte de l'autre.

Tandis que chaque lutteur se cherchait un adversaire à sa taille, Yâşur resta à sa place. Cela n'empêcha pas les regards curieux de se porter sur lui. Les futurs combattants semblaient s'enquérir de quelque chose à son sujet. Il ne s'en soucia pas et resta à sa place, assis en tailleur, en se cambrant comme un point d'interrogation. Les arbitres étaient courtois, des hommes calmes au visage doux... Pour ne pas déroger aux habitudes, aucun d'entre eux ne vint vers lui pour savoir s'il allait ou non participer au combat. Selon la règle on ne pose pas de questions aux lutteurs et encore moins à ceux qui restent à l'écart. Son visage était blanc, il semblait assez jeune, il était solidement bâti et en plus avait un air agressif. Mais c'était son attitude calme et impassible, qui avait attiré leur attention.

Les premiers combattants à se présenter sur le terrain furent de jeunes garçons imberbes, trop hardis, qui achevaient les combats en un tour de main. Ce fut ensuite le tour des étoiles montantes qui jetaient des regards interrogateurs à Yâşur. Il ne se leva toujours pas. Aucun d'eux n'arrivait à la cheville d'Azap. Les rayons du soleil faisaient briller leurs corps huilés. Les grognements essoufflés durèrent des heures. Les roulements rythmés des tambours ne suffirent pas à animer les corps à corps dépourvus d'intérêt. Mais lorsque les lutteurs du tour suivant surgirent sur le terrain en faisant trembler le sol, Yâşur hésita à se lever. Il regarda attentivement ce groupe quand il aperçut Mulo, juste à son oblique. Il avait les cheveux tout blancs, les sourcils inquiets et les yeux cernés. Il se mordait les lèvres sous ses fines moustaches tombantes. Sa poitrine et ses épaules n'étaient que muscles. Les poils bouclés, qui lui couvraient le torse, cachaient sa peau. Un vieil homme se tenait à ses côtés, huilait le dos ou massait les mollets de ce lutteur invincible tout en ne cessant de jacasser. Mais Mulo ne l'entendait pas. Totalement enfermé dans son propre crâne, il laissait au-dehors le tumulte qui l'entourait. Il faisait trembler les muscles de sa poitrine et de ses biceps et écoutait sa chair. Quand, brusquement, ses yeux plongés dans le vide se focalisèrent sur Yâşur. En fait, il aurait fallu que Yâşur s'en aille aussitôt après avoir vu la violence à l'état pur qui apparut soudain sur ce visage. Il n'y parvint pas. Il n'avait pas d'autre lieu où aller.

Tandis que Mulo, revêtu de son pantalon en cuir de buffle, brodé de fils d'argent, traversait la place d'un bout à l'autre avec la prestance d'un roi, les spectateurs, qui cuisaient sous le soleil, firent gémir l'espace de leurs cris tumultueux. Le crieur public se déchirait le gosier en prononçant des phrases pompeuses en éloge à Mulo. En attendant qu'il achève sa longue mélodie, Yâşur avait eu le temps de se dévêtir et même de se huiler. Tous les regards étaient rivés sur lui. Mais Mulo ne se retourna même pas. Il était clair qu'il ne voulait pas avoir affaire à un inconnu. Cependant il était attaché aux traditions et ne pouvait refuser de combattre avec le lutteur qui se présentait devant lui.

Après avoir salué, ils entamèrent, d'une manière outrancière, le *peşrev,* c'est-à-dire la cérémonie rituelle qui précède le combat. Cela ne ressemblait plus à un *peşrev,* mais à une danse lourdaude et inesthétique. Toute la place écouta pendant de longues minutes les grognements de Mulo. Ensuite, de façon totalement inattendue, celui-ci fit une violente prise de cou à Yâşur et le plia en deux, de quoi le décourager... Yâşur réussit à encaisser le coup et à résister, puis il rassembla toutes ses forces pour saisir la nuque de son adversaire. Ils se trouvaient à présent front contre front. Yâşur restait fermement campé sur ses pieds ; il voulait montrer qu'il ne le craignait pas. Pourtant, sa colonne vertébrale craquait en secret. Ce qu'il avait de mieux à faire était d'attendre que Mulo relâche sa vigilance et de lui faire alors une prise de tête avec le bras gauche. Mais voilà que le maître lutteur, qui avait saisi les plans de Yâşur, se pencha vers les jambes de son pantalon. Yâşur recula aussitôt. Il ne lui restait plus d'autre solution que de combattre à découvert et de fatiguer ce vieil acharné. Mulo était impatient et aussi suffisamment intelligent pour ne pas fatiguer son cœur. Il se jeta précipitamment sur les jambes de Yâşur, qui se retourna aussitôt, comme il l'avait appris d'Azap, et s'allongea ventre contre terre. Mulo, traînant sur ses genoux, l'attrapa à la ceinture, l'empêchant ainsi de se relever. Mulo pesait de plus en plus sur Yâşur et lui écrasait lentement les côtes. Yâşur eut beau se secouer à droite et à gauche, il ne réussit pas à se dégager de l'emprise de son adversaire. Quand soudain il poussa un grand cri et parvint à s'extirper sans laisser le temps à l'énorme bonhomme qui l'enlaçait, telle une pieuvre, de le prendre totalement au piège en enfilant un bras entre ses jambes et en appuyant sur sa nuque. Mulo resta un instant hésitant. Puis, comme s'il voulait lui signifier qu'il ne prenait pas cela à la légère, il serra les poings et se rua sur lui. Furieux que Yâşur ait osé s'affronter à lui, il lui attrapa le cou avec ses doigts crochus. Des "Oh" et des "Ah" s'élevèrent de la foule qui commençait à s'inquiéter. Les yeux de Yâşur s'obscurcirent.

Après un court évanouissement qui avait débuté par une nausée, il sortit de son corps, et se vit, du haut d'une colline qui surplombait le pré, en train de s'agiter entre les bras velus d'un homme monstrueusement grand. Mulo écrasait le dos et les reins d'un Yâşur à deux yeux, au regard hébété. Il se retrouvait dans le cauchemar de quelqu'un d'autre et attendait le moment de se libérer. Il était tellement épuisé qu'il n'avait même plus la force de relever son bras. Mais Mulo, au lieu de retourner Yâşur sur le dos pour déclarer sa victoire, le maintint sur le ventre et se mit à écraser de toutes ses forces ses reins, ses poumons et son estomac ; il se passa peut-être une heure ou deux durant lesquelles il sua sang et eau jusqu'à être sûr d'avoir dépecé son ennemi de l'intérieur. Yâşur était anéanti. Capable de pleurer, si la honte ne l'avait pas retenu. La foule hurlait "Arrête" ! "Ça suffit !", si bien que Mulo finit par reprendre ses esprits et retourna sa victime. Il regarda longuement le visage crayeux de son ennemi. L'air de dire : "Ne t'avise pas de lutter encore une fois avec moi", il émit une sorte de chuintement de chat, caustique, méprisant ! En vue de fêter son titre de meilleur lutteur qu'il obtenait pour la vingt-huitième fois, Mulo dessina un large cercle autour de Yâşur qui était encore étendu au sol, et salua joyeusement la foule qui l'honorait tout en étant terrorisée. En célébrant son succès avec cette démarche prestigieuse caractéristique des lutteurs, il réussissait à effacer le crime auquel des centaines de personnes venaient d'assister. Les arbitres, crieurs publics et autres lutteurs, à leur tour, tournèrent le dos au sentiment de culpabilité qu'ils voulaient aussitôt faire taire et se dirigèrent vers la tente où étaient dressés les mets. Un silence intense envahit l'atmosphère. Le clapotement à peine audible de la rivière fatiguée qui traversait la ville enfumée en était même indécent.

Aucun des arbitres ne s'avisa de venir au côté de Yâşur avant le départ de Mulo. Demeuré seul au milieu du pré un temps fort long vu son état, il attendit que quelqu'un le prenne dans ses bras. Quelques jeunes lutteurs, le dos courbé, s'avancèrent à pas craintifs et saisirent Yâşur sous les aisselles afin de l'amener jusqu'à un abri de fortune. Ses pieds traînaient au sol, sa tête ballottait d'un côté puis de l'autre et le sang coulait à flots de sa bouche. Après cette lutte de quelques heures, il ne lui restait plus que la peau sur les os et ses côtes étaient visibles. On voyait sur son dos les traces violettes des mains ravageuses de Mulo.

Un petit moment plus tard, quelqu'un apparut après avoir fendu la foule avec ses épaules. Un homme de petite taille avec un chapeau enfoncé jusqu'aux yeux… Sans prêter l'oreille aux objections des arbitres, il emporta Yâşur sur son dos et s'en alla. Ses jambes toutes maigres avaient beau trembler un peu, il ne se reposa pas une seule fois jusqu'à ce qu'on le perde de vue. Au sud de la ville enfumée, un homme étrange et un autre épuisé, tous les deux enchevêtrés, se fondirent dans la foule des étrangers venus des contrées lointaines. D'après ce que l'on pouvait voir du haut de la ville, ils vivaient là de magnifiques retrouvailles.

DIX-SEPT

Les rêves de Yâşur étaient en noir et blanc.

Alors qu'il se trouvait aux portes de la mort implacable qui le tirait vers les plaines infinies, c'est grâce à ces rêves absurdes qui rappelaient les géographies turbulentes du monde, qu'il resta en vie. Ses rêves concernaient toujours l'histoire récente :

Manouche… En général, le dos tourné… Parfois la résurrection de Yâşur, son cheval triste. Et son père… Minuscule, entre les bras d'une déesse d'ébène, un long soupir. Une ville qui s'étendait à l'infini à force de marcher… Les bras d'Azap avec les mains de Manouche. Sur le visage de Manouche, une expression d'attente, celle d'Azap attendant Yâşur. Et puis un homme bruyant… Ses membres, ses pas, son cœur, tout est bruyant. Il a un plectre à la main ! Son cœur est transpercé. Chaque chose forme un tout, qu'il s'agisse des arbres, du temps ou de la nuit, mais lui est en morceaux. Son entité se divise sous le regard de mille personnes différentes… Des tribunes, des places, pleines de monde. Des hurlements, des sifflements, des luttes truquées. Ensuite une voix de femme… ou alors des voix… non, il s'agit bien de celle d'une femme. Elle apparaît puis disparaît à travers une mélopée dont il ignore la langue. Elle a des cheveux longs. Des yeux en amande. Elle est peut-être laide aussi.

Impossible à voir. Sa voix est hasardeuse dans les basses et délicate dans les aigus. Le chant s'amplifie. Des petites bulles sortent de sa bouche comme si elle se trouvait au fin fond de la mer. Un chant à bulles, plutôt guilleret. Il a le timbre rafraîchissant d'une berceuse… Il ouvre un œil. Elle est là. Le chant est coloré. Le banal devient alors moiré. On dirait un spectacle en trois dimensions. Le chant s'élève, s'agite et redescend. Il est semblable à la fraîcheur qui jaillit des jets d'eau, goutte après goutte. Le chant est mouillé. Collant parfois. Parfois il a l'acuité de la glace. Mais il ne voit pas le corps du chant. Il est indéfinissable… La chanteuse est effacée. Ses cheveux se mêlent à d'autres dessins. Son cou si minuscule est près de se briser. Ses clavicules s'échappent à l'encolure de sa chemise. Si pointues. Au niveau du larynx, apparaît un trou de la grosseur d'un poing. Yâşur n'arrive pas à percevoir son visage. Une bouche profonde module les sons en fonction des mots du chant. Son visage n'est plus que lèvres. Quand elle plisse les yeux, ils se réduisent à un trait, puis à des cils… Ensuite un éclat jaillit un instant de son regard, puis de nouveau le trait, de nouveau les cils, son visage se disperse point par point. Mais ses sourcils ne fuient nulle part. Ils sont un signe gravé sur sa figure. Hünsa, il s'agit de Hünsa ! Personne n'a encore déchiffré ses lettres. Son souffle tiède frappe le visage de Yâşur. Une odeur de caramel. Elle chante à son chevet. Il ne veut pas qu'elle s'arrête. Si elle s'arrête, Mulo lui viendra à l'esprit. Il suffoquera de haine lentement. Il s'allonge et prend les mains de Hünsa. Pour les mémoriser. Le chant, près de s'achever, baisse d'intensité. Ne t'arrête pas, non, ne t'arrête pas ! Doux comme l'eau qui s'évapore, le chant se propage dans la pièce et se perd de vue. Le visage de Hünsa se précise peu à peu. D'abord les yeux s'entrouvrent, ensuite les lèvres, aussi acérés qu'un couteau…

Ecmel !

Avec un air de reproche.

Elle caresse la tête de Yâşur…

Lorsqu'il retrouva Ecmel, il saignait beaucoup. La douleur engendrée par ses côtes cassées était insupportable. Qui sait combien il y eut de pleines lunes avant qu'il ne puisse bouger, tant il était perclus de douleurs et cassé de toutes parts. De nouveau cette odeur de pourriture qu'il connaissait si bien… Dans la maison d'une seule pièce située dans un quartier misérable de la ville enfumée, ils ne possédaient rien hormis deux lits, quelques récipients et une série de bocaux pleins de liqueurs, teintures, thés et huiles essentielles qui appartenaient à Ecmel ; il y avait aussi un poêle en fer-blanc. Mais ils étaient quand même riches. Chaque matin, Ecmel lui faisait avaler du lait cru de buffle. A midi, un plat entier de *börek* à la viande. Des soupes goûteuses. Du mouton grillé, avant même d'attendre qu'il ait faim. Toutes sortes de fruits de saison, des purées de légumes… Pendant ce temps-là, une pluie fine tombait sur les vitres. Un autre jour c'était la neige : il ne pouvait plus supporter le moindre flocon ! Les cendres de la ville enfumée les rendaient gris. Le temps fondait à grande vitesse.

Elle avait beaucoup changé, Ecmel. Depuis qu'il ne l'avait pas vue, elle avait vieilli. Elle avait les yeux cernés, la peau couverte de taches. La langue dans laquelle elle s'exprimait depuis la mort de son mari semblait un peu plus accessible à Yâşur. Il avait beau ne pas comprendre totalement ses mots, il saisissait ce qu'elle voulait dire en voyant la mimique qu'elle faisait quand elle portait la cuillère à sa bouche, en percevant son air découragé quand elle entassait les bûches au milieu de la pièce ; la façon dont elle prononçait les phrases, tout doucement ou âprement, était aussi un indice. Cependant, elle ne parlait jamais de ses sentiments. Uniquement de problèmes quotidiens. Des propos sans intérêt du genre : "Les rues sont encore gelées, une épidémie de choléra a débuté de l'autre côté de la rivière, le poulet que j'ai acheté aujourd'hui est tout dur, une fois de plus." Il était si faible qu'il était incapable de lui répondre. Il n'arrivait même pas à lui jeter à la figure sa colère liée au fait qu'elle avait quitté le versant où vivait Manouche. Mais elle n'avait plus cette indifférence implacable qui avait condamné son existence au silence, elle faisait renaître Yâşur par un amour débordant. Cette renaissance s'apparentait aux promesses d'aube nouvelle qu'elle offrait à son mari lorsqu'elle le débarrassait, comme on le ferait d'un chagrin à oublier, de la boue qui le recouvrait quand il rentrait à la maison. Mais l'homme-boue revenait le jour suivant dans le même état et Ecmel ne faisait que se morceler un peu plus chaque fois qu'il expulsait son or. A cause de Yâşur, Ecmel s'engouffrait dans le même cercle vicieux, celui dont elle était prisonnière tant que son mari vivait. Chaque fois que Yâşur n'avait plus de solution, il se retrouvait entre les mains de sa mère. Lorsque les soins attentifs de sa mère engendraient chez lui des attitudes d'enfant gâté, Ecmel redevenait autoritaire et le semonçait vertement. Elle était prête à tout instant à brandir sa personnalité abrupte et elle affichait sans crainte au creux des pattes-d'oie qui se formaient entre ses sourcils la colère qui enjoignait d'obéir : il avait peur d'elle. Cela lui glaçait particulièrement le sang quand, après avoir revêtu son chapeau et ses vêtements d'homme, elle sortait en claquant la porte après avoir lancé d'une voix grave, qui elle aussi cachait son corps, des ordres du genre : "Allez, dors" ou encore "Surtout ne bouge pas". Et aussi quand elle rentrait à la maison avec un poulet ou une cuisse de veau à la main et qu'elle arborait un air menaçant en déplumant la bête sans rien dire ou faisant jaillir le sang des morceaux de viande qu'elle dépeçait avec un énorme couteau.

Il mit du temps à s'habituer à Ecmel. Ou plutôt, il se rappela qu'il n'avait jamais pu s'habituer à elle. Il y eut des jours où il la supplia du regard pour qu'elle lui chante une chanson. Ne serait-ce que pour oublier un court instant ses comportements qui l'irritaient davantage de jour en jour. Mais Ecmel, mis à part quelques murmures mélodieux et quelques petits airs de musique qu'elle sifflotait entre ses dents, priva totalement son fils de sa voix ensorceleuse. Ce qui faisait le plus mal à Yâşur, c'est quand elle fredonnait en avalant les mots, juste au moment où elle lui retirait le bassin plein d'excréments, ou bien où elle le faisait asseoir sur son lit pour qu'il se soulage. Il détestait qu'Ecmel choisisse les moments où il se sentait le plus vulnérable ! Quelle cruauté de joindre sa belle voix aux instants où il ressentait de la honte ! Dans ces moments-là, il pensait toujours à Mulo. Il lui manquait furieusement. La colère qu'Ecmel lui injectait à petites doses le ramenait inévitablement à l'image de son adversaire. Plus il guérissait grâce aux soins attentifs mais agaçants d'Ecmel, plus il sentait renaître en lui la haine qu'il nourrissait envers Mulo. Il avait mémorisé son visage au point de pouvoir le dessiner. Il revoyait jusqu'au frémissement incessant de ses narines…

Fort heureusement, ils avaient de quoi acheter du bois et de la nourriture. Mais, à la fin de l'hiver, l'argent qu'Ecmel et Yâşur avaient accumulé grâce au chant et à la lutte finit par s'épuiser. Le temps était venu de vendre les pièces d'or qu'ils avaient apportées avec eux. Chaque jour, Ecmel traversait la rivière en tenue de Femmehomme, et se rendait au marché où se retrouvaient toutes sortes de gens ; elle troquait son or auprès de marchands édentés et rentrait chez elle, chargée de victuailles. Pour ne pas se faire repérer, elle vendait son or chaque fois dans des lieux différents, mais on avait dû évoquer dans les tavernes obscures un homme imberbe de petite taille qui parlait une langue étrange et changeait de l'or, tous les deux jours, car quelques individus au regard sournois ne tardèrent pas à rôder autour de chez eux. Ecmel eut une idée intelligente. Elle aligna devant la porte quatre grosses paires de souliers de tailles différentes afin de laisser entendre que la maisonnée était nombreuse. A partir de ce jour-là, plus personne ne vint l'importuner. Nul ne prit le risque d'avoir à se confronter à de si grands gaillards.

Lorsque les jours commencèrent à s'allonger, il pouvait entendre davantage le murmure exalté de la rivière. Avec l'arrivée du printemps, il eut la sensation d'aller beaucoup mieux. Le vent déposait les pollens sur le seuil des portes et le rebord des fenêtres. Un matin, tandis qu'Ecmel était partie acheter des œufs frais au marché, il se sentit déborder d'énergie. C'était presque comme s'il possédait de nouveaux organes, ses bras et ses jambes s'étaient épaissis. En se levant de son lit, il eut du mal à porter son propre poids. Il avait pris tant de kilos, qu'il ne parvenait pas à tourner la tête. Chaque bouchée avalée lui avait profité. A peine eut-il ouvert la fenêtre, qu'un air frais envahit la pièce et évacua l'odeur de pourriture. Il n'arrivait pas à déterminer d'où venait cette terrible odeur. Il commença à fouiner partout. Il pensait trouver des restes de nourriture ou un cadavre de souris, quand il remarqua une porte de placard sur un des murs. Elle se trouvait derrière le tas de bûches et avait été soigneusement fermée. En l'ouvrant, il eut le visage submergé par cette même odeur dense. Les quatre ballots qu'Ecmel n'avait pas quitté des yeux depuis leur départ étaient rangés là, de façon ordonnée. Il sentit la sueur froide couler le long de son dos. Affluèrent alors dans sa tête tous les malheurs qui n'avaient cessé de le poursuivre durant les voyages ardus qui jalonnèrent son enfance : les gueules sauvages, grandes ouvertes, tenaillées par la faim, les griffes acérées, les herbes qui procuraient des démangeaisons à rendre fou, les moustiques virulents et les flocons de neige cinglants. Tout ce qu'il n'avait pas compris à propos des hommes, les questions ambiguës et tous les doutes qui auraient dû rester dans le passé, était encore en train de pourrir à ses pieds au lieu de disparaître dans les géographies traversées. Il ne put résister. Il prit le plus petit des paquets et le posa par terre. Il était plus léger qu'avant mais, avec le temps, la peau qui l'enveloppait était devenue dure et les poils de chèvre étaient collés par poignées. Il fallut qu'il se démène pour dénouer la corde de chanvre qui l'entourait. Il avait l'intention de refaire le paquet à l'identique et de le remettre à sa place, sans laisser de trace, une fois qu'il aurait vu ce qu'il contenait. Cependant, il n'arrivait pas à défaire les nœuds. Il eut beau tenter d'apercevoir le contenu en entrouvrant les coins, ce fut impossible car le tout était recouvert de plusieurs épaisseurs. Ses genoux tremblaient de curiosité et d'impatience. Il ne lui restait pas d'autre solution que de couper la corde. Mais il était devenu pataud à force de rester couché, pas très agile, il renversait tout, commettant maladresses sur maladresses. A peine avait-il commencé à couper la corde, après avoir difficilement trouvé le couteau à viande d'Ecmel, que la porte s'ouvrit en émettant un grincement lugubre. Il perçut face à lui une grande déception mêlée de colère, ainsi qu'un sentiment indéfinissable. La Femmehomme s'empara du couteau que tenait Yâşur et le jeta par terre. Un bruit métallique... Et celui d'une claque violente dont il se souviendra longtemps !

Ses mains étaient neuves, ses jambes aussi, ainsi que ses poumons, son ventre ou sa tête, mais au fond de lui se trouvait un cœur moyenâgeux ; encore en quête de la Femmehomme, Yâşur vieillissait vite. Avant de reprendre la route, ils vendirent son collier de rubis, le dernier bijou qui lui restait, relique de ses jours glorieux. Avec l'argent, ils achetèrent un cheval et une carriole ; il était bien décidé, cette fois, à ne pas donner de nom à son cheval. Tandis que les gens de la ville enfumée s'écrasaient les uns les autres, ils s'en allèrent en laissant derrière eux un œil énorme.

Ils étaient deux. Et puis leur charge de valeur... Les mains de Yâşur étaient maintenant énormes, il avait vingt ans. Peut-être vingt et un, mais la haine qu'il ressentait envers Mulo avait quarante ans. Il était prêt à supporter n'importe quelle malédiction qui sortirait de la bouche de la Femmehomme si, en échange, il pouvait prendre sa revanche sur lui. Par chance, ils n'échangèrent aucune parole. De toute façon, leur solitude ne pouvait devenir plus profonde qu'elle ne l'était.

Au bout d'un voyage de quatre jours sous une pluie diluvienne, l'air s'emplit de sel. Leurs cils se mirent à blanchir au fur et à mesure qu'ils se rapprochaient de la mer ! Les coups de cravache devenaient plus fréquents. Ainsi que les clignements de paupière de la Femmehomme... Après avoir parcouru d'interminables routes caillouteuses, ils parvinrent à un port. La mer était noire comme de l'encre, telle que l'avait décrite son père. D'abord il leur fallait s'habituer à son étendue, ensuite au rouge de la ligne d'horizon. Lorsque l'écume leur fouetta le visage, ils furent obligés de s'arrêter. Ils restèrent immobiles, entourés d'une foule de dockers, de marins, de voyageurs et de malles qui se balançaient au bout d'une grosse corde. Yâşur ressentait jusque dans le pouls tremblant de son poignet l'émotion qu'il éprouvait en voyant sur l'eau les cercles qui allaient en s'accroissant et en s'élargissant sous les coups de bec des oiseaux pêcheurs. Ils étaient au cœur d'un grand regard qui les aimantait. Une joie circonspecte se dessinait sur leurs lèvres qui se tordaient légèrement. L'histoire que lui avait racontée son père se vérifiait intégralement. C'était une chambre, la mer. Une chambre contenant la conscience d'un homme en train de divaguer au seuil de la mort... Leur vie qui se déroulait sur la terre ferme se renouvelait au fond de la mer. Les branchies de toutes les créatures reprenaient réalité dans les profondeurs. Désormais, pour pouvoir se plier à toutes les contingences du monde, la seule chose dont Yâşur avait besoin était la mer. Il se pencha et goûta une gorgée de son eau. Seuls ceux qui vivaient sur la terre ferme pouvaient appréhender son goût corrosif. Il recula sur le rivage. Quand il vit son reflet ondulant dans l'eau, il comprit qu'il était tordu aux yeux de la mer. Il comprit aussi que le Yâşur de la mer était celui qui possédait la vérité. Un Yâşur débarrassé de son poids, plus fin qu'un papier pelure... Car il n'était pas aussi libre que son reflet sur la mer, une passion scellée avec de la haine l'habitait. Et il n'en pouvait plus de se faire bousculer. Aveugle au point d'être niais... En plus, le seul continent qu'il n'avait pas traversé était ce lui-même qu'il aurait aimé être. Il se retourna vers Ecmel et prit ses mains pour qu'elle lui pardonne. Il lui dit : "Je m'en vais, maman. Je dois trouver Mulo." Les sourcils de la femme se relevèrent légèrement. La joie d'avoir trouvé la mer était restée fixée sur ses lèvres. Ses mains froides devenaient lourdes dans les paumes de son fils. Elle s'éloigna rapidement. En entonnant un chant dans une langue inconnue... Elle ne ralentit pas.

Bien des jours plus tard, Yâşur se retrouva à l'entrée d'un grand domaine entouré de minuscules ruisseaux. Tout ce temps passé à chasser les lapins et à se nourrir de mûres l'avait endurci. Ses jambes amollies par l'alitement étaient devenues fermes. Le serviteur qui l'accueillit à l'entrée fut très déçu en voyant ses habits rapiécés. Plus qu'à un lutteur, il ressemblait davantage à un métayer au torse musclé. Ils évitèrent le jardin de devant orné de palmiers et de jeunes pousses de fleurs et marchèrent un bon moment en direction du haras. La marche fut l'occasion d'un long questionnement. Il avait beau connaître le nom de Yâşur, le serviteur avait la tête bien embrouillée par son apparence misérable. Yâşur lui dit qu'il n'était pas de ces lutteurs amateurs, soucieux de l'apparence, qui étalaient leurs victoires. Cela n'eut pas le résultat escompté, le serviteur ne le crut pas vraiment. Il se demandait s'il n'était pas un de ces débutants, venu là pour tenter sa chance. Yâşur lui parla de son passé. En omettant, bien sûr, l'épisode avec Mulo… Il expliqua ensuite qu'il avait eu une pneumonie, qu'après sa guérison il s'était rendu à la ville portuaire, qu'à force de poser des questions il avait fini par trouver des écoles de lutte, que dans ces écoles où il s'entraînait avec de jeunes combattants il avait rencontré un ancien lutteur qui lui avait conseillé de venir ici. Le serviteur le conduisit jusqu'à une petite cahute où dormaient les ouvriers agricoles et où il n'y avait rien d'autre qu'une paillasse pour dormir. Il savait que les lutteurs étaient généralement accueillis dans un petit pavillon. Visiblement, le serviteur, en le voyant sale et pauvre, avait jugé cet endroit suffisamment convenable. Ne pas avoir à rencontrer Mulo avait dû certainement l'arranger. Il remercia indéfiniment le serviteur pour son accueil. L'homme plissa les yeux d'un air soupçonneux. Yâşur allait faire tout ce qu'il pouvait pour démentir l'impression désagréable du serviteur à son égard.

Le domaine appartenait à un riche propriétaire, dont les terres s'étendaient jusqu'aux frontières de la ville portuaire et incluaient dix petits villages de bord de mer.

Le fait que ce lutteur invincible qu'était Mulo fasse partie de la garde du maître des lieux en tant que porteur de flambeau facilita la tâche de Yâşur. Le plus grand plaisir de ce suzerain, passionné de lutte, était d'organiser des tournois dans le jardin de son exploitation sous prétexte de fêter le printemps. Ces jeux, qui n'avaient pas d'autre fonction que d'assurer une coquette somme d'argent au vainqueur, ne consistaient qu'en de tranquilles bagarres faites pour amuser le cœur du maître. Il s'agissait en fait d'un spectacle… Il n'y avait ici de place ni pour la vengeance, ni pour l'orgueil, ni pour l'ambition. Il lui fallait donc cacher la haine qu'il ressentait envers Mulo jusqu'à ce qu'il se retrouve au milieu du pré.

Le soir, il fut réveillé par la voix respectueuse d'un jeune homme de son âge. Il avait un visage rieur, plutôt ouvert, tout le contraire de celui du serviteur. Il tenait dans ses mains trois paniers en osier. Il en sortit toute une série de *kispet*, ces pantalons noirs, en cuir de buffle, destinés aux lutteurs. Bizarrement, il lui parla à voix basse. Il voulut qu'il essaie un des *kispet* après lui avoir dit qu'il serait malvenu de se présenter en pantalon de toile face au suzerain. Yâşur, qui n'en avait jamais porté auparavant, se sentit très nerveux lorsqu'il se saisit du *kispet* fortement huilé. Composé de trois épaisseurs de cuir pour que la partie qui couvre les fesses ait une forme, il pesait au moins quinze kilos. Le désespoir s'empara de lui. Lutter avec ce *kispet* équivalait à courir avec deux sacs de farine sur le dos. Le jeune serviteur n'avait pas les moyens d'interpréter le trouble de Yâşur. Il lui montra le petit miroir accroché à l'arrière du pantalon et lui dit, avec un sourire idiot : Avec cela, vous allez être un combattant étincelant. Yâşur n'eut pas la présence d'esprit de lui répondre, il se contenta de lui décocher un sourire forcé. Il redoutait l'invincibilité de Mulo probablement capable de mettre à terre ses ennemis tout en portant un *kispet* de vingt kilos.

Il suivit le jeune serviteur en clopinant, les jambes en compas. Lorsqu'il parvint au jardin où allait avoir lieu le combat, il savait qu'en s'engageant sur ce chemin il ne pourrait revenir en arrière. Ce qu'il ignorait, c'est que la colère peut être ardente au point de vous mettre en danger de mort. Sitôt arrivé sur le terrain entouré de lauriers-roses, il chercha Mulo. Il était sur un des bancs placés des deux côtés du jardin, à une distance de dix pas les uns des autres. En voyant Mulo au bout du banc où se trouvaient les lutteurs, il fut soudain pris de regret. Il était assis tout droit, les bras croisés sur la poitrine, le regard dans le vide, comme il l'avait vu dans la ville enfumée, et il avait coupé toute relation avec les autres. Yâşur s'assit sur le banc juste derrière, sans se faire voir. Il était si près de lui qu'il aurait pu donner un coup de poignard dans sa nuque épaisse surmontée de sa tête anguleuse, dans ses épaules poilues couvertes de taches de soleil ou dans son dos épais qui s'élargissait à chacune de ses inspirations. Il n'y avait pas plus de huit lutteurs de part et d'autre. Ils étaient regroupés sur le petit côté d'un grand rectangle tandis que de l'autre côté se trouvaient les invités et les serviteurs. Il y avait entre trente et trente-cinq personnes. Les femmes étaient accoudées à la balustrade du kiosque situé tout au bout du jardin ; la tête penchée, elles attendaient. Soudain, tout le monde se mit debout. Un homme bien bâti, d'une cinquantaine d'années, arriva. Avec ses longues bottes aux talons biseautés et sa chemise noire en toile de lin, il manquait de panache pour un suzerain. Une fois qu'il eut pris place, chacun se rassit. Le serviteur, l'air méfiant, contrôlait en permanence les alentours. Sur un signe du suzerain, il gagna le centre du pré et annonça que les couples de lutteurs allaient se former librement. Chacun pouvait inviter qui il voulait ; s'il essuyait un refus, l'invité serait considéré comme vaincu.

La première équipe offrit un spectacle décevant en présentant, l'une après l'autre, des prises conventionnelles, visiblement travaillées à l'avance. Il était clair qu'ils s'étaient arrangés et qu'ils allaient partager la récompense, mais au demeurant, en ôtant au combat toute animosité, ils offraient une représentation qui ne manquait pas d'intérêt. Cependant, il était plutôt étonnant qu'un lutteur aussi pugnace que Mulo condescende à regarder ces combats arrangés, au mépris de toutes les règles traditionnelles de la lutte. Il était d'ailleurs très étrange qu'un homme qui, en vingt-huit occasions, avait prouvé vingt-huit fois sa suprématie mette fin à la légende qu'il avait écrite en devenant porteur de flambeau. Il avait terrassé tous ceux qui s'étaient mesurés à lui et avait même négligé la gloire que représentait le fait qu'un adversaire lui adresse des éloges. Yâşur se pencha discrètement pour observer le visage de Mulo. Le lutteur se mordait les lèvres de nervosité, il attendait impatiemment l'instant où les regards admiratifs des spectateurs se porteraient sur lui. Comment se faisait-il que cet être médiocre au point d'accepter de porter les candélabres se transformât en monstre dès qu'il se trouvait au milieu du pré ?

Etre vu…

Il ne se lassait jamais d'être vu. Lorsque les autres ne le regardaient pas, il n'avait pas conscience d'exister. Il savait que chacune des phases du combat allait s'effacer avant même qu'il ait quitté le pré, et qu'il allait de nouveau se retrouver en tête-à-tête avec une sensation de frustration. Bien sûr ! Voilà la raison de ces *peşrev* de débutant, de ces mordillements de lèvres, de ces griffures, de ces morsures, de cette haine huileuse nourrie de peurs… Chaque fois que Mulo entrait en scène, c'était comme s'il luttait pour la première fois. Il tremblait comme un adolescent. En surestimant l'ennemi, il devenait lui-même un géant et allait jusqu'au bout de ses forces ; chaque jour, il dépassait ses propres limites. Yâşur prit une profonde inspiration et s'adossa à son siège. Il savait à présent comment le vaincre. Quand le serviteur demanda qui désirait participer au deuxième tour, il se leva sans hésiter. Il marcha lentement et se présenta devant Mulo. Mulo était très étonné. Visiblement, il avait prévu de combattre avec quelqu'un d'autre. Les règles étaient claires. S'il refusait la sollicitation, il allait être considéré comme vaincu. Il marmonna entre ses dents un flot d'injures incompréhensibles. Les deux combattants se dirigèrent de chaque côté pour se huiler. La lourdeur du *kispet* entravait encore Yâşur et, quand il se penchait ou se relevait, la ceinture en cuivre heurtait sa chair. Quand ils se retrouvèrent au milieu du pré, Mulo avait les sourcils légèrement froncés. Il n'avait pas encore reconnu Yâşur qui avait beaucoup grossi depuis l'année précédente. Celui-ci le salua respectueusement tout gardant le sourire. Mulo perdit son calme et se mit à hurler de colère. Le serviteur intervint avec empressement. Il semonça Mulo : il devait rester correct en présence du maître des lieux. Mulo n'était plus en état de respecter les règles des luttes imposées par la présence de souverains. Il se retenait avec peine pour ne pas escamoter le *peşrev* et attaquer d'emblée son ennemi à la gorge. Yâşur resta très calme, il lui baisa la main et lui dit qu'il était le plus grand lutteur qu'il connaissait. Habitué aux regards inquiets de ses adversaires, Mulo eut un court moment d'étonnement. Yâşur, sans lui laisser le temps de réfléchir, prononça des phrases alambiquées. Il lui dit que pour atteindre la force pure la seule lutte qu'il devait expérimenter était la sienne. Il dit aussi que ce n'était qu'à force de se faire battre par Mulo qu'il réussirait à apprendre les prises primordiales, les plus anciennes, mais aussi les plus nobles. Mulo apprécia fortement que l'on parlât de lui à la troisième personne. Il relâcha ses sourcils froncés et se para d'une timidité enfantine. Lorsque Mulo entama le *peşrev* comme s'il s'agissait d'une danse pour achever un combat qu'il avait gagné depuis longtemps, Yâşur, lui, était prêt à lui régler son compte.

Ils avancèrent à grands pas dans le pré, en rebondissant sur la pointe des pieds, on aurait dit des oiseaux commençant à prendre leur envol puis retombant à terre. Yâşur s'habituait peu à peu au poids du *kispet*. Lorsque Mulo tira Yâşur vers lui par une prise de nuque brutale, il se laissa aller dans ses bras sans émettre de résistance. Il faisait tout son possible pour se plier au jeu de son adversaire afin de ne pas l'exciter. Mulo finit par se calmer. Il exécuta alors une clé de tête sans peser de tout son poids, il l'enserra, aussi léger qu'une plume, sans lui faire mal, puis, avec le propre consentement de Yâşur, il le projeta en l'air. Son corps glissant était détendu. Mulo exécuta sur Yâşur toutes les prises difficiles de la lutte. Mais sans lui faire mal, sans le faire souffrir... Il dévoila lentement tous les secrets qui lui permettaient de prendre possession du corps de l'autre. Mulo avait débarrassé de sa cruauté son art fait de souplesse et d'intelligence et l'avait transformé en un discours persuasif, semblable à celui d'un savant. Pour finir, il lui bloqua la poitrine et le coucha doucement à terre, sur le ventre. Mulo n'utilisait plus du tout sa force. Quand il s'assit sur Yâşur, il était léger comme une plume. Il s'apprêtait à achever sa leçon en tirant de biais son élève pour le remettre sur le dos, quand, de façon tout à fait inattendue, Yâşur se libéra de ses bras et se dressa sur ses pieds. Mulo était agenouillé à terre, totalement médusé, les mains vacantes. Yâşur se jeta sur lui, le saisit par la taille et l'enserra de toutes ses forces. Ils étaient face contre face. Mulo se secouait de haine. Yâşur employa toute son énergie pour le serrer, le serrer de plus en plus fort. L'immense vieillard, privé de souffle, devenait tout violet. Tout le monde se leva, y compris le suzerain. Yâşur, qui guettait l'instant où Mulo allait se dégager, attrapa en vitesse la jambe de son pantalon. Lorsqu'il leva son adversaire au-dessus de sa tête, les spectateurs n'en croyaient pas leurs yeux. Après avoir fait trois pas en portant sur ses épaules ce lutteur imposant qui pesait près de cent vingt kilos, il le renversa devant le suzerain.

Lorsque Mulo tomba au sol ses yeux étaient devenus petits comme des boutons. Il se passa alors quelque chose d'inattendu : le lutteur invincible ne se releva pas pour insulter son adversaire et accroître ainsi la victoire obtenue par Yâşur, il avait un visage inexpressif, aussi immobile qu'un masque, sans étonnement, ni fâcherie, ni rage... Quelques secondes plus tard, il se mit à sangloter comme un enfant et à frapper le sol ; peu après on entendit un gloussement... des cris étranges... des trépignements... Il avait totalement perdu la raison. Il faisait des culbutes, caracolait d'un endroit à l'autre, dans un état de totale inconscience. Mulo avait perdu la raison et n'allait jamais la retrouver. Yâşur n'eut pas la possibilité de célébrer sa victoire. Son Mulo, incontestable héros de ses cauchemars, lui avait échappé, il avait sombré dans un psychisme capricieux. Yâşur était rouge de honte. Les ricanements hallucinés de Mulo, emmené de force par cinq hommes, résonnaient dans l'espace. Plus Mulo hurlait, plus Yâşur était éclaboussé de honte.

Chacun, le maître des lieux en premier, quitta le jardin. Ils ne regardèrent même pas le visage de Yâşur. Ils n'échangèrent aucune parole avec lui. Il se retrouvait seul au milieu du jardin. C'est à ce moment-là qu'apparut un homme sorti de la foule. Il avançait à grands pas, il venait vers lui pour s'introduire dans ses orbites, dans sa poitrine, dans son ventre, dans ses jambes, il s'emparait de son corps. C'était un homme, frisant la quarantaine, qui lui rappelait son défunt père. Il portait un collier avec un rubis de la grandeur d'un œil. Son visage exprimait un mélange de curiosité et d'amusement. Yâşur était prêt à tout lui raconter. Tout depuis la mort de son père jusqu'à la crise de folie de Mulo… Il jura d'être aussi clair que possible, qu'il ne mentirait pas. Il lui fallait découvrir le secret qui leurrait son esprit.

DIX-HUIT

Une confession est un bégaiement, Yâşur. Je ne parle pas des longs silences, ni des phrases inexactes prononcées avant de trouver la phrase juste. Il existe une grande douleur dans la façon dont s'infléchissent les syllabes amenées à être unies les unes aux autres pour atteindre l'aveu. La sincérité ne suffit pas. En avouant, tu expérimentes à nouveau la douleur. Ce que tu dis est tout au plus une explosion de sentiments. Ou encore, une sorte de jeu pour cacher la vérité... Tu as soigneusement évité cette sensation douloureuse et ainsi tu m'as laissé sans sommeil jusqu'aux premières lueurs du matin. Pourtant, je ne voulais pas que tu me racontes tout ; je voulais une seule chose, que tu sois éclairé. Tu as transmis à quelqu'un d'autre la charge d'estimer quelle serait ta pénitence.

Je suis un alchimiste. Mon nom est Butyakengo. Ce nom m'est resté en héritage de la langue oubliée d'une montagne. Même si cela donne froid dans le dos, j'aime ce qu'il signifie : “A plusieurs yeux.” Mais ne fais surtout pas de lien entre mes yeux et l'aveuglement dont tu as souffert pendant si longtemps. Parce que je vois toujours la même chose, que ce soit avec un œil ou avec tous. Cela pour te dire que ma force ne suffira pas à t'aider à atteindre ton essence de braise blanche. J'aurai beau le vouloir, je suis incapable de t'offrir la justice d'un épervier. La justice d'un épervier est aussi infaillible que l'or est pur. Cela s'appuie sur une fable très ancienne.

Un jour, tandis qu'un épervier femelle chassait, elle vit dans le jardin du roi un lapin qui gambadait. Elle s'élança en piqué pour l'attraper, quand celui-ci, effrayé par l'ombre géante du prédateur, se cacha sous la robe du roi endormi sous le camélia de son jardin. Le roi se réveilla. Lorsqu'il remarqua l'oiseau, il eut pitié du lapin et le prit sous sa protection. L'épervier s'adressa au roi d'un ton rageur : "Il est à moi, laisse-le-moi !" Le roi s'y opposa fermement : "Ce lapin s'est réfugié dans mon domaine, un roi ne doit pas tourner le dos à ceux qui lui font confiance." L'épervier dit en insistant : "Moi aussi j'aurais aimé accorder ma confiance au roi, mes petits sont dans leur nid, ils sont affamés et ils m'attendent." Le roi hurla de colère et ajouta d'un air autoritaire : "Dans ce cas, trouve un autre lapin, en dehors de mon royaume !" L'oiseau prédateur se cabra et dit : "Mon nid appartient aussi à ton royaume !" La tête du roi devient alors bien confuse. Il sait bien qu'il est de son devoir de protéger l'épervier de la même manière qu'il protège le lapin. Quelques instants plus tard, il lui dit : "Tu as raison, oiseau prédateur, mais je ne peux pas te donner le lapin, parce qu'il s'est réfugié auprès d'un roi. Attends un peu, je vais demander aux cuisines de t'apporter une cuisse de bœuf. Ainsi, pourras-tu pendant longtemps rassasier tes petits." Mais un épervier ne peut accepter une telle proposition. Il résiste en disant : "Il m'est impossible de prendre la nourriture d'un autre. Elle est pour vous. Moi je veux récupérer ma propre chasse." Le roi, qui ne sait plus que faire, questionne alors l'épervier : "Dans ce cas, dis-moi quelle serait la solution la plus juste ?" L'épervier commence aussitôt à tournoyer autour du roi : "Si tu ne veux pas renoncer au lapin, donne-moi ta propre chair." Le roi n'a plus d'issue ; pour atteindre une justice sans défaut, il coupe un morceau de sa cuisse de la taille du lapin et le donne à l'oiseau. L'épervier prend son dû et retourne aussitôt à son nid, mais il revient le jour suivant. Cette fois le roi lui donne un bout de l'autre cuisse. Puis vient le tour de son mollet, et de l'autre mollet, et des bras, et du dos…

Finalement, il ne fut plus qu'un tas d'os. Avant de mourir, il n'eut plus d'autre solution que de livrer le lapin.

Ne sombre pas aussitôt dans le désespoir, mon enfant. Même si ce monde est impuissant à assurer la justice, je ferai tout ce que je peux pour toi. De la même manière que j'ai écouté ton histoire. Mais avant que je ne prononce mon jugement, il y a un certain nombre de choses que tu dois savoir. Avant j'étais en toi, Yâşur. Ensuite, nul ne sait ce qui s'est passé, mais je t'ai perdu. Lorsque tu t'es confronté à ton propre reflet dans les eaux troubles d'une rivière, tu m'as subitement échappé des mains. Ensuite, j'ai suivi ta trace. Car j'ai toujours eu froid, Yâşur. Tu ne peux t'imaginer combien un esprit peut avoir froid.

D'abord je te punis de vingt-cinq coups de fouet. Parce que tu as méprisé un vieux voleur qui te défiait, alors que cet homme était un fleuriste au bon cœur. Ce fut le premier adversaire contre lequel tu as lutté, celui qui a réveillé l'immense force qui sommeillait en toi ! Je te pénalise de vingt-cinq coups de fouet de plus parce que tu n'as pas reconnu sa valeur ! Mais par ailleurs ce voleur a contrarié ta route. Tu étais fatigué, en colère, et en plus tu as eu peur… Pour cette raison, je réduis ta peine de trente coups de fouet.

Tu es coupable d'avoir ressenti, dans le temps présent, le froid glacial. Ce faisant, tu as réquisitionné l'histoire des jours gelés du futur. Un coup de fouet pour t'être chargé de tous les flocons de neige lestés du poids des catastrophes personnelles alors qu'ils n'étaient pas encore tombés ! D'ailleurs, si cela ne tenait qu'à moi, je condamnerais sans sourciller à un violent coup de fouet tous les artistes du monde. Pour qu'ils sentent d'abord sur leur propre dos les catastrophes que vont entraîner leurs belles paroles. Quoi qu'il en soit, je t'épargne de seize coups de fouet parce que tu as accompagné la mort de Yâşur. Cependant, tu as mérité trente coups de fouet de plus pour n'avoir pas senti la gratitude de la Femmehomme qui t'a sauvé la vie.

L'amour que tu as montré envers ta mère lorsque tu étais dans l'atelier était vraiment envoûtant. J'allège ta peine de trente coups de fouet. Cependant, tu as commis des fautes irréparables sur le versant de Manouche. D'abord, cinq coups de fouet parce que tu as relégué dans ta partie obscure toutes les conversations que tu avais eues la nuit, l'esprit libre, et vingt coups de fouet parce que, aussitôt guéri, tu as effacé l'amitié que tu avais nouée avec Manouche ! Et onze coups de plus pour n'avoir pas compris qu'avant d'être Yâşur tu étais déjà un Yâşur, et avoir fait semblant de ne pas voir que Manouche était un Manouche. Celui-ci t'a donné deux bijoux de valeur. L'un était ton œil gauche. Cet œil s'est ouvert grâce aux fables, aux récits, aux enseignements évoqués tout au long des nuits. Rappelle-toi s'il te plaît “l'innocence de l'émergence soudaine". Mais toi qu'as-tu fait ? Tu n'as cessé d'enterrer dans l'obscurité les étincelles de lumière que si peu de gens reçoivent. Tu es puni de vingt-quatre coups de fouet de plus pour n'avoir pas fêté l'ouverture de ton œil.

Parlons maintenant de l'autre bijou que t'a donné Manouche. C'était un anneau. Une œuvre d'art inégalable faite de trente grammes d'or pur… Eh bien cet or, comment l'a-t-il trouvé à ton avis ? Il venait bien évidemment de ton sang, Yâşur. Rappelle-toi ton état de faiblesse, les bleus douloureux de tes bras, le petit laboratoire situé derrière le rideau de perles. D'un côté, Manouche te nourrissait d'aliments régénérant le sang et d'un autre il te pompait ce sang puis le distillait pour recueillir le fer qui s'y trouvait et dont il extrayait l'or grâce à des graines de moutarde. Il fit cela pour prouver la magnificence de ton corps. Chaque jour, Yâşur, tu te transformais en une molécule d'or. Et toi – je ne te parle même pas de la valeur de l'anneau – tu as méprisé jusqu'à sa grandeur. Pourtant cet anneau, transformé en fil d'or, pouvait parcourir ce terrain d'un bout à l'autre ; finement frappé, il pouvait recouvrir en totalité le toit de la pièce où nous nous trouvons. Sois sûr que si tu te trouvais à ma place tu appliquerais la même peine que moi : quatre-vingt-dix-neuf coups de fouet de plus…

Je réduis de quatre coups de fouet ta punition pour avoir signifié avec courage, en quittant le versant de Manouche, que tu n'étais pas fait pour l'immobilisme ni l'artisanat. Cependant je veux que tu saches que la conversation que tu as eue avec Manouche avait beau être honnête, c'était la plus stupide que j'aie jamais entendue de ma vie. Avec cette illusion d'optique dont tu as toujours été esclave, tu as parlé de ta mère après qui tu courais comme s'il s'agissait de ton père. Mais il est probable, si l'on y réfléchit bien, que tu as fait cela pour respecter son secret. Aussi, je n'ajouterai aucun coup de fouet. Pour en venir au sachet de graines que tu as donné à Manouche… C'était vraiment très délicat de ta part de lui faire cadeau de ta première récompense. Je diminue ta peine de sept coups de fouet.

Je te félicite parce que tu as proféré à Vali Kessali le mensonge qu'il fallait. Il vaut mieux produire un mensonge nourri de vérité que d'abuser quelqu'un qui sait la vérité. J'allège ta peine de treize coups de fouet. Et ta victoire contre Azap grâce à une ruse que le jeu autorise ? Cela a dû être un spectacle incroyable. J'aurais aimé être là-bas. En plus, le respect que tu as montré envers ton adversaire m'a bien étonné. Vingt coups de fouet en moins. Quant à la réponse que tu as donnée à la dernière question de Vali Kessali… il s'agit probablement là de la plus belle phrase que j'aie entendue tout au long de cette histoire, une phrase pure, aussi pure que l'or. Aller à la poursuite de Hünsa… Avant de prendre la route, tu as préféré être envoûté plutôt que de régler tes comptes. Pour cette raison, je diminue ta punition de quarante-quatre coups de fouet.

Je crois que Phuvus ne t'oubliera jamais. Nous avons parlé longuement ensemble. En établissant un lien de causalité entre les actes et la cruauté, il réussit à faire admettre à chacun son point de vue. Ceci mis à part, nul ne peut nier la force qu'il a eue, à faire éclater la vérité de l'histoire qui s'inspirait de ton vécu. Pour avoir influencé ce personnage un peu rigide et pour la générosité que tu as montrée en lui donnant l'anneau de ton sang, je réduis ta punition de vingt et un coups de fouet. Les hommes changent à force de se confronter les uns aux autres… Toi, tu es le seul secret que Phuvus possédera dans sa vie. Sois sûr qu'il porte cet anneau mieux que tu ne l'aurais fait. D'un autre côté, tu es puni de neuf coups de fouet de plus pour avoir relégué dans l'imaginaire les héros – un chasseur et un garçon – de l'histoire racontée par Phuvus. Les fictions perpétuent à jamais le vécu, Yâşur. Tu ne peux pas nier plus longtemps cette vérité fondamentale tant de fois prouvée depuis le début de l'humanité. Je ne sais pas ce qu'il en est du silence, mais il y a forcément une explication à tout pleur. Aussi je prescris un coup de fouet supplémentaire parce que tu as nié avoir pleuré en écoutant le récit de Phuvus !

Croiser Mulo fut pour toi une véritable malchance. Comme si cela ne suffisait pas d'avoir été vaincu, tu as été torturé. Cependant, ceci t'a permis de retrouver Hünsa. Pour le courage dont tu as fait preuve afin de t'assurer l'intérêt de Hünsa, j'atténue ta peine de trente-neuf coups de fouet. Mais j'en ajoute huit pour n'avoir pas respecté les secrets de ta mère !

Tu as eu raison de te comparer au Yâşur qui se reflétait sur la mer. Ce Yâşur-là était ton possible. Ce qui rayonnait sur l'eau c'était une noblesse qui avait toujours existé mais n'avait jamais pu se manifester. De la même manière qu'il est impossible de déceler l'or qui se trouve dans deux des dix mille gouttes de chaque vague d'eau de mer. Cependant, réfléchis Yâşur ! La mer fait briller en permanence l'or qui est dans son imaginaire. Alors que toi, plutôt que de te contenter d'une possibilité sur dix mille, tu cherches sans relâche tout ce qui prouvera ta visibilité. Je devrais te donner huit coups de fouet de plus. Toutefois, depuis que l'homme est homme, la volupté d'être vu ne se punit pas, même à l'échelon de Dieu.

J'accepte ta détermination à te venger de Mulo. Je retire douze coups de fouet pour la volonté opiniâtre dont tu as fait preuve pour quitter ta mère et assouvir ta vengeance ! Mais la haine est inacceptable. Onze coups de fouet supplémentaires pour n'avoir pas dominé ta haine envers lui et de ce fait quitté ta mère !

Tu as menti au serviteur du suzerain. Deux coups de fouet ! Tu as dédaigné les règles strictes des luttes spectacles. Deux coups de fouet de plus. Cependant, dans le jardin, le respect que tu as montré envers Mulo devant tout le monde était bien réel. C'est toi qui lui as dédié le compliment le plus approprié. Certes, tu avais élaboré un plan perfide pour mettre à genoux ce lutteur invincible, mais tu l'as félicité avec sincérité. Voilà pourquoi j'allège ta punition de trente-sept coups de fouet. Mais j'en ajoute un parce que tu l'as trompé en utilisant la vérité.

Même si je ne suis pas tel le roi pour l'épervier, j'espère être suffisamment juste à ton égard. D'après mes calculs, tu n'as à recevoir qu'un seul coup de fouet. Un seul, Yâşur ! Un claquement brûlant te revient compte tenu de ton histoire. Mais ce coup douloureux n'est rien comparé à ton enlisement dans le triangle formé par ta mère, la Femme-homme et Hünsa. Tu ne t'es pas contenté d'imaginer la division de ta mère en trois personnes, tu as tourné le dos aux trois. Il s'agissait d'une étrange illusion d'optique… Mais imaginons que cette illusion d'optique a à voir avec le fait de savoir parfaitement mentir en tirant partie des vérités : si tout ton vécu n'était qu'un simple aveuglement avec à l'origine un simple éblouissement, dis-moi Yâşur continuerais-tu alors à voir ainsi ?

Ecoute, je vais te raconter un fait réel. Pas très loin d'ici, se trouve une montagne, une montagne de marbre, abrupte, qui domine la mer. Sur un de ses sommets, il y a un petit plateau… Sur ce plateau, hiver comme été, vit une famille au teint doré. Autant que je le sache, ce sont des êtres au tempérament plutôt tourmenté, fermés à leur entourage. Leur plus grande douleur est de ne pas mourir. Ils se sentent chargés d'une culpabilité très ancienne, héritée de leurs ancêtres. Pour eux, mourir équivaut à pourrir vivant. Contrairement aux hommes qui cherchent depuis des siècles l'immortalité, je parle d'une famille qui aspire à la mort. Je l'ai entendu de ceux qui sont allés là-bas et qui ont vu ; sur le plateau, il n'y a pas une seule tombe. Ceux qui quittèrent le plateau pour rechercher la mort jamais ne revinrent. Les jeunes générations, une fois parvenues à l'âge adulte, faisaient comme leurs parents et s'en allaient aussi chercher la mort. Tu peux t'imaginer que, n'ayant jamais eu de deuil et vivant ces pertes imprécises, ils étaient toujours à l'affût d'un parent qui leur apporterait la mort. Mais voici maintenant la raison pour laquelle je t'explique cela : il nous arrive parfois de nous créer un équilibre difficilement visible à l'œil nu. Cet équilibre qui semble être totalement le fruit du hasard mais qui est, en réalité, élaboré de façon totalement volontaire, nous éloigne de nos vérités profondes. Nos perceptions deviennent incertaines. Chacun reste fixé à un devenir subjectif. Eh bien il s'agit là, mon enfant, d'un éblouissement. Pour certains, le monde est juste un rivage. Un mathématicien passionné considère que l'univers n'est composé que de nombres et un Phénicien qui vit sur la mer ne connaît pas d'autre écorce terrestre que sa barque ; la vie est lumineuse là où tu peux l'expliquer, sinon elle est profondément obscure. Et dans cette obscurité, il ne reste plus que la foi mon fils. Pour que tu puisses accepter la vie étriquée dans laquelle tu es né…

Pour résumer, Yâşur, tes yeux sont éblouis. Que puis-je te dire d'autre ? Il doit nécessairement y avoir une façon de filtrer la lumière. En fait, tu n'as que deux possibilités. Soit, comme tu le dis, une femme veuve se divise vraiment en trois personnes, soit c'est toi qui deviens aveugle à force de la regarder.

DIX-NEUF

Lorsqu'il trouva Ecmel, il lui montra tout d'abord son dos. On y voyait la trace de sa pénitence sous la forme d'une fine ligne rouge. Ecmel lui massa le dos et l'embrassa sur les yeux. Elle lui dit en murmurant *çikuimi mungarali.* Avec la même voix que celle de son mari…

Bien des jours avant ces retrouvailles, chassé des terres du suzerain, il avait été conduit par deux guides un peu frustes sur un rivage où s'étendaient des dunes à l'infini. Les barques rentraient de la pêche. Il regarda longuement les poissons agonisants dans les yeux des pêcheurs qui revenaient de la mer. Au-delà de leur propre mort, ils partageaient celles qu'ils avaient engendrées. Il marcha pendant des heures sur le sable brûlant. Les minuscules débris de crabes déposés sur le rivage sous les coups du lodos se désagrégeaient sous ses pieds. Au-dessus de sa tête, un incessant bourdonnement d'abeille. Il avait le palais desséché à cause de la soif et la peau desquamée par le sel. Lorsqu'il trouva la rivière vert d'eau qui se déversait dans la mer, il était juste devant Morsis. Il se mit à gravir la montagne en longeant la rivière. A chaque pas, il rencontrait quelqu'un. Les cueilleuses de thé l'avaient fait monter sur un wagonnet bancal tiré avec des cordes. Son ascension qui devait durer un jour se réduisit à une heure. Mais personne de la région n'avait vu un étranger passer avec une carriole et un cheval. Plus il se rapprochait de l'endroit où son père était né, plus s'épuisait l'espoir de retrouver sa mère. Il traversa des vergers, atteignit les moulins, parvint un peu plus haut dans la châtaigneraie où les apiculteurs récoltaient le miel. En grimpant davantage, les larges chemins cédèrent la place aux chemins de chèvres où une personne pouvait difficilement marcher. Une fois arrivé aux rochers escarpés, il trouva une carriole abandonnée ; il se mit à hurler, à gorge déployée : Mamaaaaan ! Personne ne répondit. A cause du brouillard, il ne voyait pas au-delà d'un pas, il était au bord d'un précipice, il ne pouvait avancer que millimètre par millimètre. Il ne tarda pas à être trempé. Le brouillard le transperçait jusqu'aux os sous forme de petites gouttes d'eau. Au bout de cette escalade pénible, il trouva Ecmel, dans l'obscurité. Elle était à l'intérieur d'une grotte profonde d'où jaillissait une source et, perchée sur un rocher pour ne pas avoir les pieds dans l'eau, elle essayait de se déshabiller. Elle n'était plus en état de soulever son bras, et ses yeux étaient injectés de sang à cause de la fatigue. Il lui avait été impossible de porter toutes ses charges d'un coup, aussi les avait-elle endossées une à une pour les apporter jusqu'à la grotte ; elle était donc descendue plusieurs fois jusqu'au bord du précipice. Elle caressa Yâşur pendant de longues minutes en murmurant des paroles incompréhensibles. Elle semblait parler de fidélité et dire qu'un être devait savoir rester modeste quand il voulait quelque chose. En raison du temps humide, ils tremblaient tous les deux de tout leur corps. Yâşur serra fortement Ecmel afin de la réchauffer. La tête de la femme arrivait tout juste à la poitrine de son fils. Une fois qu'elle eut repris ses esprits, elle se lava la tête et les mains puis retira ses vêtements d'homme et revêtit une longue robe. Elle avait du mal à ôter ses bottines. Elle avait tant marché qu'elle avait la plante des pieds soudée au cuir de ses chaussures. On pouvait lire sur son visage combien les callosités de ses pieds lui faisaient mal. Ils mirent un temps fou avant de pouvoir démêler ses cheveux emplis de nœuds. Yâşur, dans la mesure où il pouvait voir quelque chose dans la pénombre, fit tout ce qu'il put pour les arranger. Les yeux d'Ecmel s'emplissaient de larmes. Elle ressentait à nouveau totalement la douleur. A la fin, elle mit ses boucles d'oreilles en or et regarda avec curiosité les yeux de Yâşur comme si elle regardait un miroir. En un clin d'œil, son corps chétif s'était transformé ; elle ressemblait désormais à une vieille épousée. Yâşur repeigna une dernière fois les cheveux de sa mère et se mit à sourire. Il était temps de partir. Il endossa toutes les charges et la suivit. Ils pénétrèrent dans une galerie sombre de la grotte et, après un léger tournant, arrivèrent à la lumière. La sortie de la grotte laissa apparaître un jour sans pareil. Finalement, voilà qu'ils arrivaient au pays de l'homme-boue.

L'atmosphère était silencieuse. Les troupeaux de chèvres étaient sur le point de descendre des collines rocailleuses qui entouraient le plateau. En voyant ces deux êtres sortir de la grotte, elles s'agitèrent et se mirent à bêler. De nombreuses têtes apparurent aux fenêtres des maisons situées autour du lac de glacier qui se trouvait au centre du plateau. Le regard blême de ces gens semblait être resté pendant des années dans l'obscurité. Yâşur et Ecmel attendaient avec émotion qu'ils s'approchent. Après une longue hésitation, ils s'avancèrent vers Yâşur et Ecmel et se rassemblèrent autour du lac. Ils avaient tous les yeux bleus. Ils se ressemblaient tant les uns les autres qu'il était impossible de distinguer les conjoints des frères et sœurs. Ils entourèrent les visiteurs avec curiosité. Sur un signe d'Ecmel, Yâşur posa à terre les charges. La foule assemblée auprès d'eux suivait avec suspicion ce qui se passait. Ecmel s'agenouilla et tira vers elle le plus petit des paquets. Elle se mit à couper les cordes de chanvre qui retenaient le paquet. Tout le monde se taisait. Ils attendaient patiemment, sans quitter des yeux les mains tremblantes d'Ecmel. Au fur et à mesure qu'elle ouvrait le paquet fait de plusieurs couches, on devinait un visage. L'anxiété les fit reculer d'un pas mais leur esprit demeurait sur place. Personne n'en croyait ses yeux. Ce qui s'ouvrait devant eux n'était que violence pure devenue amour. Autrement dit, une sorte de rituel primitif qui magnifiait l'amour. C'est de cette façon qu'ils contemplèrent la tête, conservée dans le sel, de l'homme-boue. Sur sa bouche restait la dernière parole dite à Yâşur. Sa peau desséchée était collée au crâne, sa joue droite, embaumée trop vite, pourrissait par endroits. Ecmel, indifférente aux tressaillements de la foule, continua à ouvrir les paquets. Du deuxième, sortit le buste de son mari, délesté de sa tête et de ses membres. Dans le troisième, il y avait les bras et dans le quatrième, les jambes. Yâşur déglutit de peur. Le mort, qui avait disparu alors qu'il était encore enfant, se recomposait sous une forme noircie dans une autre contrée. Même si elle était triste, Ecmel était lumineuse et sereine. Elle leur offrait en cadeau la dépouille disloquée de son mari. Elle avait un sourire étrange qu'elle n'arrivait pas à poser sur son visage. Elle avait oublié la façon de sourire. La famille de son mari était bouleversée. Les enfants se mirent à sangloter. Puis tous, d'un seul élan, se noyèrent dans les larmes. Chacun, tour à tour, enlaça Ecmel, en gémissant tristement, et lui présenta ses condoléances. Les jeunes femmes pleuraient tout leur soûl, se lamentaient en se frappant ; elles prononçaient des mots emplis de gratitude tout en caressant avec amour les restes du mort. Yâşur s'écroula et contempla les mains osseuses qui empoignaient le vide. Quelle expression… Elles signifiaient quelque chose de fort, relatif à la vie… Yâşur ressentait une douleur véritable ! Une douleur dont il n'avait pu se débarrasser car il ne s'y était pas suffisamment confronté… Il cacha son visage entre ses mains.

Tandis qu'on creusait la tombe du mort, Ecmel resta à sa place et commença à se balancer en proférant une longue complainte. A force de chanter, elle avait ressuscité cette langue perdue à laquelle, opiniâtre, elle n'avait jamais renoncé. Cette fois, Yâşur parvenait à comprendre totalement la langue de sa mère. Ces *k*, ces *tch* et ces *t* durs qui faisaient tressaillir l'eau du lac, ces accentuations, qui faisaient penser parfois à une exclamation, à une récrimination, étaient en fait la clé de voûte des mots les plus sensibles. Il observa le visage de sa mère jusqu'à ce qu'elle achève sa complainte. Il vit de près la protubérance de ses lèvres, la disparition soudaine de son nez qui émergeait en raison de sa maigreur. Ecmel s'oublia un court instant, elle s'annihila pour soudain ressurgir. L'envol d'un être qui quitte la terre doit être de cet ordre-là. Se consacrer à quelque chose… Vivre c'est se consacrer.

Tu étais mon mari, mon unique. Un avide.
Ils étaient oublieux, tes yeux injectés de sang.
C'est comme si tu avais à la fois déserté et trouvé ce que tu cherchais,
venu d'une contrée couverte de collines
tu t'es caché dans ma rivière boueuse.

Quand ton corps ondoyait sur le mien, le blanc de tes yeux luisait.
C'était ton regard retourné en lui-même.
Je te croyais ensorcelé, tu mourais de plaisir,
tu enterrais dans ma chair les choses que tu voulais oublier.
Mais tu es toujours tombé en des lieux que j'ignorais.

La nuit, nous vivions toi et moi des instants immobiles
nous ressentions mutuellement nos élancements intérieurs. Oh combien !
Oh combien de dilatations, de rétractions.
Toi, tu enfantas la mort dans l'obscurité tortueuse,
ta propre mort,
et ma mort, et aussi celle de mon fils à naître !

Chaque nuit je t'ai dit : “N'aie pas peur.”
Il suffit que tu ne pourrisses pas avant de mourir.

J'étais une terre. Même si elle était petite, c'était un pays…
Mes divinités étaient sans barbe,
et nombreuses,

en fer frappé, en plâtre moulé, en ébène.
elles vous fixaient droit dans les yeux, elles grandissaient en vous
consolant le cœur de l'homme de leurs mains transparentes.
Leurs yeux en entaille,
Leurs cornes, leurs griffes, leurs moustaches de chat
Vous picotaient au-dedans sans trop vous faire mal

Avant, j'étais protégée par l'ensorcellement.
Je balayais hors de chez moi, sans subir les foudres du démon,
les résidus superflus de mes divinités
Avant qu'elles ne retombent à terre, chacune de mes prières
se divisait en mille.
Une seule de mes prières tapissait l'air
comme les libellules.

Seulœil était mon fils. Que j'avais eu de mon mari oublieux.
Il y avait une lettre à jambage dans l'orbite de son œil. Un *y*, un *g*, peu importe.
C'était une écriture manuscrite qui lui cadenassait le visage.

Je ne donnai pas de nom à mon fils. Soi-disant, il allait surgir spontanément.
De même qu'un cil s'allonge, qu'un œil se met à cligner sous une lumière crue
de même qu'avec le temps le cristallin s'assombrit …
Je crus qu'un nom allait instantanément l'envelopper
Avant qu'il ne tombe entre les mains du Dieu chancelant.

C'était mon fils Seulœil, mon unique !
Comme si n'avoir qu'un seul œil ne lui suffisait pas, il jouait à l'aveugle
quand il était enfant, il s'épuisait à beaucoup de choses
bien que personne ne le regardât.

Son innocence commença à se salir par son œil.
Grandir est triste. Plein de violence. Grandir,
Nourrir dans son ventre une conscience aiguë
Sans savoir où la loger.

Eh Dieu très-haut ! Avec ton gros ventre et tes grosses moustaches !
Tu n'étais pas là-bas, chez nous,
avant qu'un homme ne s'approprie une rivière.
Depuis lors, mon époux avala chaque jour une parcelle d'or
Il avait en tout et pour tout neuf trous qui ouvraient à la vie
L'or en bloqua deux d'un coup !

Mon amour pour mon époux était aussi grand que les montagnes
Je coupai sa dépouille en morceaux
Je la cachai au fond de mes entrailles.
Pourtant je n'ai pas réussi à aimer ce monde.
Jusqu'à ce qu'un fils naisse de mon fils
et de son fils un fils
et du fils de son fils, encore un fils
et jusqu'à retrouver un regard de saphir
j'enterrerai tous mes maris dans la montagne.

Même si chacune de mes prières retombe sur cette terre en faisant un bruit sourd,
je ne renoncerai pas à ce monde.

TABLE

Ouvrage réalisé par l'atelier graphique Actes Sud reproduit et achevé d'imprimer en janvier 2009 par Normandie Roto Impression s.a.s. 61250 Lonrai pour le compte des éditions Actes Sud, Le Méjan, place Nina-Berberova, 13200 Arles.
Dépôt légal 1re édition : février 2009
N° impression : 090034
(Imprimé en France)